JN103806

例題で学ぶ!!
2級
造園施工管理技術検定
第1次検定

種子永 修一 編著

弘文社

はじめに

　このテキストは，2級造園施工管理技術検定・第1次検定対策用として作成したものです。はじめて受検される方，何回か受検している方，学校を卒業されて数年たっている方，第2次検定まで受検できる実務経験年数を経過した方，何か国家資格を取得しておこうという方，独学で資格を取ろうという方，定年を迎え時間に余裕ができた方，会社で必要な資格なので取得しようとする方等，試験を受検する方の動機は様々です。

　ただし，どの方も合格することが一番目の目標です。ではどのように勉強すれば合格できるでしょうか。人それぞれに環境が違います。折角テキストを買っても，日頃の仕事に追われ，勉強する時間が取れないと，
・休みの日にまとめて勉強しよう。
・勉強の仕方がわからない。
・とにかく暗記をしよう。
・とにかく読んでみよう。
・とにかく書いてみよう。
・とにかく用語辞典も買ってみよう。
・とにかくがむしゃらにやってみよう。
この状況では，途中で挫折してしまいます。

　それを打開するため，本書では，科目毎に章立てをして，類似問題をテスト形式で1問3分を目安に，長いものでも60分で解答ができるよう作成しています。毎回，試験に臨む緊張感をもって解答して頂ければ，知らぬ間に出題傾向がつかめ，知識が深まるので理解力も高まります。
　今日から1日30分の勉強時間を作って挑戦してください。1ヶ月後には素晴らしく成果が上がっていますよ。
　受検者の皆様方が，本書を十分に活用いただき，たくさんの方が試験に合格されることを願っております。

著者しるす

受検案内

試験日程

前期（第１次検定）			後期（第１次・第２次検定）		
申込受付	試験日	合格発表	申込受付	試験日	合格発表
３月上旬 ～中旬	６月の 第１日曜日	７月上旬	７月中旬 ～下旬	11月の 第３日曜日	翌年１月中旬（１次のみ） 翌年３月上旬（１次・２次）

㊟日程は年度によって変わります。

　特に申込受付期間は短く，これを逃すと受検ができませんので，必ず各自で事前に確認をしてください。

合格基準

　次の基準以上で合格となりますが，試験の実施状況等によって変更される可能性もあります。

・第１次検定　得点が60%以上

・第２次検定　得点が60%以上

試験開催場所

第１次検定（前期）

　札幌，仙台，東京，新潟，名古屋，大阪，広島，高松，福岡，那覇の10地区

第１次・第２次検定　第１次検定（後期）　第２次検定

　札幌，青森，仙台，東京，新潟，金沢，名古屋，大阪，広島，高松，福岡，鹿児島，那覇の13地区

　　（第１次検定のみ試験地については，上記試験地に宇都宮も追加）

試験の概要

（第１次検定）

　四肢択一方式（内４問は四肢択数不特定）で40問，全問解答する。試験時間は２時間10分

（第２次検定）

　受検者の経験に関する問題など。試験時間は２時間

2級造園施工管理技術検定　第2次検定の受検資格が変更されました

令和6年度から令和10年度までの5年間は制度改正に伴う経過措置として、
【令和6年度からの新受験資格】と**【令和5年度までの旧受験資格】**のどちらの
受験資格でも第2次検定の受検が可能です。

学歴	旧受検資格	
	第1次検定	第2次検定
大学（指定学科）	17歳以上 （受検年度 末時点）	卒業後、実務経験1年以上
短大・高専（指定学科）		卒業後、実務経験2年以上
高校（指定学科）		卒業後、実務経験3年以上
大学（指定学科以外）		卒業後、実務経験 1.5 年以上
短大・高専（指定学科以外）		卒業後、実務経験3年以上
高校（指定学科以外）		卒業後、実務経験 4.5 年以上
上記以外	実務経験8年以上	

新受検資格	
第1次検定	第2次検定
17歳以上 （受検年度末 時点）	○2級第1次検定合格後，実務経験3年以上
	○1級第1次検定合格後，実務経験1年以上

新受検資格に関する問い合わせ先

一般材団法人　全国建設研修センター　☎042-300-3040

受検案内

受検資格

　2級造園施工管理技術検定は，第1次検定のみ受検，第1次・第2次検定同時受検，第2次検定のみ受検の3区分となります。

　基本的に第1次検定は実務経験がなくても受検が可能，第2次検定は所定の実務経験を持っている方が対象となります。

第1次検定の受検資格

　受検年度中における年齢が17歳以上の者

第2次検定の受検資格

　次のイ，ロのいずれかに該当する者

イ．第1次検定の合格者で表1のいずれかに該当する者

表1

学歴又は資格	造園施工に関する実務経験年数	
	指定学科の卒業者	指定学科以外の卒業者
大学卒業者 専門学校卒業者（「高度専門士」に限る）	卒業後1年以上	卒業後1年6月以上
短期大学卒業者 高等専門学校卒業者 専門学校卒業者（「専門士」に限る）	卒業後2年以上	卒業後3年以上
高等学校卒業者 中等教育学校卒業者 専門学校卒業者（「高度専門士」・「専門士」を除く）	卒業後3年以上	卒業後4年6月以上
その他の者	8年以上	
技能検定合格者	4年以上	

※1　指定学科とは，土木工学（農業土木，鉱山土木，森林土木，砂防，治山，緑地又は造園に関する学科を含む），園芸学，林学，都市工学，交通工学又は建築学に関する学科をいいます。

※2　技能検定合格者とは，平成16年度以後の職業能力開発促進法による2級造園技能検定合格者で，4年以上の実務経験年数がある者のことです。（1級造園技能検定合格者および平成15年度までの2級造園技能検定合格者は実務経験年数は不要。）

※3　実務経験年数は，2級第2次検定の前日までで計算してください。

※4　高等学校の指定学科以外を卒業した者には，高等学校卒業程度認定試験規則による試験，旧大学入学試験検定規則による検定，旧専門学校入学者検定規則による検定又は旧高等学校高等科入学資格試験規定による試験に合格した者を含みます。

注：令和6年度の検定試験より受験資格が変更になります。
各自必ず試験機関ホームページ等で最新の情報を確認して下さい。

ロ．第1次検定免除者（詳細は試験機関ホームページ等で確認して下さい）

検定の内容

表2　検定内容

検定区分	検定科目	知識能力	検定基準	方式
第1次検定	土木工学等	知識	・土木工学，園芸学，電気工学，電気通信工学，機械工学及び建築学に関する概略の知識 ・設計図書を正確に読み取るための知識	マークシート方式
	施工管理法	知識	・施工計画の作成方法及び工程管理，品質管理，安全管理等工事の施工の管理方法に関する**基礎的**な知識	
		能力	**・施工の管理を適確に行うために必要な基礎的な能力**	
	法規	知識	・建設工事の施工に必要な法令に関する概略の知識	
第2次検定	施工管理法	**知識**	**・主任技術者として工事の施工の管理を適確に行うために必要な知識**	記述式
		能力	**・主任技術者として**工事の目的物に所要の強度及び外観等を得るために必要な措置を適切に行うことができる応用能力	
			・主任技術者として設計図書に基づいて工事現場における施工計画の適切な作成，施工計画を実施することができる応用能力	

※太字検定制度改正による変更部分

※内容は変更されることがあります。必ず早めに事前の確認をして下さい。

造園施工管理技術検定試験に関する問い合わせ先

一般財団法人　全国建設研修センター　造園試験課

〒187-8540　東京都小平市喜平町2-1-2

TEL　042-300-6866（代）

ホームページアドレス　https://www.jctc.jp/

電話によるお問い合わせ応対時間　9：00～17：00

土・日曜日・祝祭日は休業日です。

※お問い合わせの際は，おかけ間違いのないようご注意ください

検定制度の主な改正点（技士補の創設）

　本検定は建設業法の試験制度改正によって，令和3年度より従来の学科試験，実地試験から**第1次検定**，**第2次検定**へと再編されました。

　第1次検定は，<u>17歳以上実務経験なし</u>で受検でき，合格者には<u>生涯有効な資格</u>として「**2級造園施工管理技士補**」の称号が与えられます。これにより，第2次検定の受検資格が<u>無期限に有効</u>となり，所定の実務経験後は何度でも第2次検定からの受検が可能となりました。

　第2次検定に合格すれば従来通り「**2級造園施工管理技士**」となります。

　またこの2級第2次検定合格者は，その後の<u>1級に必要な実務経験を経ることなく</u>，すぐに1級造園施工管理の**第1次検定**まで受検することができます。

　合格すれば「**1級造園施工管理技士補**」となり，<u>監理技術者補佐</u>としての役割を担えるようになります（**監理技術者補佐**を専任で置いた場合，その現場の監理技術者（**特例監理技術者**という）は2現場の兼務が可能）。

　このように段階を踏んでいくことで，より多くの方に資格取得の機会が増えたと言えるでしょう。

技術検定の受検資格の見直し　　　　　　　（令和6年4月1日施行予定）

　令和6年度の検定試験より，第1次検定については，一定年齢以上の全ての方に受検資格を認める方向で検討されています。（案：2級17歳以上）

　また受検資格の見直しに伴い，各学校において国土交通大臣が定める専門性の高い学科を履修した方は，第1次検定の一部科目が免除されます。

　今後の国土交通省令の改正により決定されますので，令和6年度以降受検の方は（㊟令和5年度は現行の通り），必ず試験機関ホームページ等で最新の情報を確認して下さい。

もくじ

もくじ

第1章

原　論

　試験の傾向は，造園の歴史は必ず1問出題されています。解説の年表を理解すれば十分です。

　土壌・腐植及び土壌改良材（肥料）については3問出題されています。

　第1次検定のみではなく，第2次検定にも関連する腐植・土壌改良材等が重点項目です。全出題数40問中4問の割合ですから全体のおよそ10%です。

合格への目安 7問中4問以上正解すること。目標時間21分。

【問題1】

日本庭園に関する次の記述の(A)，(B)に当てはまる語句の組合せとして，適当なものはどれか。

「池泉，築山，種々の石組や茶亭などで構成された園地に園路をめぐらせ，歩きながら移り変わる所々の景色や各地の縮景を観賞するように造られた（　A　）は，（　B　）に作庭された池泉廻遊式庭園である。」

	(A)		(B)
(1)	平等院庭園	―――	平安時代
(2)	小石川後楽園	―――	江戸時代
(3)	毛越寺庭園	―――	平安時代
(4)	無鄰庵庭園	―――	江戸時代

【問題2】

日本庭園の名称と作庭された時代に関する記述のうち，適当でないものはどれか。
(1) 大徳寺大仙院庭園は，室町時代に作庭された。
(2) 毛越寺庭園は，安土・桃山時代に作庭された。
(3) 岡山後楽園は，江戸時代に作庭された。
(4) 無鄰庵庭園は，明治時代に作庭された。

【問題3】

日本庭園における「庭園名」と「庭園様式」の組合せとして，適当なものはどれか。

	(庭園名)		(庭園様式)
(1)	金地院庭園	―――	浄土式
(2)	大徳寺大仙院庭園	―――	枯山水式
(3)	天龍寺庭園	―――	茶庭
(4)	南禅寺方丈庭園	―――	池泉廻遊式

【問題4】

　日本庭園に関する次の記述の(A)，(B)に当てはまる語句の組合せとして，適当なものはどれか。

　「（　A　）庭園は，平安時代に発達した庭園様式で，代表的な庭園の一つとして（　B　）がある。」

	(A)		(B)
(1)	浄土式	───	仙洞御所庭園
(2)	浄土式	───	平等院庭園
(3)	枯山水式	──	大徳寺大仙院庭園
(4)	枯山水式	──	無鄰庵庭園

【問題5】

　日本庭園に関する次の記述の(A)，(B)に当てはまる語句の組合せとして，適当なものはどれか。

　「池泉廻遊式庭園は，池，築山，茶室などを組み合わせ，それらを園路でつないで歩きながら移り変わる景観を鑑賞するように造られており，（　A　）はその代表的な庭園の一つで，（　B　）に作庭された。」

	(A)		(B)
(1)	龍安寺方丈庭園	───	室町時代
(2)	岡山後楽園	───	室町時代
(3)	桂離宮庭園	───	江戸時代
(4)	平等院庭園	───	江戸時代

【問題6】

日本庭園に関する次の記述の（　　）に当てはまる語句の組合せとして，適当なものはどれか。

「（　A　）庭園は，室町時代に発達した庭園様式で，代表的な庭園の一つとして（　B　）がある。」

	(A)		(B)
(1)	池泉回遊式	——	平等院庭園
(2)	池泉回遊式	——	岡山後楽園
(3)	枯山水式	——	龍安寺方丈庭園
(4)	枯山水式	——	桂離宮庭園

【問題7】

日本庭園に関する次の記述の（　　）に当てはまる語句の組合せとして，適当なものはどれか。

「（　A　）に代表される（　B　）は江戸時代に発達した庭園様式である。」

	(A)		(B)
(1)	栗林公園	——————	枯山水式
(2)	大徳寺大仙院庭園	——	枯山水式
(3)	天龍寺庭園	—————	池泉回遊式庭園
(4)	桂離宮庭園	—————	池泉回遊式庭園

【問題8】

日本庭園に関する次の記述の(A)，(B)に当てはまる語句の組合せとして，適当なものはどれか。

「平等院庭園や毛越寺庭園は，（　A　）時代に発達した庭園様式である（　B　）の代表的なものである。」

	(A)		(B)
(1)	平安	——	浄土式庭園
(2)	平安	——	枯山水式庭園
(3)	室町	——	浄土式庭園
(4)	室町	——	枯山水式庭園

1 造園の歴史　解答と解説

造園の歴史についての基本問題である。

日本庭園の時代と代表的庭園及び様式

時　代	代表的庭園	庭園様式
平安時代 〃　（後期）	神泉苑 宇治平等院・平泉毛越寺 浄瑠璃寺	池泉舟遊式庭園（寝殿造） 〃　　　（浄土式）
鎌倉（南北朝） 時代	天龍寺・西芳寺（苔寺）	池泉回遊式庭園
室町時代	鹿苑寺（金閣寺）・慈照寺（銀閣寺） 大徳寺大仙院・龍安寺	池泉回遊式庭園 枯山水・石庭
安土・桃山時代	二条城旧二之丸庭園・ 醍醐寺三宝院・ 西本願寺対面所 茶庭	池泉回遊式庭園 池泉観賞式庭園 枯山水庭 露地
江戸時代	南禅寺金地院庭園・頼久寺庭園 小石川後楽園・金沢兼六園・高松 栗林公園・水戸偕楽園・（全国の 大名庭園）・桂離宮・仙洞御所・ 修学院離宮（宮廷）	枯山水庭 池泉回遊式・舟遊式庭園
明治時代	無鄰庵・盛美園・平安神宮神苑 新宿御苑・赤坂離宮庭園	池泉回遊式庭園・自然風景式庭園 和洋折衷式庭園

この分野は上表の範囲で出題されます。あまり深入りせずに，どの時代にどの庭園が作庭されたか覚えること。

第1章　原論

【問題1】 解答 (2)

(2)の語句の組合せが適当である。

(1), (3)　平等院庭園，毛越寺庭園は平安時代に作庭された池泉舟遊式庭園である。

(4)　無鄰庵庭園は，池泉廻遊式庭園ではあるが，江戸時代ではなく，明治時代に作庭されたものである。

【問題2】 解答 (2)

(2)　岩手県平泉の毛越寺庭園は，浄土曼荼羅の構図を庭園構図として用いた浄土式庭園（池泉舟遊式庭園）であり，平安時代に作庭されたものである。京都の平等院，浄瑠璃寺なども同様に平安時代に作庭されたものであり，浄土式庭園である。したがって，(2)の記述が適当でない。

【問題3】 解答 (2)

「庭園名」と「庭園様式」の組合せ問題で適当なものを選ぶものである。

(1)　「金地院庭園」は「枯山水式」であり，江戸時代に作庭されている。

(2)　「大徳寺大仙院庭園」は「枯山水式」であり，室町時代に作庭されている。したがって，この組合せが適当である。

(3)　「天龍寺庭園」は「池泉回遊式」であり，鎌倉（南北朝）時代に作庭された。

(4)　「南禅寺方丈庭園」は「枯山水式」であり，(1)の金地院を南禅寺境内に建立し，方丈前庭に鶴亀蓬莱を主題にした枯山水の名庭を作庭している。

【問題4】 解答 (2)

(1)　仙洞御所庭園は，江戸時代に作庭された宮廷で，池泉回遊式・舟遊式庭園である。

(2)　正しい組合せである。

(3)　大徳寺大仙院庭園は，室町時代に作庭された枯山水式庭園である。

(4)　無鄰庵庭園は，明治時代に作庭された池泉回遊式庭園である。

【問題5】 解答 (3)

(1)　龍安寺方丈庭園は，枯山水式庭園であるため適当でない。

(2)　岡山後楽園は大名庭園で江戸時代に作庭されているため適当でない。

(3)　この組合わせが適当である。

⑷ 平等院庭園は，平安時代に作庭された浄土式庭園である。

【問題6】 解答 ⑶

室町時代に発達した庭園様式は，枯山水式庭園であり，代表的な庭園として龍安寺方丈庭園がある。

【問題7】 解答 ⑷

桂離宮庭園は，江戸時代に作庭された池泉回遊式庭園である。

【問題8】 解答 ⑴

⑴ 平等院庭園や毛越寺庭園は，(平安)時代に発達した庭園様式である(浄土式庭園)の代表的なものである。したがって，⑴が適当である。

advice

＊＊＊＊＊＊＊＊＊＊＊＊＊＊＊＊＊＊＊＊＊＊＊＊＊＊＊＊＊＊＊＊＊

この分野の問題は，P.15の年表の範囲で十分です。あまり深入りする必要はありません。歴史の得意な方は，案外得点しやすい部分でもありますが，不得意な方は出題されても1問ですから，捨てる勇気が必要です。本試験では第1問目に出題されます。ここで時間を費やされますと（浪費しますと），後の問題の解答時間が足りない事態に陥りますので，注意が必要です。深入りせずにサラーッといきましょう。資格を取得してから，奥深く勉強すればいい範囲です。

＊＊＊＊＊＊＊＊＊＊＊＊＊＊＊＊＊＊＊＊＊＊＊＊＊＊＊＊＊＊＊＊＊

土壌層位の模式図

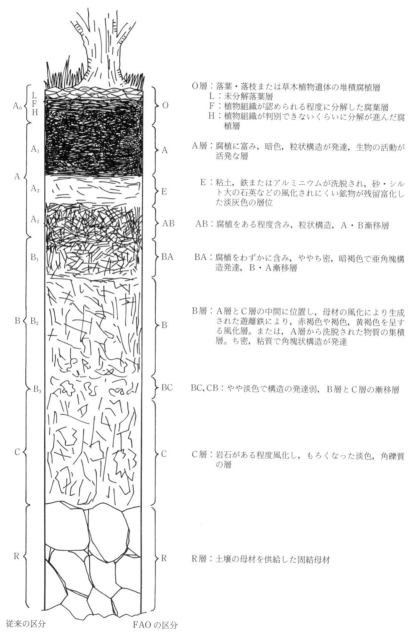

O層：落葉・落枝または草木植物遺体の堆積腐植層
　　L：未分解落葉層
　　F：植物組織が認められる程度に分解した腐葉層
　　H：植物組織が判別できないくらいに分解が進んだ腐
　　　　植層

A層：腐植に富み，暗色，粒状構造が発達，生物の活動が
　　　活発な層

E：粘土，鉄またはアルミニウムが洗脱され，砂・シル
　　ト大の石英などの風化されにくい鉱物が残留富化し
　　た淡灰色の層位

AB：腐植をある程度含み，粒状構造，A・B漸移層

BA：腐植をわずかに含み，ややち密，暗褐色で亜角塊構
　　造発達，B・A漸移層

B層：A層とC層の中間に位置し，母材の風化により生成
　　　された遊離鉄により，赤褐色や褐色，黄褐色を呈す
　　　る風化層。または，A層から洗脱された物質の集積
　　　層。ち密，粘質で角塊状構造が発達

BC，CB：やや淡色で構造の発達弱，B層とC層の漸移層

C層：岩石がある程度風化し，もろくなった淡色，角礫質
　　　の層

R層：土壌の母材を供給した固結母材

従来の区分　　　　　　　FAOの区分

2 土壌 問 題 Ⅰ

【問題1】

土壌に関する記述のうち，適当でないものはどれか。

(1) 土性は，土壌の保水性，透水性，土壌 pH などと関連する。

(2) 砂土は，壌土よりも保水性が低い。

(3) 植物が最も利用吸収しやすい土壌水分は，吸湿水である。

(4) 腐植は，土壌中の微生物の活動を促進する。

【問題2】

土壌に関する記述のうち，適当でないものはどれか。

(1) 一般に，植物が最も利用吸収しやすい土壌水分は，毛管水である。

(2) 土壌粒子の粒径は，砂，シルト，粘土の順に小さくなる。

(3) 砂分の多い土壌ほど保水性が低い。

(4) 腐植は，土壌の団粒構造の形成を抑制する。

【問題3】

土壌に関する次の記述の正誤の組合せとして，適当なものはどれか。

(イ) 土壌は，固相，液相，気相の三相から成り立っており，これらの三相を容積割合で表したものを三相分布という。

(ロ) 一般に，暗褐色や黒褐色の土壌は腐植が乏しく，赤色や黄色の土壌は腐植に富んでいる。

	(イ)	(ロ)
(1)	正	正
(2)	正	誤
(3)	誤	正
(4)	誤	誤

【問題4】

土壌に関する記述のうち，適当でないものはどれか。

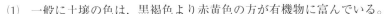

(1) 一般に土壌の色は，黒褐色より赤黄色の方が有機物に富んでいる。

(2) 植物が利用できる土壌中の有効水分は，主に毛管水である。

(3) 土壌中の粒径の分布状態を土性といい，保水性，透水性，通気性と密接に関連する。

(4) 土壌中の腐植は，微生物の活動を促進する。

【問題5】

土壌に関する記述のうち，適当なものはどれか。

(1) 粘土分の多い土壌の方が保水性は低い。

(2) 一般に，有機物を多く含んだ土壌の色は鮮やかな赤色～黄色を呈している。

(3) 一般に，植物が最も利用しやすい土壌水分は結合水である。

(4) 国際土壌学会法による区分では，土壌中の粘土の割合が最も多い土壌は重埴土である。

【問題6】

土壌 pH に関する記述のうち，適当でないものはどれか。

(1) アルカリ性の強い土壌は，炭酸カルシウムや消石灰を用いて中和する。

(2) 一般に雨の多い我が国では，表層からの塩基の溶脱により，土壌は酸性になりやすい。

(3) 市街地ではコンクリート構造物や舗装，乾燥の影響等により，一般に，土壌はアルカリ化する傾向がある。

(4) 酸性かアルカリ性かを表す pH は，その値が大きいほどアルカリ性が強いことを示す。

【問題7】

土壌 pH に関する次の記述の（　　）に当てはまる語句の組合せとして，適当なものはどれか。

「雨の多いわが国では，表層から塩基が溶脱して土壌が（　A　）になりやすいので，植物の性質によっては，（　B　）等による中和を考える必要がある。」

	(A)	(B)
(1)	酸性 ———————	窒素肥料
(2)	アルカリ性 ——	窒素肥料
(3)	酸性 ———————	石灰
(4)	アルカリ性 ——	石灰

【問題8】

土壌 pH に関する次の記述の（　　）に当てはまる語句の組合せとして，適当なものはどれか。

「土が酸性かアルカリ性かという性質は水素イオン濃度で示され，これを表示する pH は数字が（　A　）ほどアルカリ性が強く，植物は一般に pH（　B　）程度を好むものが多い。」

	(A)	(B)
(1)	小さい ——	3.5〜4.0
(2)	小さい ——	6.0〜6.5
(3)	大きい ——	3.5〜4.0
(4)	大きい ——	6.0〜6.5

【問題9】

土壌 pH に関する次の記述の(A)〜(C)に当てはまる語句の組合せとして，適当なものはどれか。

「一般に，植物は pH（　A　）程度を好み，雨の多いわが国では，土壌は（　B　）になりやすいので，場合によっては，土壌に（　C　）を入れて中和する必要がある。」

	(A)	(B)	(C)
(1)	6〜6.5 ——	酸性 ————————	石灰
(2)	8〜8.5 ——	酸性 ————————	カリウム
(3)	6〜6.5 ——	アルカリ性 ——	石灰
(4)	8〜8.5 ——	アルカリ性 ——	カリウム

【問題10】

2 土壌

土壌 pH に関する次の記述の正誤の組合せとして，適当なものはどれか。

㈠　一般に雨の多いわが国では，土壌はアルカリ性になりやすいので，植物の
　　性質によっては塩化カリウム等により中和する必要がある。

㈡　pH は数値が小さくなるほど酸性が強くなり，わが国では，植物は一般に
　　pH6.0～6.5程度の弱酸性土壌を好むものが多い。

```
　　　　（イ）　　　　（ロ）
⑴　　　正 ―― 正
⑵　　　正 ―― 誤
⑶　　　誤 ―― 正
⑷　　　誤 ―― 誤
```

【問題11】

土壌 pH に関する次の記述の(A)，(B)に当てはまる語句の組合せとして，適当
なものはどれか。

　「市街地では，コンクリートの構造物や舗装，乾燥の影響等で，一般に，土
壌が（　A　）化する傾向がある。

　pH は 7 が中性で，pH の値が（　B　）なるほど酸性が強くなる。」

```
　　　　（A）　　　　　　（B）
⑴　　アルカリ ―― 大きく
⑵　　酸性 ――――― 大きく
⑶　　アルカリ ―― 小さく
⑷　　酸性 ――――― 小さく
```

【問題12】

土壌の粒径に関する次の記述の(A)～(D)に当てはまる語句の組合せとして，適
当なものはどれか。

　「土壌の粒径は，（　A　），（　B　），（　C　），（　D　）の順に小さくな
る。」

	(A)	(B)	(C)	(D)
⑴	礫	砂	粘土	シルト
⑵	礫	砂	シルト	粘土
⑶	礫	シルト	砂	粘土

⑷　シルト ―― 礫 ――― 砂 ――― 粘土

【問題13】

　土壌中の粘土の割合が最も少ない土壌として，適当なものはどれか。

⑴　埴壌土

⑵　壌土

⑶　埴土

⑷　砂土

【問題14】

　土性に関する次の記述の⑷，⒝に当てはまる語句の組合せとして，適当なものはどれか。

　「土性は，国際土壌学会法では土壌中の（　A　），（　B　）及びシルトの重量組成割合により区分される。」

　　　　⑷　　　　　⒝

⑴　粘土 ―― 礫

⑵　粘土 ―― 砂

⑶　腐植 ―― 礫

⑷　腐植 ―― 砂

【問題15】

　土性に関する次の記述の⑷，⒝に当てはまる語句の組合せとして，適当なものはどれか。

　「土性とは，砂，（　A　）及び（　B　）の割合を示したものであり，土壌の物理的性質は土性によるところが大きい。」

　　　　⑷　　　　　⒝

⑴　シルト ―― 腐植

⑵　シルト ―― 粘土

⑶　礫 ――― 腐植

⑷　礫 ――― 粘土

【問題16】

　土壌中の空気に関する次の記述の（　　）に当てはまる語句の組合せとして，適当なものはどれか。

　「一般に土壌中の空気の組成は，大気と比べて（　A　）の比率はほぼ同じであるが，（　B　）の比率が小さく（　C　）の比率が大きい。」

	(A)	(B)	(C)
(1)	酸素 ──	窒素 ─────	二酸化炭素
(2)	酸素 ──	二酸化炭素 ──	窒素
(3)	窒素 ──	二酸化炭素 ──	窒素
(4)	窒素 ──	酸素 ─────	二酸化炭素

【問題17】

　土壌に関する記述のうち，適当でないものはどれか。

(1)　粒径が大きい土壌粒子の割合が多い土壌ほど，保水性が小さくなる。

(2)　土壌粒子の粒径は，シルトに比べ，粘土の方が大きい。

(3)　土壌の色は，一般に有機物が多いと，黒味を増す。

(4)　土壌中の有機物は，土壌微生物等の働きによって，植物の養分として利用できるようになる。

【問題18】

　土壌の pH に関する記述のうち，適当でないものはどれか。

(1)　土壌の pH は数値が小さくなるほど，酸性が強くなる。

(2)　市街地では，コンクリートの構造物の影響や舗装による土壌の乾燥の影響などにより，一般に土壌が酸性化する傾向がある。

(3)　酸性の強い土壌に対しては，一般に炭酸カルシウムなどを混合して pH を改良する。

(4)　アルカリ性の強い土壌に対しては，一般にピートモスなどを混合して pH を改良する。

2 土壌　解答と解説

point

繰り返して，同じような問題が出題されることが多い分野です。

【問題1】　**解答**　(3)

(1)　土性は，土壌の保水性，透水性，土壌 pH などと関連する。

(2)　砂土は，壌土よりも保水性が低い。

(3)　植物が最も利用吸収しやすい土壌水分は，吸湿水でなく毛管水である。したがって，(3)は適当でないものである。

(4)　腐植は，土壌中の微生物の活動を促進する。

【問題2】　**解答**　(4)

(1)　植物が利用できる有効水分は，土の毛細管隙を上下している毛管水が主で，土が乾いてくると土壌粒子の表面に吸着している水分も一部は吸収利用される。したがって，(1)の記述は適当である。

(2)　土壌粒子の粒径は，礫，砂，シルト，粘土の順に小さくなる。したがって，(2)の記述は適当である。

(3)　土性とは砂と粘土の割合すなわち粒径の分布状態であり，土壌の保水性，透水性，通気性等を決定するものであり，砂分が多いほど保水性が低い。したがって，(3)の記述は適当である。

(4)　腐植は，土壌の団粒化（保水力・保肥力を強くする），微生物の活動を促進する（抑制ではない。あわてて読まないように）。したがって，(4)の記述は適当でない。

【問題3】　**解答**　(2)

(イ)　土の三相分布とは，固相，液相，気相のことをいい，固相は砂，粘土，有機物等の固体の部分，液相は重力水，毛管水等の水分，気相は固体，液体を除いた空隙の部分をいう。植物の根の伸長に関係があり，三相割合が固相50％（腐植4％含む），液相25％，気相25％の分布状態のとき生育が一番良い。固体粒子の充填の程度や乾湿状態を表す指標でもある。したがって，(イ)の記述は正しい。

(ロ)　一般に，暗褐色や黒褐色の土壌は腐植に富み，赤色や黄色の土壌は腐植に乏しい。したがって，(ロ)の記述は誤っている。

【問題4】 **解答** ⑴

⑴ 一般に，赤色や黄色は腐植に乏しく，黒褐色や暗褐色の土壌は腐植に富んでいる。腐植は土壌断面のA層に多く集積し，生物遺体のタンパク質等により形成される。腐植に富む土壌は，黒に近い色を呈する。したがって，⑴の記述は適当でない。

⑵⑶⑷の記述は適当である。

【問題5】 **解答** ⑷

⑴ 粘土分の多い土壌の方が保水性は高い。

⑵ 一般に，有機物を多く含んだ土壌の色は暗褐色や黒褐色をしている。

⑶ 一般に，植物が最も利用しやすい土壌水分は毛管水である。

⑷の記述は正しい。

【問題6】 **解答** ⑴

⑴ アルカリ性の強い土壌は，硫安，塩化カリ，硫酸カリ，塩安などの生理的酸性肥料を施す。炭酸カルシウムや消石灰は，強アルカリであるため，酸性土壌に施し中和する。したがって，⑴の記述は適当でない。

⑵，⑶，⑷の記述は適当である。

【問題7】 **解答** ⑶

「雨の多いわが国では，表層から塩基（アルカリ性）が溶脱して土壌が（酸性）になりやすいので，植物の性質によっては，（石灰）等による中和を考える必要がある。」

したがって，⑶の語句の組合せが適当である。

【問題8】 **解答** ⑷

「土が酸性かアルカリ性かという性質は水素イオン濃度で示され，これを表示するpHは数字が（大きい）ほどアルカリ性が強く，植物は一般にpH（6.0〜6.5）程度を好むものが多い。」

したがって，⑷の語句の組合せが正しい。

【問題9】 **解答** ⑴

「一般に，植物はpH（6〜6.5）程度を好み，雨の多いわが国では，土壌は（酸性）になりやすいので，場合によっては，土壌に（石灰）を入れて中和する必要がある。」

したがって，(1)の語句の組合せが正しい。

(酸性土壌を好むか，耐える樹種にはケヤキ，ドウダンツツジがある。)

【問題10】　解答　(3)

(イ)　一般に雨の多いわが国では，土壌は酸性になりやすいので，植物の性質によっては石灰等により中和する必要がある。したがって，(イ)の記述は誤っている（雨が多い…とくれば酸性である）。都市化の進んだ地域では，コンクリート舗装や乾燥の影響で土壌がアルカリ性に傾いていることがあり，石灰の施用はかえって植物の生育を悪くする場合がある（塩化カリウムは，生理的酸性肥料）。

(ロ)は正しい記述である。したがって，(3)の正誤の組合せが正しい。

【問題11】　解答　(3)

「市街地では，コンクリートの構造物や舗装，乾燥の影響等で，一般に土壌が（**アルカリ**）化する傾向がある。

pH は7が中性で，pH の値が（**小さく**）なるほど酸性が強くなる。」

したがって，(3)の語句の組合せが正しい。

【問題12】　解答　(2)

「土壌の粒径は，（**礫**），（**砂**），（**シルト**），（**粘土**）の順に小さくなる。」

したがって，(2)の語句の組合せが正しい。

【問題13】　解答　(4)

粘土の割合が多い順から，埴土＞埴壌土＞壌土＞砂土となる。

粘土の割合が最も少ない土壌は，(4)の砂土である。

（壌土は，埴土に比べ**粘土分が少ないため，保水性は低いが通気性は高い**。）

【問題14】　解答　(2)

「土性は，国際土壌学会法では土壌中の（**粘土**），（**砂**）及びシルトの重量組成割合により区分される。」

したがって，(2)の語句の組合せが適当である。

【問題15】　解答　(2)

「土性とは，砂，（**シルト**）及び（**粘土**）の割合を示したものであり，土壌の物理的性質は土性によるところが大きい。」

したがって，(2)の語句の組合せが正しい。

（国際土壌学会法による粒径区分では，粒径が2mm以上を礫，粗砂は2～0.2mm，細砂は0.2～0.02mm，シルトは0.02～0.002mm，粘土は0.002mm以下となっている。）

【問題16】 解答 (4)

　「一般に土壌中の空気の組成は，大気と比べて（窒素）の比率はほぼ同じであるが，（酸素）の比率が小さく（二酸化炭素）の比率が大きい。」

したがって，(4)の語句の組合せが正しい。

（土壌中の空気の組成は，大気と比べて窒素ガスはほぼ同じであるが，酸素が少なく炭酸ガスの比率が多い。通気の良好さが必要である。）

【問題17】 解答 (2)

(2)　土壌粒子の粒径は，粘土の方がシルトより小さい。したがって，(2)は適当でない。

(1)　粒径が大きい土壌粒子の割合が多い土壌ほど，砂質土，礫質土となり保水性が小さくなる。したがって，(1)は適当である。

(3)　土壌の色は，一般に有機物が多いと，腐植が多くなり，黒味を増す。したがって，(3)は適当である。

(4)　土壌中の有機物は，土壌微生物などの働きによって，腐植を形成し植物の養分として利用できるようになる。したがって，(4)は適当である。

【問題18】 解答 (2)

(2)　市街地では，コンクリートの構造物の影響や舗装による土壌の乾燥の影響などにより，一般に土壌がアルカリ化する傾向がある。コンクリートはアルカリ性が強くpH10～12であり，塩基（アルカリ性）が溶脱して土壌はアルカリ性になる。pH＝7が中性で数値が大きくなるほど強アルカリ性となる。したがって，(2)は適当でない。

(1)　土壌のpHは，数値が小さくなるほど，酸性が強くなる。pH＝0が強酸性である。したがって，(1)は適当である。

(3)　酸性の強い土壌に対しては，一般に炭酸カルシウム（生石灰）などを混合してpHを改良する。したがって，(3)は適当である。

(4)　アルカリ性の強い土壌に対しては，一般にピートモス（ミズコケやスゲなどの植物が堆積して作られた泥炭（ピート）を乾燥させて細かく砕いた物）を，pH＝4前後の酸性のため中和してpHを改良する。したがって，(4)は適当である。

合格への目安　9問中5問以上正解すること。目標時間27分。

【問題1】　出るヨ

　腐植に関する次の記述の(A)，(B)に当てはまる語句の組合せとして，適当なものの個数はどれか。

　「腐植は，土壌の（　A　）を促進し，（　B　）などの働きがあり，腐植に富む土壌は黒色に近い色を呈する。」

	(A)	(B)
(イ)	団粒化 ——	土壌 pH の急激な変動を緩和する
(ロ)	団粒化 ——	土壌水分の保持力を高める
(ハ)	単粒化 ——	土壌養分の保持力を高める
(ニ)	単粒化 ——	土壌中の微生物の活動を促進する

(1)　1個
(2)　2個
(3)　3個
(4)　4個

【問題2】　出るヨ

　次の(イ)〜(ニ)のうち，腐植の効用に関する記述として，適当なものの個数はどれか。

(イ)　土壌水分の保持力を高める。
(ロ)　土壌養分の保持力を高める。
(ハ)　土壌の団粒構造の形成を促進する。
(ニ)　土壌中の微生物の活動を促進する。

(1)　1個
(2)　2個
(3)　3個
(4)　4個

3 腐植及び土壌改良材（肥料）

【問題3】

腐植の効用に関する記述のうち，適当でないものはどれか。

(1) 土壌の団粒化を促進する。

(2) 土壌中の微生物の活動を抑制する。

(3) 土壌の膨軟化を促進する。

(4) 土壌水分の保持力を高める。

【問題4】

植物の肥料に関する次の記述の(A)，(B)に当てはまる語句の組合せとして，適当なものはどれか。

「（ A ）肥料は一般に葉肥と呼ばれ，葉・茎の繁茂を促す。（ B ）肥料は一般に花肥又は実肥と呼ばれ，花芽の形成，開花，結実に関係する。」

　　　　 (A) 　　　　(B)

(1) 窒素 ―――― カリ

(2) リン酸 ―― 窒素

(3) リン酸 ―― カリ

(4) 窒素 ―――― リン酸

【問題5】

植物に必要な肥料に関する次の記述の（　　）に当てはまる語句の組合せとして，適当なものはどれか。

「（ A ）は，根肥といわれ，根や茎を丈夫にする。（ B ）は，花肥といわれ，花芽分化を促進する。（ C ）は，葉肥といわれ，葉緑素を作り，葉の生育を促す。」

　　　　 (A) 　　　　　(B) 　　　　　(C)

(1) リン酸肥料 ―――― カリ肥料 ―――― 窒素肥料

(2) カリ肥料 ―――――― リン酸肥料 ―――― 窒素肥料

(3) リン酸肥料 ―――― 窒素肥料 ―――― カリ肥料

(4) カリ肥料 ―――――― 窒素肥料 ―――― リン酸肥料

【問題6】

「土壌改良資材」と「その効果」に関する組合せとして，適当でないものはどれか。

　　（土壌改良資材）　　　（その効果）
(1)　バーク堆肥 ──────── 固結の防止
(2)　富士砂 ──────── 透水性の向上
(3)　真珠岩パーライト ── 保水性の改良
(4)　苦土石灰 ──────── アルカリ性の中和

【問題7】

次の記述の特徴を示す土壌改良材の名称として，適当なものはどれか。

「ひる石を粉砕し，高温加熱処理したものであり，土壌の透水性の改善に効果がある。」

(1)　ベントナイト
(2)　パーライト
(3)　コンポスト
(4)　バーミキュライト

【問題8】

植栽基盤の改良方法に関する記述のうち，適当でないものはどれか。
(1)　砂質系土壌にバーク系の土壌改良材を混入した。
(2)　酸性土壌に苦土石灰を混入した。
(3)　養分不足の土壌にパーライト系の土壌改良材を混入した。
(4)　排水性の悪い土壌に暗渠を設けた。

【問題9】

高木の施肥に関する次の記述の(A)，(B)に当てはまる語句の組合せとして，最も適当なものはどれか。

「下図の溝の位置に施肥をする方法を（　A　）といい，一般に（　B　）として施す場合に用いられることが多い。」

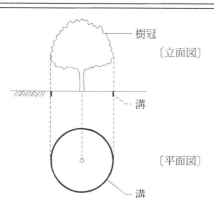

- 樹冠
- 〔立面図〕
- 溝
- 〔平面図〕
- 溝

	(A)	(B)
(1)	車肥 ——	追肥
(2)	輪肥 ——	元肥
(3)	輪肥 ——	追肥
(4)	車肥 ——	元肥

【問題10】

　植物に必要な肥料に関する次の記述の(A)に当てはまる語句として，適当なものはどれか。

　「（　A　）肥料は，根・葉・茎の繁茂を促すが，不足すると植物が小型となり，葉が黄変する。また，過多になると，茎葉が軟弱になり，病気を誘発する。」

- (1) 窒素質
- (2) リン酸質
- (3) カリ質
- (4) 石灰質

【問題1】　解答　(2)

「腐植は，土壌の（団粒化）を促進し，（土壌 pH の急激な変動を緩和する）（土壌水分の保持力を高める）などの働きがあり，腐植に富む土壌は黒色に近い色を呈する。」したがって，(2)の2個の語句の組合せが正しい。

腐食の機能及び効用には，土壌の膨軟化（地温を高める），（孔隙の増加），団粒化（保水力，保肥力を強くする），微生物の活動の促進（有機物の分解を進める）養分保持，緩衝作用（供給速度の調節），水分保持，環境保全として土壌の汚染害軽減等があり，植物に必要な養分元素を吸着保持し，徐々に植物に供給する働きがある。

【問題2】　解答　(4)

(イ)，(ロ)，(ハ)，(ニ)4個とも正しい記述である。

【問題3】　解答　(2)

(2) 土壌中の微生物の活動を抑制するのではなく，促進する。したがって，(2)の記述は適当でない。

【問題4】　解答　(4)

「（窒素）肥料は一般に葉肥と呼ばれ，葉・茎の繁茂を促す。（リン酸）肥料は一般に花肥又は実肥と呼ばれ，花芽の形成，開花，結実に関係する。」
したがって，(4)の語句の組合せが適当である。

【問題5】　解答　(2)

「（カリ肥料）は，根肥といわれ，根や茎を丈夫にする。（リン酸肥料）は，花肥といわれ花芽分化を促進する。（窒素肥料）は，葉肥といわれ，葉緑素を作り，葉の生育を促す。」
したがって，(2)の語句の組合せが適当である。

【問題6】　解答　(4)

(1)，(2)，(3)の組合せは適当である。
(4) 苦土石灰は，酸性土壌の中和に利用される（苦土とは，マグネシウムのことで，pH の補正とマグネシウムの補給を行う肥料である）。

【問題7】　解答　(4)

(1) ベントナイトとは，モンモリロナイト（粘土鉱物の一種）を主成分とする

3 腐植及び土壌改良材（肥料）

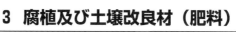

粘土で，海底に堆積した火山灰が特殊な変成作用，風化作用を受けて生成したと言われている。優れた膨潤性があり，土壌の保水力，保肥力を高め，漏水，肥料成分の流亡を防ぎ，火山灰土高毒地の改良にも使用される。1回の施用で効果は半永久的に持続する。

(2) **パーライト**とは，真珠岩または黒曜石を粉砕し，熱処理したもので，多孔質の軽い雪状の物質で，粘質土壌の通気性，透水性，保肥性の改善を目的として，土壌に混合して使用する。

(3) **コンポスト**とは，都市ごみを急速堆肥化装置等で肥料化したもので堆肥等と同様の有機質肥料である（堆肥…わら，落ち葉，塵芥（じんかい），野草等を堆積し自然発酵させて生産した肥料で，積み肥ともいう。家畜の糞尿と敷き料を堆積腐熟させた厩肥（きゅうひ）とは，明確に区別されている。普通堆肥（水積堆肥）と腐熟を速めるために，硫安や石灰窒素などを加えて作られる速成堆肥がある。元肥や土壌改良剤として，土壌を軟らかくし植物の根の張りをよくしたり，微生物の活動を促して植物に好影響を与える）。

(4) **バーミキュライト**は，黒雲母変成岩（ひる石）を焼成したもので多孔質の軽い砕片状の物質である。砂質土壌の保肥力・保水力の改善や，重粘土壌の通気性改善に適している。

【問題8】 **解答** (3)

(3) 養分不足の土壌には，堆肥などの有機質肥料を元肥として施用する。パーライトは土壌の通気性，透水性，保肥性等を改良するために用いるもので，養分そのものは含まれていない。したがって，(3)の記述は適当でない。

【問題9】 **解答** (3)

(A) 輪肥 (B) 追肥が当てはまる語句である。

輪肥（わごえ）は，樹木主幹を中心に葉張り外周線の地上投影部分に深さ20cm程度の溝を輪状に掘り，溝底に所定の肥料を平均に敷き込み覆土する。

溝掘りの際，支根を傷めぬよう注意し，細根が密生している場合はその外側に溝を掘る。追肥として行う。

車肥（くるまごえ），壷肥（つぼごえ）は，元肥（寒肥）として行う。

車肥は，枝張り外周に車輪の輻（や）のように4箇所程度放射状に溝を掘る。溝の深さは15〜20cm程度，長さは葉張り外周線の下にくるように掘る。

壷肥は，枝張り外周直下に，6箇所程度穴を掘り，肥料を埋め込む。

縦穴の深さは20cm程度とする。

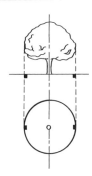 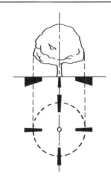 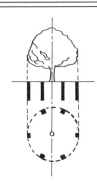

- ・枝張り外周線の直下に，輪状で深さ20cm程度の溝を掘り，埋め込む。

（輪　肥）

- ・枝張り外周部に4カ所程度外側になるにつれて深くなる放射状の穴を掘り，埋め込む。

（車　肥）

- ・枝張り外周直下に，6か所程度穴を掘り，埋込む。

（壺　肥）

高木の施肥位置

【問題10】　**解答**　⑴

⑴　窒素質肥料は，葉肥ともいい，たん白質や葉緑素を作り生育を促す。不足すると植物が小型となり，葉が黄変する。過多になると，茎葉が軟弱になり，病気にかかりやすくなる。したがって，⑴が適当である。

第2章

材 料

この分野の試験傾向は，芝生1問，石材・石1問，レディーミクストコンクリート1問（その他の材料1問），造園樹木1問，花壇植物1問等5〜6問が出題されています。

非常に範囲が広く，専門的に問う問題が多く出ています。したがって，いかに得意分野を増やすかが重要ポイントです。

全問正解することが理想ですが，あまり掘り下げて勉強しても時間の無駄です。この例題範囲を押えておけば，合格ラインの60%は正解できますので，判らないものは，思い切って捨てましょう。

1 芝生（日本芝・西洋芝） 問題

合格への目安 | 5問中3問以上正解すること。目標時間15分。

【問題1】

日本芝と西洋芝の一般的な性質に関する記述のうち，適当でないものはどれか。

(1) 日本芝は西洋芝に比べ，踏圧に耐える力が大きいものが多い。

(2) 日本芝は日陰に耐える種類が多いが，西洋芝は日陰に弱いものが多い。

(3) 日本芝は西洋芝に比べ，酸性土壌に耐える力が大きいものが多い。

(4) 日本芝は冬に地上部が枯れるが，西洋芝は冬でも地上部が枯れないものが多い。

【問題2】

次の(イ)〜(ニ)のうち，日本芝と西洋芝の一般的な性質に関する記述として，適当なものの個数はどれか。

(イ) 日本芝は冬は葉が枯れるが，西洋芝は冬も緑色を保つものが多い。

(ロ) 日本芝は夏の高温多湿に強いが，西洋芝は弱いものが多い。

(ハ) 日本芝は踏圧に耐える力が強いが，西洋芝は弱いものが多い。

(ニ) 日本芝は栄養繁殖によることが多く，西洋芝は種子繁殖によることが多い。

(1) 1個

(2) 2個

(3) 3個

(4) 4個

【問題3】

日本芝と西洋芝の一般的な性質に関する記述のうち，適当でないものはどれか。

(1) 日本芝は日陰に耐える種類が多いが，西洋芝は日陰に弱いものが多い。

(2) 日本芝は乾燥に耐えるが，西洋芝は乾燥に弱いものが多い。

(3) 日本芝は酸性土壌に耐えるが，西洋芝は酸性土壌に不向きな種類が多い。

(4) 日本芝は栄養繁殖によることが多く，西洋芝は種子繁殖によることが多い。

1　芝生（日本芝・西洋芝）

【問題4】

　日本芝と西洋芝の一般的な相違に関する記述のうち，適当なものはどれか。

⑴　日本芝は冷涼な気候で生育がよく，西洋芝は高温期に生育が盛んである。

⑵　日本芝はもっぱら種子繁殖によるが，西洋芝の多くは栄養繁殖する。

⑶　日本芝は酸性土壌に耐える力が大きいが，西洋芝は酸性土壌に不向きなものが多い。

⑷　日本芝は乾燥に弱いが，西洋芝は乾燥に強いものが多い。

【問題5】

　ノシバの性質に関する次の記述の(A)～(C)に当てはまる語句の組合せとして，適当なものはどれか。

　「ノシバは（　A　）芝であり，生育型は（　B　）型で，日本芝の中では耐旱（乾）性が（　C　）。」

　　　　　(A)　　　　　(B)　　　　　(C)

⑴　夏型 —— ほふく —— 強い

⑵　夏型 —— 株立 ——— 強い

⑶　冬型 —— ほふく —— 弱い

⑷　冬型 —— 株立 ——— 弱い

【問題6】

　芝生の造成に関する記述のうち，適当でないものはどれか。

⑴　床土の造成に当たり，耕耘機で耕耘し，雑草や石などを取り除いた。

⑵　床土の地表面に多少の傾斜（水勾配）をつけ，ローラで軽く転圧した。

⑶　播種は均一になるように半量ずつ分けて行い，播種後に種子が見え隠れする程度にレーキを使って土で覆った。

⑷　播種した種子の流失を防止するため，発芽するまで灌水を控えた。

【問題1】 解答 (2)

日本芝	西洋芝
夏型芝で高温期に生育旺盛。 （冬期休眠）	冬型芝で冷涼な気候において生育良好。
匍匐（ほふく）型で刈込回数が少なくてすむ。	株立型が多く刈込回数多くなる。
種子繁殖は困難で栄養繁殖による。	種子繁殖容易。
旱魃に強い（完成した芝生は灌水が少なくてすむ）。	適宜灌水する必要がある。
酸性・アルカリ性土壌に耐える。	酸性地には不向きなものが多い。
踏圧に耐える。	踏圧に対して日本芝より劣る。
日陰地に耐えにくく，1日数時間の日照が必要。	日陰に耐える種類が多い。
土壌に対する適応性が大きく，やせた土壌でも造成できる。	肥料を多く要する。

⑴ 日本芝は西洋芝に比べ，踏圧に耐える力が大きいものが多い。

⑵ 日本芝は日陰地に耐えにくく，1日数時間の日照が必要で，西洋芝は日陰に耐える種類が多い。したがって，⑵の記述は適当でない。

⑶ 日本芝は西洋芝に比べ，酸性土壌に耐える力が大きいものが多い。

⑷ 日本芝は冬に地上部が枯れるが，西洋芝は冬でも地上部が枯れないものが多い。

【問題2】 解答 (4)

上表のとおり(イ)(ロ)(ハ)(ニ)4つの記述とも正しい。

【問題3】 解答 (1)

(1)の記述は，日本芝と西洋芝の説明が逆になっている。したがって，(1)の記述は適当でない。

【問題4】 解答 (3)

(1)，(2)，(4)の記述は，日本芝と西洋芝の説明が逆になっているため適当でない。したがって，(3)の記述は適当である。

【問題5】 解答 (1)

ノシバの性質に関する問題である。ノシバは（夏型）芝であり，生育型は（ほふく）型で，日本芝の中では耐旱（乾）性が（強い）。したがって，(1)の語句の組合せが適当である。（表参照）

1 芝生（日本芝・西洋芝）

	日本芝		西洋芝
ノシバ	匍匐（ほふく）型（苗で繁殖）踏圧に強く，耐寒性，耐暑性，耐乾性に優れ，グランド，広場，ゴルフ場，河川堤防，道路法面に利用	改良バーミューダグラス（ティフトンシバ）	環境適応力に優れ，生長力は抜群。匍匐（ほふく）型で日陰に弱く，踏圧に強くて回復力が早い。グランド，校庭等に利用。
コウライシバ	夏型，匍匐（ほふく）型，苗繁殖でわが国で最も普及している日本芝で，一般に日陰に弱く，踏圧に強い。庭園，公園，ゴルフ場に利用	ベントグラス類	コロニアル種（株立性）とクリーピング種（匍匐（ほふく）性）があり，クリーピング種の方が匍匐性なので回復が早い。日陰に強く，踏圧に弱い。ゴルフ場のグリーン用に利用されている。
ビロードシバ	匍匐（ほふく）型，苗繁殖で小庭園，観賞用に使用され，踏圧に弱い	ライグラス類	耐寒性が強く，種子繁殖でオーバーシード用に利用
	西洋芝		環境適応性に優れ，法面緑化，海岸埋立地，公園，グランド，ゴルフ場に利用。常緑，株立性，種子繁殖で発芽がきわめてよい。
ブルーグラス類	常緑（濃緑），株立型，種子繁殖で日陰に強く，踏圧や刈込みに強い。冬場は枯れないが暑さに弱く冷涼地を好む。	フェスキュー類	

（ゴルフ場のフェアウェイは，圧倒的にコウライシバで，グリーンはベントグラス類，次にコウライシバである。）

【問題6】 **解答** ⑷

⑷ 発芽前に大雨の降水で種子が流失しないよう，莚（むしろ）などを掛けて表面の保護を行い，灌水を十分に行う。したがって，⑷は適当でない。

合格への目安　7問中4問以上正解すること。目標時間21分。

【問題1】

花崗岩1m³の重量を示す数値として，適当なものはどれか。

(1)　約1.5t

(2)　約2.7t

(3)　約3.9t

(4)　約5.1t

【問題2】

「石材の名称」と「岩石の種類」に関する組合せとして，適当なものはどれか。

　　　（石材の名称）　　　（岩石の種類）

(1)　諏訪鉄平石 —— 凝灰岩

(2)　六方石 ———— 石灰岩

(3)　大理石 ———— 安山岩

(4)　御影石 ———— 花崗岩

【問題3】

下図に示す正面から見た庭石の(A)，(B)の名称の組合せとして，適当なものはどれか。

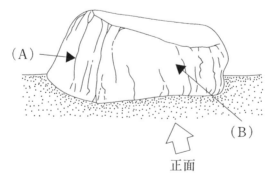

正面

　　　　(A)　　　　(B)

(1)　見込み —— とも面

(2)　見込み ―― 見付き

(3)　見付き ―― とも面

(4)　見付き ―― 見込み

【問題4】

下図に示す間知石の(A)～(C)の名称の組合せとして，適当なものはどれか。

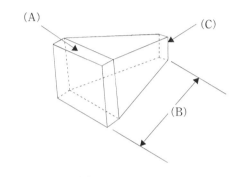

	(A)		(B)		(C)
(1)	天端	――	控え	――	小端
(2)	天端	――	見付き	――	小端
(3)	合端	――	見付き	――	とも面
(4)	合端	――	控え	――	とも面

【問題5】

下図の間知石の(A)～(C)の名称の組合せとして，適当なものはどれか。

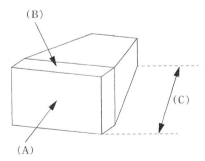

	(A)	(B)	(C)
(1)	つら ——— 控え長 —— あいば		
(2)	ともづら —— 控え長 —— あいば		
(3)	ともづら —— あいば —— 控え長		
(4)	つら ——— あいば —— 控え長		

【問題6】

次の記述の特徴を示す石材の名称として，適当なものはどれか。

「変成岩に属し，石質は緻密，堅硬であるが，耐火性，耐酸性は小さい。」

(1) 凝灰岩
(2) 花崗岩
(3) 安山岩
(4) 大理石

【問題7】

次の記述の特徴を示す石材の名称として，適当なものはどれか。

「石質は軟らかく加工しやすいが，吸水率が大きく風化しやすい。」

(1) 鉄平石
(2) 大谷石
(3) 御影石
(4) 大理石

2 石材・石　解答と解説

岩石の分類

火成岩	堆積岩	変成岩
花崗岩（かこう岩）（御影石）は火成岩であり，圧縮強さ，耐久性とも大きく，石質は堅硬緻密で磨くと美しい光沢が生じ（稲田御影，筑波御影，鞍馬御影等がある），大材が得やすいなどの利点があるが，耐火性が極めて弱い（800℃で崩壊）のが欠点である（これは主成分である石英，長石，輝石，角閃石等の組成鉱物の熱膨張率が異なるためである）。 　最も利用頻度の高い石材で角石，板石，間知石などに適する。 　御影石は花崗岩の石材としての名称で，景石・石灯籠・装飾等に利用される。	凝灰岩（ぎょうかいがん）は，火山灰が地上や水中に堆積してできた岩石である。 　成分が火山由来のため，堆積岩でもあり火成岩でもある。 　採石加工は容易だが，吸水率が大きく風化しやすい。 　耐久性，強度とも小さいが，耐火性に富む特徴がある。 　凝灰岩で有名なものとしては大谷石（栃木県），札幌軟石（北海道），笏谷石（しゃくやいし）（福井県），沢田石（静岡県）などがある。	大理石は，石灰岩が熱変成作用を受けて生成された変成岩であり，石質は緻密，堅硬であるが，耐火性，耐酸性は小さく，風化しやすいため装飾，内装材等が主な用途である。磨くと美しい光沢を生じるのが特徴で，この光沢は結晶変質の完全なものほど美しい。
	大谷石は凝灰岩の一種で，積石・門柱・石塀・石垣に利用される。	結晶片岩は，変成岩であり石質は硬質緻密で明瞭な片状節理を有し剥げやすい。 　色彩は青緑色のものが多く，緑泥片岩などがこれに属し，伊予青石，秩父青石があり，景石・飛石・石碑等の庭石に用いられる。
安山岩は火成岩であり，石質は堅硬で耐久性，耐火性が極めて大きく圧縮強さも大きいため，土木用石材として最も広く大量に使用され，安山岩に属する鉄平石は，自然の割れ目を利用して，厚さ2〜5cmの板石として採石できる。	玄武岩は火成岩の中の火山岩であり，黒色または暗灰色で，石質は緻密であり，柱状の割れ目をして，多くの石柱を立てたような壮観を呈し，石柵，橋ぐい等に利用される。六方石は玄武岩の一種である。	

【問題1】　解答　(2)

(2)　花崗岩1m³の重量は，約2.7t（比重は約2.7）である。したがって，(2)の数値が適当である。

【問題2】　解答　(4)

(1)　諏訪鉄平石は，上表より安山岩に属する。したがって，適当でない。

(2)　六方石は玄武岩の一種で，**玄武岩は塩基性の火山岩である**。黒色または暗灰色で，石質は緻密であり，斜長石，輝石，かんらん石から成る。柱状の割れ目をして，多くの石柱を立てたような壮観を呈し，石柵，橋ぐい等に利用される。したがって，適当でない。

(3)　大理石は，石灰岩が熱変成作用を受けて生成された変成岩である。した

がって，適当でない。

【問題3】 **解答** (2)

野面石組用石材（庭石）

石の形についての名称は図のとおりである。

天端（天馬）：石を据えた時の上面となるところ

見付き　　　：正面から眺めた時，目につく全面

見込み　　　：正面から眺めた時，右または左の側面

根（ね）　　：地中に入れるか，地表に接する面を敷（しき）といい，敷と地
　　　　　　　表に接する部分を根という。

　上図より(A)は見込み，(B)は見付きになる。したがって，(2)の組合せが適当で
ある。

【問題4】 **解答** (4)

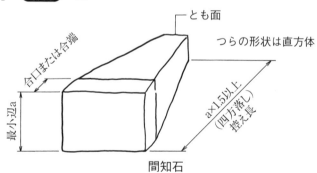

間知石

(A)は合端，(B)は控え，(C)はとも面である。したがって，(4)の語句の組合せが
適当である。

【問題5】 **解答** (4)

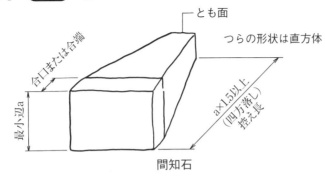

とも面

つらの形状は直方体

合口または合端

最小辺a

a×1.5以上
(四方落し)
控え長

間知石

　(A)はつら，(B)はあいば，(C)は控え長である。したがって，(4)の組合せが適当
である。

【問題6】 **解答** (4)

　大理石は，「変成岩に属し，石質は緻密，堅硬であるが，耐火性，耐酸性は
小さく，風化しやすいため，装飾，内装材に用いられる。」したがって，(4)が
適当である。

【問題7】 **解答** (2)

　大谷石は，「石質軟らかく加工しやすいが，吸水率が大きく風化しやすく，
耐久性，強度とも小さいが，耐火性に富む。」したがって，(2)が適当である。

3 木材・その他の材料　　問　題

【問題1】

木材の一般的な性質に関する次の記述の正誤の組合せとして，適当なものはどれか。

(イ) 板目材は，まさ目材に比べ伸縮が一様で不規則な変形をしない。

(ロ) 辺材は，心材に比べて一般に硬質で腐朽しにくい。

　　　　(イ)　　　(ロ)

(1)　正 ── 正

(2)　正 ── 誤

(3)　誤 ── 正

(4)　誤 ── 誤

【問題2】

下図に示す丸太の断面の(A)～(D)のうち，収縮，ねじれ，割れが最も少ない「まさ目材」が得られる木取りとして，適当なものはどれか。

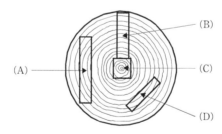

(1)　(A)

(2)　(B)

(3)　(C)

(4)　(D)

【問題3】

次の図の木材の(A)～(C)の名称の組合せとして，適当なものはどれか。

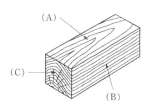

	(A)		(B)		(C)
(1)	板目	──	木口	──	まさ目
(2)	板目	──	まさ目	──	木口
(3)	まさ目	──	木口	──	板目
(4)	まさ目	──	板目	──	木口

【問題4】

焼過ぎレンガに関する次の記述の(A)，(B)に当てはまる語句の組合せとして，適当なものはどれか。

「焼過ぎレンガは，普通レンガより高温で焼成したものをいい，普通レンガより強度が（ A ），吸水率が（ B ）。」

	(A)		(B)
(1)	大きく	──	小さい
(2)	小さく	──	大きい
(3)	小さく	──	小さい
(4)	大きく	──	大きい

【問題1】 解答 (4)

(イ) まさ目材は，板目材に比べ伸縮が一様で不規則な変形をしない。

(ロ) 心材は，辺材に比べて一般に硬質で腐朽しにくい。

　したがって，(イ)，(ロ)とも設問は上記の記述と逆になっているため，誤っている。よって，(4)の組合せが適当である。

【問題2】 解答 (2)

　木材は，まさ目材と板目材があり，**まさ目は板目に比べて伸縮が一様で不規則な変形をしない。**

　図中の(B)がまさ目材である。(C)は心材であり，(A)，(D)は板目材であり，辺材でもある。

　(辺材は，**心材に比べて一般に材質が柔らかく，木材の膨張，収縮の割合が大きい。**樹心に近く色の濃い部分が心材（赤身）で，樹皮に近く色の薄い部分が辺材（白太）である。)

【問題3】 解答 (2)

　(A)は板目，(B)はまさ目，(C)は木口である。したがって，(2)の語句の組合せが適当である。

【問題4】 解答 (1)

(1) **焼過ぎレンガは，普通レンガの焼成温度をさらに高くして，赤褐色または紫褐色になるまで焼成したレンガで，普通レンガより強度が大きく吸水率が少ない。**造園では各施設の化粧仕上材として使用されるほか，舗道用としても用いられる。したがって，(1)の語句の組合せが適当である。

　普通レンガの持つ柔らかい感触・色調は建築や造園の素材として貴重であり，主として装飾・仕上材としての用途が広い。形状は JIS R1250で210×100×60㎜と定められている。標準形の他に異形品（標準形を加工したもの）もある。**品質は形状の良否，焼成の程度，吸水率，圧縮の強さなどによって定まり，等級がつけられている。**

　耐火レンガは，耐火度SK26番（1,580℃）以上の耐火度をもつレンガをいう。原料に用いる粘土は耐火度の大きい粘土鉱物が使用される。その原料化学成分によって粘土質耐火レンガ，珪石質耐火レンガ，特質耐火レンガの3種類に分類される。これらの耐火度は，等級によって規定があり，**低級（1,580～1650℃），中級（1,670～1,730℃），高級（1,750～2,000℃）に分け**ら

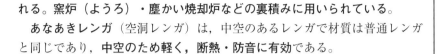

れる。窯炉（ようろ）・塵かい焼却炉などの裏積みに用いられている。

　あなあきレンガ（空洞レンガ）は，中空のあるレンガで材質は普通レンガと同じであり，中空のため軽く，断熱・防音に有効である。

【問題1】

コンクリートに関する記述のうち，適当なものはどれか。

(1)　セメントペーストとは，セメント・細骨材・水を混合したものをいう。

(2)　高い所からシュートを用いてコンクリートを運搬する場合には，斜めシュートを用いる。

(3)　フレッシュコンクリートとは，まだ固まらない状態にあるコンクリートのことである。

(4)　締固め後の内部振動機の引き抜きは，後に穴が残らないように一気に行う。

【問題2】

コンクリートに関する次の記述の正誤の組合せとして，適当なものはどれか。

(イ)　コンクリートの設計基準強度は，一般に，標準養生を行った円柱供試体の材齢28日における圧縮強度を基準とする。

(ロ)　モルタルとは，セメント，水，細骨材及び必要に応じて加える混和材料を練混ぜたものをいう。

```
         (イ)        (ロ)
```

(1)　正 ── 正

(2)　正 ── 誤

(3)　誤 ── 正

(4)　誤 ── 誤

【問題3】

コンクリートに関する記述のうち，適当でないものはどれか。

(1)　セメント，水，骨材以外の材料で，打込みを行うまでに必要に応じて加えるものを混和材料という。

(2)　まだ固まらない状態にあるコンクリートを，フレッシュコンクリートという。

4 コンクリート材料及びコンクリートの施工

(3) AE 剤を用いて微細な空気泡を含ませたコンクリートを，AE コンクリートという。

(4) セメント，細骨材，水を混合したものを，セメントペーストという。

【問題4】 出るヨ

コンクリートに関する次の記述の(A)に当てはまる語句として，正しいものはどれか。

「（ A ）とは，整備されたコンクリート製造設備を持つ工場から，荷卸し地点における品質を指示して購入することができるフレッシュコンクリートのことをいう。」

(1) セメントペースト

(2) モルタル

(3) レディーミクストコンクリート

(4) プレキャストコンクリート

【問題5】 出るヨ

レディーミクストコンクリート（JIS A 5308）のスランプ試験におけるスランプ値に相当するものは，図中の A～D で示される部分のうちどれか。

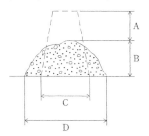

(1) A

(2) B

(3) C

(4) D

【問題6】 出るヨ

コンクリートの施工に関する記述のうち，適当でないものはどれか。

(1)　型枠などコンクリートと接して吸水するおそれのあるところは，コンクリートを打込む直前にあらかじめ適度に湿らせておかなければならない。

(2)　コンクリートの打込み中，表面に集まったブリーディング水は，適当な方法で取り除いてからコンクリートを打込まなければならない。

(3)　コンクリートを2層以上に分けて打込む場合，上層のコンクリートの打込みは，下層のコンクリートが固まり始めてから行う。

(4)　コンクリートは，打込み後，硬化を始めるまで，日光の直射，風等による水分の逸散を防がなければならない。

【問題7】

コンクリートの打込みに関する次の記述の(A)，(B)に当てはまる数値の組合せとして，適当なものはどれか。

「コンクリートを練混ぜ始めてから打終わるまでの時間は，外気温が25℃以下のときは（　A　）時間以内，25℃を超えるときは（　B　）時間以内を標準とする。」

　　　　(A)　　　　(B)
(1)　1.5 ── 2.0
(2)　2.0 ── 1.5
(3)　2.5 ── 3.0
(4)　3.0 ── 2.5

【問題8】

コンクリートの打込みに関する記述のうち，適当でないものはどれか。

(1)　コンクリートを2層以上に分けて打込む場合，コンクリートが混ざることのないよう，下層コンクリートが固まり始めた後に上層の打込みを行う。

(2)　コンクリートを練混ぜ始めてから打終わるまでの時間は，外気温が25℃を超える場合で1.5時間以内，25℃以下の場合で2時間以内を標準とする。

(3)　コンクリートの打込み中，表面にブリーディング水がある場合は，スポンジなどで取り除いてからコンクリートを打込まなければならない。

(4)　コンクリートは，材料分離のおそれがあるので，型枠内で横移動させてはならない。

4　コンクリート材料及びコンクリートの施工

【問題9】

　コンクリートに関する記述のうち，適当でないものはどれか。

⑴　モルタルは，コンクリートの構成材料のうち，粗骨材を除いたものである。

⑵　コンクリートの強度は，一般に材齢28日における圧縮強度を基準とする。

⑶　AEコンクリートは，AE剤等によってできた空気の泡を含んだコンクリートである。

⑷　コンクリートの曲げ強度は，引張強度より小さいが，圧縮強度よりは大きい。

【問題10】

　コンクリートの施工に関する記述のうち，適当でないものはどれか。

⑴　コンクリートの打込み中に表面に水がたまった場合は，スポンジ等を用いて取り除く。

⑵　型枠などコンクリートに接して吸水するおそれのある部分は，あらかじめ適度に湿らせておかなければならない。

⑶　コンクリートの運搬中に材料が分離した場合は，必ず練りなおして均等質のものにしてから用いなければならない。

⑷　2層以上に分けてコンクリートを打込む場合には，下層が十分硬化してから上層を打込む。

【問題11】

　コンクリートの施工に関する記述のうち，適当でないものはどれか。

⑴　コンクリートを打ち込む前に，型枠などコンクリートと接する部分をあらかじめ湿らせた。

⑵　高い所からシュートを用いてコンクリートを下ろす際，縦シュートを使用した。

⑶　コンクリートを打ち込む際，型枠内の1箇所にコンクリートを下ろし，内部振動機を用いて横移動させた。

⑷　コンクリートを打ち込んだ後，水分の逸散を防ぐため，日よけや風よけとしてシートで覆った。

4 コンクリート材料及びコンクリートの施工　解答と解説

【問題1】 **解答** (3)

⑴ セメントペーストとは，セメント・水・混和材を混合したものである。

⑵ 高い所からシュートを用いてコンクリートを運搬する場合には，縦シュートを用いる。やむを得ず斜めシュートを用いる場合は，材料分離を起こさないように，傾きは水平2に対して鉛直1以下を標準とし，シュートの吐き口に漏斗管やバッフルプレートを取り付ける。

⑶ フレッシュコンクリートとは，まだ固まらない状態にあるコンクリートのことである。したがって，⑶の記述は適当である。

⑷ 内部振動機の引き抜きは徐々に行い，後に穴が残らないようにする。また，下層のコンクリート中に10cm程度，鉛直に挿入し，挿入間隔は一般に50cm以下とし，1箇所あたりの振動時間は5～15秒とする。

【問題2】 **解答** (1)

㋑，㋺とも正しい。したがって，(1)の正 ―― 正の組合せが適当である。

【問題3】 **解答** (4)

【問題1】，【問題2】の類似問題である。

(1)，(2)，(3)の記述は適当である。

⑷ セメント，細骨材，水，必要に応じて加える混和材を混合したものは，モルタルである。このモルタルの材料のうち細骨材を欠くものが，セメントペーストである。したがって，⑷の記述は適当でない。

【問題4】 **解答** (3)

「(レディーミクストコンクリート)とは，整備されたコンクリート製造設備を持つ工場から，荷卸し地点における品質を指示して購入することができるフレッシュコンクリートのことをいう。」したがって，(3)の語句が正しい。

【問題5】 **解答** (1)

スランプ値は，高さ30cmのスランプコーンを引き上げた時に，コンクリートは流動性があるため，横に広がり中央部分が下がった値をいう。したがって，図中Aの値をいう。

【問題6】 **解答** (3)

⑴ 型枠などコンクリートと接して吸水するおそれのあるところは，コンクリートを打込む直前にあらかじめ適度に湿らせておかなければならない。

4　コンクリート材料及びコンクリートの施工

⑵　コンクリートの打込み中，表面に集まったブリーディング水は，適当な方法で取り除いてからコンクリートを打込まなければならない。

⑶　コンクリートを2層以上に分けて打込む場合，上層のコンクリートの打込みは，下層のコンクリートが固まり始める前に行う。したがって，⑶の記述は適当でない。

⑷　コンクリートは，打込み後，硬化を始めるまで，日光の直射，風等による水分の逸散を防がなければならない。

【問題7】　**解答**　⑵

「コンクリートを練混ぜ始めてから打終わるまでの時間は，外気温が25℃以下のときは (2.0) 時間以内，25℃を超えるときは (1.5) 時間以内を標準とする。」したがって，⑵の組合せが適当である。

トラックアジテータを使用する場合の運搬時間は，練混ぜを開始してから1.5時間以内に荷卸しができるようにしなければならない。

【問題8】　**解答**　⑴

⑴　コンクリートを2層以上に分けて打込む場合は，下層のコンクリートが固まり始める前に上層のコンクリートを打込む。したがって，⑴の記述は適当でない。

【問題9】　**解答**　⑷

⑷　コンクリートの曲げ強度は，一般に引張強度より大きい値（1.5〜2.0倍）を示すが，コンクリートは破壊点に近い応力状態では塑性的性質を示すためである。引張強度は圧縮強度に比べて極めて小さく，その比率は種々の条件によって異なるが，おおむね1/10〜1/13であり，圧縮強度が大きいものほどこの比率は小さい。したがって，圧縮強度＞曲げ強度＞引張強度となり，⑷の記述は適当でない。

【問題10】　**解答**　⑷

【問題7】の類似問題である。

コンクリート材料及び施工の問題は，類似問題が多く出題される。したがって，⑷の記述は適当でない。

【問題11】　**解答**　⑶

⑶　内部振動機を用いて，コンクリートを横移動させると材料分離が生じるため行ってはならない。したがって，⑶は適当でない。

合格への目安　10問中6問以上正解すること。目標時間30分。

【問題1】

造園樹木のうち，大気汚染に強い樹種として，適当でないものはどれか。

(1)　トベラ，ネズミモチ

(2)　イチョウ，キョウチクトウ

(3)　ウバメガシ，クスノキ

(4)　アカマツ，ヤマザクラ

【問題2】

造園樹木の性質に関する記述のうち，適当でないものはどれか。

(1)　サザンカ，ユキヤナギは刈込みに耐える。

(2)　カイズカイブキ，トベラは耐潮性が強い。

(3)　イチイ，クロガネモチは生長が早い。

(4)　キョウチクトウ，ヤブツバキは大気汚染に強い。

【問題3】

造園樹木に関する次の記述の(A)，(B)に当てはまる語句の組合せとして，適当なものはどれか。

「アジサイは，耐陰性が（　A　），移植が容易で，花色は（　B　）や肥料などの影響により，変化する。」

	(A)		(B)
(1)	強く	——	土壌水分
(2)	強く	——	土壌 pH
(3)	弱く	——	土壌水分
(4)	弱く	——	土壌 pH

【問題4】

「造園樹木」とその「花の色」の組合せとして，適当なものはどれか。

5　造園樹木

	（造園樹木）	（花の色）
(1)	ビヨウヤナギ，ヤマブキ，レンギョウ ———	黄色
(2)	コデマリ，タイサンボク，ヤブツバキ ———	赤色
(3)	コブシ，ユリノキ，ロウバイ ———————	白色
(4)	キンモクセイ，クチナシ，ノウゼンカズラ ——	橙黄色

【問題5】

造園樹木に関する記述として，適当でないものはどれか。

(1) アラカシ，カナメモチ，トベラは，常緑広葉樹である。

(2) コウヤマキ，サワラ，ハイビャクシンは，常緑針葉樹である。

(3) アオギリ，カクレミノ，ヒュウガミズキは，落葉広葉樹である。

(4) カラマツ，メタセコイヤ，ラクウショウは，落葉針葉樹である。

【問題6】

造園樹木のうち生垣に用いられる樹種として，適当でないものはどれか。

(1) イヌツゲ，サンゴジュ

(2) ネズミモチ，マサキ

(3) ウバメガシ，サザンカ

(4) イヌマキ，ヤマボウシ

【問題7】

造園樹木のうち防火力に優れた樹種として，適当なものはどれか。

(1) サンゴジュ

(2) エノキ

(3) カツラ

(4) カイズカイブキ

【問題8】

造園樹木に関する組合せとして，適当でないものはどれか。

(1) 常緑針葉樹 —— アカマツ，イヌマキ

(2) 常緑広葉樹 —— キンモクセイ，ニセアカシア

(3) 落葉針葉樹 ―― メタセコイヤ，ラクウショウ
(4) 落葉広葉樹 ―― カツラ，サルスベリ

【問題9】 出るヨ

造園樹木に関する組合せのうち，適当でないものはどれか。

(1) 常緑針葉樹 ―― アカマツ，カイズカイブキ
(2) 常緑広葉樹 ―― サンゴジュ，ヤマモモ
(3) 落葉針葉樹 ―― カラマツ，メタセコイヤ
(4) 落葉広葉樹 ―― カツラ，モッコク

【問題10】 出るヨ

造園樹木の性質に関する記述のうち，適当でないものはどれか。

(1) ネズミモチ，ウバメガシは大気汚染に強い。
(2) スズカケノキ，ユリノキは生長が早い。
(3) トベラ，カイズカイブキは耐潮性がある。
(4) イチイ，コブシは大木の移植が容易である。

【問題11】 出るヨ

造園樹木に関する記述のうち，適当なものはどれか。

(1) カツラ，クスノキ，ムクノキは，落葉広葉樹である。
(2) アラカシ，ゲッケイジュ，トチノキは，常緑広葉樹である。
(3) カイズカイブキ，クロガネモチ，ヒイラギモクセイは，常緑針葉樹である。
(4) カラマツ，メタセコイア，ラクウショウは，落葉針葉樹である。

【問題12】 出るヨ

「造園樹木」とその「花の色」の組合せとして，適当なものはどれか。

	（造園樹木）	（花の色）
(1)	ヤブツバキ，レンギョウ ―――――――	赤色
(2)	サルスベリ，ロウバイ ―――――――	黄色
(3)	コデマリ，ホソバタイサンボク ―――	白色
(4)	コブシ，フジ ―――――――――――	紫色

5 造園樹木　　解答と解説

advice
＊＊＊＊＊＊＊＊＊＊＊＊＊＊＊＊＊＊＊＊＊＊＊＊＊＊＊＊
樹木の問題は，それぞれの特徴をつかむ必要があります。常
緑樹，落葉樹の別は東京を中心として出題されています。植
栽の機能には，緑陰機能，遮へい・遮光・防風・防潮・防じ
ん・防音・防火および鳥類誘致などです。美的特性には，花
木，実物，紅葉などがあります。この分野でもよく出題され
ている樹木名を押さえる必要がありますが，神経質になる必
要はありません。おおらかな気持ちで解くようにして下さ
い。
＊＊＊＊＊＊＊＊＊＊＊＊＊＊＊＊＊＊＊＊＊＊＊＊＊＊＊＊

【問題1】　解答　(4)

(4)　アカマツ，ヤマザクラは大気汚染に弱い。したがって，(4)の記述は適当で
ない。

【問題2】　解答　(3)

(1)　サザンカ，ユキヤナギは刈込みに耐える。

(2)　カイズカイブキ，トベラは耐潮性が強い。

(3)　イチイ，クロガネモチは生長が遅い。したがって，(3)の記述は適当でな
い。

(4)　キョウチクトウ，ヤブツバキは大気汚染に強い。

【問題3】　解答　(2)

「アジサイは，耐陰性が（**強く**^A），移植が容易で，花色は（**土壌 pH**^B）や肥料
などの影響により，変化する。」

(2)　(A)は強く，(B)は土壌 pH が当てはまる語句の組合せである。したがって，
(2)の組合せが適当である。

秋に紅葉するもの	イロハモミジ，ドウダンツツジ，ニシキギ，ハナミズキ，ナナカマド，ナンキンハゼ，ヌルデ，ハウチワカエデ，ヤマボウシ，ヤマハゼ，ツタ等，黄色系では，イチョウ，ラクウショウ，イタヤカエデ，カツラ，ケヤキ，ムクロジ等
新葉に先立って花が咲くもの	ハクモクレン，ミツバツツジ，レンギョウ，ウメ，ソメイヨシノ，コブシ等
黄色の美しいもの	エニシダ，ロウバイ，サンシュユ，トサミズキ，ヒュウガミズキ，ビョウヤナギ，マンサク，レンギョウ，ヤマブキ等

白色の美しいもの	アメリカハナミズキ，ウメ，ウツギ，クチナシ，コデマリ，コブシ，シャリンバイ，ジンチョウゲ，タイサンボク，ハクウンボク，ハクモクレン，ユキヤナギ，リュウキュウツツジ等
赤色の美しいもの	カイドウ，キョウチクトウ，ザクロ，サルスベリ，ツツジ，バラ，ボケ，モモ，ヤブツバキ等
青紫色の美しいもの	アジサイ，キリ，クレマチス，シモクレン，フジ，ムクゲ，ライラック等
橙色の美しいもの	キンモクセイ，ノウゼンカズラ，ヤマツツジ，レンゲツツジ等
枝に沿って多数の花を付けるもの	ユキヤナギ，レンギョウ，コデマリ，ハギ，ヤマブキ等
果実の美として赤い実をつけるもの	アオキ，サンゴジュ，ナナカマド，ナンテン，ハナミズキ，ピラカンサ等
花に芳香のあるもの	ロウバイ，ウメ，ジンチョウゲ，コブシ，オガタマノキ，ライラック，テイカカズラ，クチナシ，キンモクセイ，ホソバタイサンボク，モッコク等
湿地に耐えるもの	アキニレ，アジサイ，シダレヤナギ，ラクウショウ，カツラ等
耐潮性があるもの	アオキ，アジサイ，ウバメガシ，カイズカイブキ，キョウチクトウ，ゲッケイジュ，トベラ，ハイビャクシン，マサキ，モッコク等
防火力に優れているもの	イチョウ，サンゴジュ，ヤツデ，アオキ，ヒイラギ，トウネズミモチ，イヌマキ，シラカシ，マサキ等

【問題4】 **解答** ⑴

⑴　上表のとおり，ビョウヤナギ，ヤマブキ，レンギョウの花の色は黄色である。したがって，⑴の記述は適当である。

⑵　コデマリ，タイサンボクの花色は白色であり，ヤブツバキは赤色である。

⑶　コブシは白色，ユリノキは黄緑色，ロウバイは黄色である。

⑷　キンモクセイ，ノウゼンカズラは橙黄色で，クチナシは白色である。

【問題5】 **解答** ⑶

⑴，⑵，⑷の記述は適当である。

⑶　アオギリ，ヒョウガミズキは落葉広葉樹であるが，カクレミノは常緑広葉樹である。したがって，⑶の記述は適当でない。

【問題6】 解答 (4)

(4) イヌマキは生垣に用いられるが，ヤマボウシは生垣に用いられない。したがって，(4)の記述は適当でない。

【問題7】 解答 (1)

(1) サンゴジュは防火力に優れている。したがって，(1)のサンゴジュが適当である。

【問題8】 解答 (2)

(2) キンモクセイは常緑広葉樹であるが，ニセアカシアは落葉広葉樹である。したがって，(2)は適当でない。

【問題9】 解答 (4)

(4) カツラは落葉広葉樹であるが，モッコクは常緑広葉樹である。

【問題10】 解答 (4)

(4) イチイ，コブシは大木の移植は困難である。したがって，(4)の記述は適当でない。

【問題11】 解答 (4)

(1) カツラ，ムクノキは落葉広葉樹であるが，クスノキは常緑広葉樹である。したがって，(1)は適当でない。

(2) アラカシ，ゲッケイジュは常緑広葉樹であるが，トチノキは，落葉広葉樹である。したがって，(2)は適当でない。

(3) カイズカイブキは常緑針葉樹であるが，クロガネモチ，ヒイラギモクセイは常緑広葉樹である。したがって，(3)は適当でない。

(4) カラマツ，メタセコイア，ラクウショウは落葉針葉樹である。したがって，(4)は適当である。

【問題12】 解答 (3)

(1) ヤブツバキは赤色であるが，レンギョウは黄色である。したがって，(1)は適当でない。

(2) サルスベリは赤色であり，ロウバイは黄色である。したがって，(2)は適当でない。

(3) コデマリ，ホソバタイサンボクは白色である。したがって，(3)は適当である。

(4) コブシは白色であり，フジは紫色である。したがって，(4)は適当でない。

合格への目安 | 10問中6問以上正解すること。目標時間30分。

【問題1】

花壇に用いられる植物に関する次の記述の正誤の組合せとして，適当なものはどれか。

(イ)　ガーベラ，パンジー，マリーゴールドは，秋播き一年草である。

(ロ)　クロッカス，ダリア，ムスカリは，球根類である。

	(イ)	(ロ)
(1)	正 —— 正	
(2)	正 —— 誤	
(3)	誤 —— 正	
(4)	誤 —— 誤	

【問題2】

花壇に用いられる一般的な春播き一年草として，適当なものはどれか。

(1)　コスモス，サルビア，ジニア

(2)　キキョウ，ヒナゲシ，マリーゴールド

(3)　キンセンカ，シバザクラ，ニチニチソウ

(4)　ケイトウ，ダリア，パンジー

【問題3】

「境栽（ボーダー）花壇」に関する記述のうち，適当なものはどれか。

(1)　草丈の低い草花を密植して，花のじゅうたんを敷きつめたように平面的にデザインされた花壇

(2)　壁状に空積みした石と石の間隙に草本類を植え込んだ壁面状の花壇

(3)　建物，塀，通路に沿って細長く設けられる立面的な花壇

(4)　周囲より一段低く掘り下げて設けられる平面的な整形式の花壇

【問題4】

花壇に関する次の記述の(A)に当てはまる様式名として，最も適当なものはど

れか。

「（　A　）は草丈の低い材料を用いて高さをそろえ，花のじゅうたんを敷き詰めたように模様取りした平面的な花壇である。」

⑴　寄植え花壇

⑵　縁取り花壇

⑶　毛氈花壇

⑷　境栽花壇

【問題5】

　花壇の様式に関する次の記述の（　A　）に当てはまる名称として，適当なものはどれか。

「（　A　）は，公園など広い芝生の中や庭の中心につくり，周囲から鑑賞する花壇で，中心部を高く周囲になるほど低くなるように草花を配植したもの。」

⑴　毛せん花壇

⑵　沈床花壇

⑶　寄植え花壇

⑷　縁取り花壇

【問題6】

　花壇の種類に関する記述のうち，適当なものはどれか。

⑴　境栽花壇とは，岩組みの要所要所に高山植物やその他の草本類を植栽した花壇である。

⑵　縁取り花壇とは，周囲から観賞できるように中心部を高くして周囲になるほど低くなるように配植した花壇である。

⑶　寄植え花壇とは，周囲から一段低く掘り下げて設けられる整形式の花壇である。

⑷　毛せん花壇とは，草丈の低い材料を用いて高さをそろえ，花のじゅうたんを敷き詰めたように模様取りした花壇である。

【問題7】

　花壇に用いられる一年草の植物の組合せとして，適当なものはどれか。

⑴　春花壇 ── シバザクラ，ナデシコ

(2)　夏花壇 —— ヒャクニチソウ，ホウセンカ

(3)　秋花壇 —— キキョウ，ヒナゲシ

(4)　冬花壇 —— ゼラニウム，ハボタン

【問題8】

花壇に用いられる植物に関する組合せとして，適当なものはどれか。

(1)　秋播き一年草 —— キンセンカ，スイセン

(2)　春播き一年草 —— ホウセンカ，マリーゴールド

(3)　球根類 ————— キキョウ，ヒアシンス

(4)　宿根草 ————— ケイトウ，ハナショウブ

【問題9】

宿根草として，適当なものはどれか。

(1)　アサガオ，パンジー

(2)　ギボウシ，マーガレット

(3)　コスモス，ホウセンカ

(4)　カンナ，クロッカス

【問題10】

春花壇を構成する草本類として，適当でないものはどれか。

(1)　ケイトウ，カンナ

(2)　スイセン，シバザクラ

(3)　パンジー，マーガレット

(4)　キンセンカ，クロッカス

【問題11】

花壇に用いられる球根草花として，2種とも該当するものはどれか。

(1)　スズラン，マーガレット

(2)　ヒナゲシ，ペチュニア

(3)　キンギョソウ，ナデシコ

(4)　アネモネ，フリージア

6 花壇　解答と解説

※1年草とは，同じ年のうちに，種子から芽を出し成長開花し，結実して枯れる植物。

※宿根草とは，多年草のことで，冬になると地上部が枯死するが，地下の部分が生存していて春芽を出す植物。

※球根類とは，球状の根あるいは地下茎の通称。

よく使われる草花

秋播き一年草	春播き一年草	宿根草（多年草）	球根類
キンセンカ	ケイトウ	シャクヤク	ムスカリ
ワスレナグサ	コスモス	シオン	クロッカス
ルピナス	サルビア	ホトトギス	アネモネ
パンジー	ニチニチソウ	キキョウ	スイセン
ヤグルマソウ	ジニア(ヒャクニチソウ)	ジャーマンアイリス（ドイツアヤメ）	チューリップ
ヒナゲシ（シャーレポピー）	マツバボタン(ポーチュラカ)	シバザクラ（モスフロックス）	リコリス(ヒガンバナ)
ストック	ペチュニア	マツバギク	カンナ
ヒナギク	ヒマワリ	マーガレット	グラジオラス
キンギョソウ	ホウセンカ	ギボウシ	ダリア
カスミソウ	オジギソウ	ナデシコ	ユリ類
スイートピー	マリーゴールド	アガパンツス	ヒアシンス
ハボタン	オシロイバナ	フクジュソウ	アマリリス

【問題1】　**解答**　(3)

(イ)　パンジーは秋播き一年草であるが，ガーベラは宿根草（多年草），マリーゴールドは春播き一年草である。したがって，(イ)は誤っている。

(ロ)　クロッカス，ダリア，ムスカリは，球根類である。したがって，(ロ)は正しい。よって，(3)の組合せが適当である。

【問題2】　**解答**　(1)

(1)　上表のとおり，コスモス，サルビア，ジニアは，春播き一年草である。したがって，(1)の記述は適当である。

(2)　キキョウは宿根草，ヒナゲシは秋播き一年草である。マリーゴールドは春播き一年草である。したがって，(2)の組合せは適当でない。

(3)　キンセンカは秋播き一年草，シバザクラは宿根草である。ニチニチソウは春播き一年草である。したがって，(3)の組合せは適当でない。

(4)　ケイトウは春播き一年草であるが，ダリアは春植え球根類，パンジーは秋播き一年草である。したがって，(4)の組合せは適当でない。

【問題3】　解答　(3)

(1)　草丈の低い草花を密植して，花のじゅうたんを敷きつめたように平面的にデザインされた花壇は，毛氈（もうせん）花壇である。

(2)　壁状に空積みした石と石の間隙に草本類を植え込んだ壁面状の花壇は，壁面花壇である。

(3)　建物，塀，通路に沿って細長く設けられる立面的な花壇は，境栽（ボーダー）花壇である。したがって，(3)の記述が適当である。

(4)　周囲より一段低く掘り下げて設けられる平面的な整形式の花壇は，沈床花壇である。

【問題4】　解答　(3)

「(毛氈（もうせん）花壇)は草丈の低い材料を用いて高さをそろえ，花のじゅうたんを敷き詰めたように模様取りした平面的な花壇である。」

したがって，(3)が適当である。

【問題5】　解答　(3)

「(寄植え花壇)は，公園など広い芝生の中や庭の中心につくり，周囲から観賞する花壇で，中心部を高く周囲になるほど低くなるように草花を配植したもの。」

したがって，(3)が適当である。

【問題6】　解答　(4)

(1)　境栽花壇は，道路沿い，園路沿いの見切りとして，また垣根や建物周りに沿って草花を帯状に植え込んで一方向から観賞する花壇である。建物や塀，壁面等の前面に設ける場合は，後ろに草丈の高い草花を植え，手前には草丈の低い草花を配して立体感を出す。1年中花が咲き続けているように一年草類と宿根草類，球根類，花木類を開花期，花色，草丈を考慮して配植する。

(2)　縁取り花壇（リボン花壇）は，境栽花壇と同様の場所に，リボンのようにさらに細長く造った花壇である。

(3)　寄植え花壇は，周囲から観賞できるように中心部を高くして周囲になるほ

ど低くなるように配植した花壇である。

⑷　毛せん花壇の記述は，適当である。

【問題7】 **解答** ⑵

⑴　シバザクラ（モスフロックス）は宿根草で，開花期は4～5月であり春花
　壇に用いられる。ナデシコ（ダイアンサス）は宿根草（多年草）で，開花期
　は4～6月の一季咲き種と春～秋まで断続的に咲き続ける四季咲き種があ
　る。したがって，⑴の組合せは適当でない。

⑵　ヒャクニチソウ（ジニア）は春播き一年草で，開花期は6～10月であり夏
　花壇に用いられる。ホウセンカは春播き一年草で，開花期は6～8月であり
　夏花壇に用いられる。したがって，⑵の組合せが適当である。

⑶　キキョウは宿根草であり，開花期は6～9月であるため夏花壇に用いられ
　る。ヒナゲシは秋播き一年草で寒さに強く，春の園地に用いられる。した
　がって，⑶の組合せは適当でない。

⑷　ゼラニウムは宿根草（多年草）であり，開花期は4～7月，9～10月乾燥
　に強く花期が長く夏花壇に用いられる。ハボタンは秋播き一年草で開花期は
　11～2月であり冬花壇に用いられる。したがって，⑷の組合せは適当でな
　い。

【問題8】 **解答** ⑵

⑴　キンセンカは秋播き一年草であるが，スイセンは秋植え球根類である。

⑵　春播き一年草として，ホウセンカ，マリーゴールドがある。
　　したがって⑵の組合せは適当である。

⑶　ヒアシンスは秋植え球根類であるが，キキョウは宿根草である。

⑷　ケイトウは春播き一年草であり，ハナショウブは宿根草である。

【問題9】 **解答** ⑵

⑴　アサガオは春播き一年草，宿根種もあり，パンジーは秋播き一年草であ
　る。

⑵　ギボウシ，マーガレットは，宿根草である。
　　したがって，⑵の組合せが適当である。

⑶　コスモス，ホウセンカは春播き一年草である。

⑷　カンナ春植え球根類，クロッカス（ハナサフラン）は秋植え球根類であ
　る。

第2章　材料

【問題10】　解答　(1)

(1)　ケイトウは春播き一年草で開花期は6～9月であり，秋花壇に用いられる。カンナは球根類で開花期は5～11月であり，夏花壇に用いられる。したがって，(1)の組合せは適当でない。

(2)　スイセンは球根類で春花壇に用いられる。シバザクラは宿根草で春花壇に用いられる。

(3)　パンジーは秋播き一年草で春花壇に用いられる。マーガレットは宿根草で春花壇に用いられる。

(4)　キンセンカは秋播き一年草で春花壇に用いられる。クロッカスは球根類で春花壇に用いられる。

【問題11】　解答　(4)

(1)　スズラン，マーガレットは宿根草である。したがって，(1)は適当でない。

(2)　ヒナゲシは秋播き一年草，ペチュニアは春播き一年草である。したがって，(2)は適当でない。

(3)　キンギョソウは秋播き一年草，ナデシコは宿根草である。したがって，(3)は適当でない。

(4)　アネモネ，フリージアは，球根草花である。したがって，(4)は適当である。

　花の種類はたくさんありますが，繰り返し出題されている草花は確実に覚えましょう。

第3章

施 工

　施工分野の出題傾向は，造園施工独特の設問が多く出題されます。ただし，類似問題が多いので安心です。

　樹木の根回し・掘取り・移植・支柱の肝心な所をおさえて覚えておけば，第1次検定及び第2次検定にも活用できます。ここで手を抜かずに，確実なものにすれば一石二鳥です。

　結構，ボリュームがありますので，ノートへの整理を習慣にしてください。記述する練習をしておけば，あとで必ず活きてきますよ。

【問題1】 出るヨ

造園樹木の根回しに関する記述のうち，適当でないものはどれか。

(1) 老木，大木などの根回しは，先に半分を処理し，残りを1年おいてから行うのが望ましい。

(2) 根回しを行う鉢の大きさは，根元直径の3～5倍程度とするのがよい。

(3) 溝掘式の根回しは，底根を残し側根だけ切断する方法である。

(4) 落葉広葉樹の根回しの時期は，秋期落葉後よりも春期萌芽前がよい。

【問題2】 出るヨ

造園樹木の根回しに関する記述のうち，適当でないものはどれか。

(1) 溝掘式根回しでは，樹木の三方か四方に太根を残し，他の根は鉢に沿って切断し，残した太根に環状はく皮を行う。

(2) 落葉広葉樹の根回しは，落葉後の生長の止まった時期に行うのがよい。

(3) 断根式根回しでは，根元の周囲を掘りまわし，そこから出ている側根を切り離す。

(4) 春期に根回しを行った常緑広葉樹の移植は，翌年の春期又は梅雨期に行うのがよい。

【問題3】 出るヨ

樹木の根回し及び移植に関する記述のうち，適当でないものはどれか。

(1) 根回しは，移植後の活着をよくするために，あらかじめ移植に必要な根の範囲を切断し，残した根に細根の発生を促すものである。

(2) 根回しの時期は，植物の生長が止まる秋から冬にかけて行うのがよい。

(3) 環状はく皮は，根の基部と先端部との養分流通を絶ち，基部で細根の発生を促す処置である。

(4) 根巻きは，鉢に土を付けて落とさないようにするため，鉢の表面を縄やこもなどで堅く巻き締める処置である。

1 造園樹木の根回し・掘取り・移植

【問題4】

　根回しに関する記述の(A)～(C)に当てはまる語句の組合せとして，適当なものはどれか。

　「根回しの時期は，一般に（　A　）に行うのが最もよい。根回しの方法のうち，断根式は根巻きを行うまでのことをせず，ただ（　B　）を切り回すだけの方法であり，一般に比較的（　C　）の樹種に用いられることが多い。」

	(A)	(B)	(C)
(1)	春期萌芽前 ——	直根 ——	深根性
(2)	秋期落葉前 ——	側根 ——	浅根性
(3)	春期萌芽前 ——	側根 ——	浅根性
(4)	秋期落葉期 ——	直根 ——	深根性

【問題5】

　樹木の根回しに関する記述のうち，適当でないものはどれか。

(1)　環状はく皮は，根の基部と先端部の養分流通を断つことにより，はく皮部の根元側からの発根を促すために行う。

(2)　断根式の根回しは，根巻きなどを行わずに側根だけ切断する方法で，深根性の樹種を対象に行う。

(3)　常緑広葉樹の根回しに最も適した時期は春期萌芽前である。

(4)　老木，大木などの根回しは2～3回に分けて行う場合がある。

【問題6】

　根回しに関する記述のうち，適当でないものはどれか。

(1)　根回しは，あらかじめ根を切断し，移植時までに細根の発生を促す処置である。

(2)　老木，大木などの根回しは，2～3回に分けて行う場合がある。

(3)　根回しを行う鉢の大きさは，根元直径の3～5倍程度とする。

(4)　落葉樹の根回しの時期は，生長の止まる落葉直後に行うのが最も良い。

第3章　施工

【問題7】　出るヨ

根回しの方法に関する次の記述の（　　）に当てはまる語句の組合せとして，適当なものはどれか。

「根回しの時期は（　A　）に行うのが最もよい。溝掘式の根回しは樹木の支持根を残し，他の根は鉢に沿って切断するが，断根式の根回しは根巻きを行わずに（　B　）だけを切断する。」

	(A)	(B)
(1)	春期萌芽前 ―― 側根
(2)	秋期落葉後 ―― 直根
(3)	秋期落葉後 ―― 側根
(4)	春期萌芽前 ―― 直根

【問題8】　出るヨ

造園樹木の掘取りに関する記述のうち，適当でないものはどれか。

(1)　「追掘り」は，鉢を大きめにとり，太い根を切らずにその末端まで根を掘り出し，ある程度細くなった部分で切りすてて，掘り取る方法である。

(2)　掘り上げた樹木は，樹勢の衰弱を防ぐため，根の切直しを避けるようにする。

(3)　一般に高，中木では，根鉢の直径は，根元直径の3～5倍が適当である。

(4)　樹木の掘取りにおいて，倒伏や動揺が予想される場合は，仮支柱をつける。

【問題9】　出るヨ

樹木の掘取りに関する記述のうち，適当なものはどれか。

(1)　「枝おろし」は，掘取り作業のときに支障となる下枝を縄で幹へしばりつけて止めることである。

(2)　掘り上げた樹木は，樹勢の衰弱を防ぐため，根の切り直しを避けるようにする。

(3)　移植適期の落葉樹を掘り取る場合，鉢を少し大きめに掘り上げ，縄などを巻かずに鉢土を落とし，そのまま植え込むことがある。

(4)　「追掘り」は，土を付けたままで鉢を掘り，鉢の表面を縄などで十分締め

1 造園樹木の根回し・掘取り・移植

つけて掘り上げる方法である。

【問題10】

樹木の掘取りに関する記述のうち，最も適当なものはどれか。

(1) 「振い」は太い根を切らずにその先端までたぐって掘り上げる方法で，特に活着が難しいと予想される場合に適用する。

(2) 掘取り作業の時に下枝が支障となる場合は，下枝をすべて取り除く。

(3) 「根巻き」は，土をつけたままで鉢を掘り，根鉢の表面を縄その他の材料で十分締め付けて掘り上げる方法である。

(4) 掘り上げた樹木は樹勢の衰弱を防ぐため，根の切り直しは避けるようにする。

【問題11】

樹木の掘取りに関する記述のうち，適当でないものはどれか。

(1) 「追掘り」は，太い根を切らずにその先端までたぐって掘り上げる方法で，特に活着しやすい樹木に適用する。

(2) 根を掘り下げ，直根がない場合は，樹木対策のため，掘り下げと同時に仮支柱をつける。

(3) 鉢径の定め方は幹の根元直径を基準とし，一般に高，中木では根元直径の3〜5倍が適当である。

(4) 運搬を必要とする場合，根に密着していない土は分離脱落しやすいので，根に密着している土の範囲を鉢とする。

【問題12】

造園樹木の掘取り及び植付けに関する記述のうち，適当でないものはどれか。

(1) 移植適期の落葉樹の場合，鉢を少し大きめに掘り上げ，縄などを巻かずにそのまま移植位置に運搬し，植え付けることがある。

(2) 植え穴は，鉢が十分に入る余裕がある大きさとし，底の土をよく砕いて柔らかくした上で，樹木の向きや傾きなどを容易に調整できるようにするためその中央をやや高めにしておく。

(3) 枝しおりは，外枝から始めて幹に近い枝へとしおる作業で，樹木の生長期

であればかなり強くしおることができる。

(4)　運搬を必要とする場合，根に密着していない土は分離脱落しやすいので，根に密着している土の範囲を鉢とする。

【問題13】 出るヨ

造園樹木の掘取り及び運搬に関する記述のうち，適当なものはどれか。

(1)　根に密着していない土は分離脱落しやすいので，根に密着している土の範囲を鉢とする。

(2)　掘り上げた樹木は樹勢の衰弱を防ぐため，根の切り直しは避けるようにする。

(3)　「振い」とは，太い根を切らずにその先端までたぐって掘り上げる方法である。

(4)　「枝しおり」とは，移植樹木の運搬の際に支障となる枝をあらかじめ切り取っておく方法をいう。

【問題14】 出るヨ

造園樹木の植付けに関する記述のうち，適当でないものはどれか。

(1)　「水極め」による植付けは，土を埋め戻しながら根鉢と土を密着させるために水を注ぎながら棒で土を突いて埋め戻し，これを数回繰り返す。

(2)　常緑広葉樹の植付けの適期は，植物の成長の止まる休眠期から萌芽前までがよく，一般に萌芽直前が最もよい。

(3)　床土に遅効性肥料を施す場合は，濃度障害などによる根の損傷を避けるため，肥料が根に直接当たらないようにする。

(4)　植付けを行う際には，水分の供給と蒸散のバランスを保ち，枝枯れや枯損を防ぐため，枝葉の剪除を行う。

【問題15】 出るヨ

次の(イ)～(ニ)のうち，樹木の植付けに関する記述のうち，適当なものの個数はどれか。

(イ)　植え穴は，直径は根鉢の径より大きめ，深さは根鉢の厚みよりやや深めに掘り，穴の底はよく耕し，中央部を少し高く土を盛っておく。

(ロ)　移植する樹木は，根が切られ水分吸収力が減退しているので，水分供給と

消費のバランスをとるため枝葉の剪除を行う。

(ハ) 樹木の立込み後，客土が根鉢によく密着するように埋め戻し，周囲に水鉢を切る。

(ニ) 植付け直後や日射の激しい時期の灌水は，頻繁に行った後に急に中止することは避ける。

(1) 1個
(2) 2個
(3) 3個
(4) 4個

【問題16】

樹木の植付けに関する記述のうち，適当でないものはどれか。

(1) 水分の吸収と蒸散のバランスを保つため，樹木のせん定を行う。

(2) 樹木の安定をよくするため，植穴の底は中央をやや低めにし，土を固めておく。

(3) あらかじめ元肥などの遅効性肥料を施す場合は，根に直接当たらないようにする。

(4) 「水極め」は，埋め戻し土が鉢に密着するように，水を注ぎながら棒で土を突いて埋め戻す方法である。

【問題17】

樹木の植付けに関する記述のうち，適当でないものはどれか。

(1) 植穴の底は，中央をやや高めにし，土を砕いて柔らかくしておく。

(2) 「水極め」は埋め戻す土が鉢に密着するように水を注ぎながら棒で突いて，埋め戻す方法である。

(3) 元肥として遅効性肥料を使用する場合は，根に接するように施す。

(4) 土壌改良材を使用する場合は，客土あるいは埋め戻し土と十分にまぜあわせて使用する。

【問題1】　解答　(3)

(3)　溝掘式の根回しは，側根を残し，底根を切断する方法である。したがって，(3)の記述は適当でない。

【問題2】　解答　(2)

(2)　落葉広葉樹の根回しは，植物の生長に合わせて，春期萌芽前に行うのが最もよく，遅くとも秋に入るまでに行う必要がある。落葉期以後，生長の止まっている時期は根の発生がほとんどなく好ましいとはいえない。（休眠期などに行うと効果がまったくない。）したがって，(2)の記述は適当でない。(1)，(3)，(4)の記述は適当である。

根回し

根回しの時期	植物の生長に合わせて，春期萌芽前に行うのが最も良い。遅くとも秋に入るまでに行う。落葉期以後，生長が止まっている時期は根の発生がほとんどないので好ましくない。春根回しを行った樹木の移植は，落葉樹ではその年の秋か翌年の春先に，**常緑樹では翌年春または梅雨期に行う**。状況によってはさらに1年後にずらすことも考慮する。
溝掘式根回し	移植時の運搬と移植後の生長を考え，**根元直径の3〜5倍の鉢**を定め，周囲を掘り込む。掘り込み時には樹木の支持根となるべき太根を残す。支持根は三方か四方に取り，他の根は鉢に沿って切断する。切断には鋭利な刃物を使用し，切口を切り直す。**残された支持根は幅15cm程度に環状剥皮**を行う。これにより，根の基部と先端部との養分流通を断ち，剥皮部からの発根を促す。太根の処理が終わったあと，根巻き，縄締めを行い，仮支柱を掛けて表土を埋め戻し，埋め戻し後枝葉を減量した上に養生を行う。この方法を2回に分けて行う場合もある（直根を支持根として残すほか，側根3〜4本を各方向に残し，この根に幅15cm以上の環状剥皮をして養分の流通を止める処置をし，支持根としておくことが必要である）。
断根式根回し	根巻き等を行わず側根だけを切断する方法で，比較的**浅根性の樹種に適用**される。方法は幹の周囲を掘り回し，そこに出ている根を切り離すだけである。簡単な方法としては，地表から根切り鍬で側根を切るだけでも効果がある。根回し後の管理は植栽後の養生と同じである（エンピ，突き鍬等を使い，根を切断しておく方法である）。
植穴	取られる鉢の大きさを上回った大きさが必要で，その**目安は幹の根元直径の4〜6倍である**。植穴の底はやや高め（自重による沈下を見込むとともに，方向転換をしやすくする。）にし，土をよく砕いて柔らかくしておく。
土極（つちぎめ）	水を使わずに，棒で土が密着するように，よくつきながら埋め戻す方法。一名「からぎめ」ともいわれ，根が湿気を嫌う**松類を植え込む場合**などに使用される。

1 造園樹木の根回し・掘取り・移植

【問題3】 **解答** (2)

【問題1】の類似問題である。

(2) 根回しの時期は植物の生長に合わせて，春期萌芽前に行うのが最もよく，遅くとも秋に入るまでに行う必要がある。したがって，(2)の記述は適当でない。

(1)，(3)，(4)の記述は適当である。

【問題4】 **解答** (3)

【問題1】，【問題2】の類似問題である。

「根回しの時期は，一般に（**春期萌芽前**）に行うのが最もよい。根回しの方
法のうち，断根式は根巻きを行うまでのことをせず，ただ（**側根**）を切り回す
だけの方法であり，一般に比較的（**浅根性**）の樹種に用いられる。」したがっ
て，(3)の語句の組合せが適当である。

【問題5】 **解答** (2)

【問題4】の類似問題である。

(2) 断根式の根回しは，浅根性の樹種に用いられる。したがって，(2)の記述は適当でない。(1)，(3)，(4)の記述は適当である。

【問題6】 **解答** (4)

【問題1】，【問題2】，【問題3】の類似問題である。

(4) 落葉樹の根回しの時期は，植物の生長に合わせて，春期萌芽前に行うのが最もよく，遅くとも秋に入るまでに行う必要がある。落葉期以後，生長の止まっている時期は根の発生がほとんどなく好ましいとはいえない（休眠期などに行うと効果がまったくない）。したがって，(4)の記述は適当でない。

(1)，(2)，(3)の記述は適当である。

【問題7】 **解答** (1)

【問題1】，【問題2】，【問題3】，【問題4】，【問題5】の類似問題である。

「根回しの時期は（**春期萌芽前**）に行うのが最もよい。溝掘式の根回しは樹
木の支持根を残し，他の根は鉢に沿って切断するが，断根式の根回しは根巻き
を行わずに（**側根**）だけを切断する。」

したがって，(1)の語句の組合せが適当である。

根巻き	土を付けたままで鉢を掘り，鉢土の表面を縄その他の材料で十分締めつけて掘り上げる方法。土付法ともいう。針葉樹，常緑樹，季節はずれの落葉樹に適用する。
振い	鉢は少し大きめに掘り上げ，縄を巻かずに，鉢土を落とし，そのまま植え込む方法。適期の落葉樹に適用する。
追掘	太い根を切らずにその先端までたぐって掘り上げる方法。たぐり掘りともいう。植付け後の活着が難しいと予想される場合や，根の切断が致命的と判断される場合に適用する。フジ，ネムノキ，ジンチョウゲ等に用いる。根を乾燥させないように注意する。
凍土法	冬気温が低く，凍結深度の深い地方で，樹木が落葉樹で完全に休眠している場合，根の周りを掘り起こしてそのまま植え込む方法。土くずれの心配がない場合に適用する。
鉢土のつけ方	根に密着している土の範囲を鉢とするのが安全である。
掘り取り前の灌水	乾燥が激しい場合，掘り取りを始める数日前までに十分灌水を行っておく。
掘り取り前の枝おろしと下枝のしおり	下枝を縄で上の方に向けて幹にしばりつけること。また，枯れた枝，老いた枝，弱っている枝，密生している枝等は切り除いておく。
上鉢のかき取り	鉢の表面の雑草その他支障となる地被類をかき取る。これにより地表に近い根の存在や，移植先での雑草繁茂を防止する。
倒伏防止（ふれ止め）	根を掘り下げ，直根がない場合は，強風による倒伏も考えられるので，掘り下げと同時に仮支柱をつける。
鉢径の定め方	幹の根元直径を基準とし，高，中木では根元直径の3〜5倍が適当である。
直根の切直し	根巻きした大木の直根を切り，樹木を倒すが，倒す時に粗雑に切った直根の切口を改めて**鋭利な刃物で切り直し**を行い，**腐敗防止剤による消毒**をする。切口がやや大きい時にはその切口にコールタールを塗るなど乾燥防止の措置を取り，植栽地に到着したなら直ちに植えるのであるが，少し時間がかかる場合は，その直根部を濡れごも等で巻き，乾燥しないように手当てをする。

【問題8】　解答　(2)

(2)　鋭利な刃物で，根の切り直しを行う。切り口が大きい場合は，コールタールを塗り乾燥防止の措置をとる。したがって，(2)の記述は適当でない。

　(1)，(3)，(4)の記述は適当である。

【問題9】　解答　(3)

(1)　「枝おろし」は，枯れた枝，老いた枝，弱っている枝，密生している枝等を切り除くことをいう。記述は「下枝のしおり」のことである。したがって，(1)の記述は適当でない。

(2)　【問題8】の類似の設問であり，鋭利な刃物で切り直しを行う。したがっ

て，⑵の記述は適当でない。

⑶　記述は適当である。

⑷　「追掘」は，太い根を切らずにその先端までたぐって掘り上げる方法。たぐり掘りともいう。樹木によっては植付け後の活着が難しいと予想される場合，あるいは，根の切断が致命的と判断される場合に適用される。ネムノキ，フジ，ジンチョウゲ等に用いる。根を乾燥させないように注意する。記述は「根巻き」のことである。したがって，⑷の記述は適当でない。

【問題10】　解答　⑶

⑴　「振い」は，鉢は少し大きめに掘り上げ，縄を巻かずに鉢土を落とし，そのまま植え込む方法で，適期の落葉樹に適用する。記述は，「追掘」のことである。したがって，⑴の記述は適当でない。

⑵　掘り取り作業の時に下枝が支障となる場合は，下枝を縄で上の方に向けて幹に縛り付けておく「下枝のしおり」を行う。下枝をすべてきり除かない。したがって，⑵の記述は適当でない。

⑶の記述は適当である。

⑷　【問題8】の類似の設問である。鋭利な刃物で切り直しを行う。したがって，⑷の記述は適当でない。

【問題11】　解答　⑴

⑴　「追掘」は，太い根を切らずにその先端までたぐって掘り上げる方法で，特に活着が難しい樹木に適用する。したがって，⑴の記述は適当でない。

⑵，⑶，⑷の記述は適当である。

【問題12】　解答　⑶

⑶　「枝しおり」の順序は，幹に近い枝から始めて，外枝としおり，梢より下方にしおっていく。太い枝，強固な枝，折れやすい枝は簡単には曲がるものではなく，急激に無理に曲げないで，枝のもとの方から枝先に向かって縄を約3cm間隔に巻き，枝を幹に引きつける。したがって，⑶の記述は適当でない。

⑴，⑵，⑷は適当な記述である。

【問題13】　解答　⑴

⑴の記述は適当である。

⑵　【問題8】の類似の設問である。鋭利な刃物で切り直しを行う。したがっ

て，⑵の記述は適当でない。

⑶　「振い」とは，鉢を少し大きめに掘り上げ，縄を巻かずに鉢土を落とし，そのまま植え込む方法で，適期の落葉樹に適用する。記述は「追掘」の記述である。したがって，⑶の記述は適当でない。

⑷　「枝しおり」とは，積込みや運搬に支障となる場合に，枝をまとめて縄で幹に引きつけ結びとめるものである。一見簡単な作業のようであるが，春の生育を始めた頃の枝はもろく，目に見えない傷が枝につくので注意が必要である。移植適期（樹木の休眠期）であれば，かなり強くしおることができる。記述は，「枝おろし」のことである。したがって，⑷の記述は適当でない。

【問題14】　解答　⑵

⑴　「水極め」による植付けは，土を埋め戻しながら根鉢と土を密着させるために水を注ぎながら棒で土を突いて埋め戻し，これを数回繰り返す。したがって，⑴の記述は適当である。

⑵　設問の記述は，落葉樹の植付け適期であり，常緑広葉樹の植付けの適期は，生長期で最適期は4月初旬から下旬（萌芽期），続いて6月中旬から7月下旬の梅雨期である。したがって，⑵の記述は適当でない。

⑶　床土に遅効性肥料を施す場合は，濃度障害などによる根の損傷を避けるため，肥料が根に直接当たらないようにする。したがって，⑶の記述は適当である。

⑷　植付けを行う際には，水分の供給と蒸散のバランスを保ち，枝枯れや枯損を防ぐため，枝葉の剪除を行う。したがって，⑷の記述は適当である。

【問題15】　解答　⑷

（イ），（ロ），（ハ），（ニ）の記述はすべて適当である。
したがって，⑷の適当なものの個数は4個である。

【問題16】　解答　⑵

⑵　植穴の底は，やや高目にし，土をよく砕いて柔らかくしておく。掘り上げられた土は埋め戻し用土として使われるので，樹木の生育障害となる瓦礫等を取り除いておく。砂質土や粘質土などの場合は，植栽後の生育を良好にするため良質の畑土を客土する。したがって，⑵の記述は適当でない。
⑴，⑶，⑷の記述は適当である。

1 造園樹木の根回し・掘取り・移植

【問題17】　**解答**　(3)

(3)　あらかじめ元肥などの遅効性肥料を施す場合は，分解時の熱の発生を避けるため根に肥料が直接当たらないようにする。したがって，(3)の記述は適当でない。

　(1)，(2)，(4)の記述は適当である。

注）出題の範囲は上述の問題内と思われます。適当な記述についても確実に理解しておくようにしましょう（類似問題が多く出題されています）。
　正しいものを選ぶ設問だったものを，誤ったものを選ぶ設問にして出題される場合があります。

合格への目安 7問中4問以上正解すること。目標時間21分。

【問題1】 出るヨ

支柱に関する次の記述の(A)，(B)に当てはまる語句の組合せとして，最も適当なものはどれか。

「幹周0.18mの高木を歩道の植樹帯に植栽する際，その支柱として（　A　）を用い，支柱の丸太は（　B　）を上にして使用した。」

	(A)	(B)
(1)	二脚鳥居型支柱（添え木付） ――	末口
(2)	添え柱支柱 ―――――――――――	末口
(3)	二脚鳥居型支柱（添え木付） ――	元口
(4)	添え柱支柱 ―――――――――――	元口

【問題2】 出るヨ

八ッ掛支柱に関する記述のうち，適当でないものはどれか。

(1) 控えとなる丸太が樹幹又は他の丸太と交差する部位の，どちらか1箇所で結束する。

(2) 丸太と樹幹が交差する部位では，樹皮を傷めないように樹幹に杉皮などを当て，しゅろ縄で結束する。

(3) 幹周が小さく樹高が低い場合は竹を，また，幹周が大きく樹高が高い場合は丸太4本を使うことがある。

(4) 支柱の基部を地中に埋め込み，さらにやらず杭を支柱と逆方向に打込み，釘打ち鉄線で結束する。

【問題3】 出るヨ

造園樹木の支柱に関する次の記述の正誤の組合せとして，適当なものはどれか。

(イ) 鳥居型支柱の支柱丸太は，元口を下にして打ち込み，丸太と丸太の交差部は，釘打ちのうえ鉄線で結束し，幹と丸太の取付け部は，幹に杉皮等を巻いたうえでしゅろ縄で結束する。

(ロ) 八ツ掛支柱に唐竹を使用する場合は，先端を節止めとし，竹と竹の交差部は，のこぎり目を入れて鉄線で結束し，幹と竹の取付け部は，幹に杉皮等を巻いたうえでしゅろ縄で結束する。

  (イ) (ロ)

(1) 正 —— 正

(2) 正 —— 誤

(3) 誤 —— 正

(4) 誤 —— 誤

【問題4】

造園樹木の支柱に関する記述のうち，適当なものはどれか。

(1) 添え柱支柱は，丸太か竹により傾斜した幹や横架した大枝を下から支える。

(2) 八ツ掛支柱は，3，4本の丸太等で幹の比較的高い位置で樹木を支える。

(3) ワイヤー張り支柱は，根鉢周囲にアンカーを打込み，ワイヤーで根鉢を固定して支える。

(4) 鳥居型支柱は，丸太か竹を幹に添えて地中に十分差し込んで樹木を支える。

【問題5】

樹木の支柱の取付けに関する次の記述の(A)，(B)に当てはまる語句の組合せとして，適当なものはどれか。

「丸太を使用する場合は（ A ）を上にして打込む。支柱の丸太と幹の取付け部は杉皮を巻き（ B ）で固定する。」

  (A)   (B)

(1) 末口 —— しゅろ縄

(2) 末口 —— 鉄線

(3) 元口 —— しゅろ縄

(4) 元口 —— 鉄線

【問題6】

樹木の支柱に関する記述のうち，適当でないものはどれか。

(1) 八ツ掛は，控えとなる丸太が幹又は他の丸太と交差する部位の2箇所以上で結束する。

(2) 支柱の丸太と幹の取付け部分は，杉皮を巻き，鉄線で結束する。

(3) 支柱の丸太と丸太の接合部分は，くぎ打ちの上，鉄線で結束する。

(4) ワイヤーロープを使用する場合は，幹の結束部に幹当てを取り付け，ロープを緩みのないように張る。

【問題7】

樹木の支柱に関する記述のうち，適当でないものはどれか。

(1) 支柱の丸太は，末口を上にして打込む。

(2) ワイヤーロープを使用して控えとする場合は，樹幹の結束部に幹当てを取り付け，ロープを緩みのないように張る。

(3) 唐竹を使った八ツ掛支柱を取り付ける場合，竹と竹との結束部を，くぎ打ちの上，鉄線掛けとする。

(4) 支柱取付けに当たっては，季節風等を考慮して，支持する箇所を決定する。

【問題8】

造園樹木の支柱に関する記述のうち，適当でないものはどれか。

(1) 添え柱支柱の取付けにおいては，丸太又は竹を幹に添えて地中に差し込み，幹と結束して樹木を支える。

(2) 八ツ掛支柱の取付けにおいては，樹高の3分の2くらいの位置で，丸太又は竹を三方又は四方から幹や太枝に結束して樹木を支える。

(3) 二脚鳥居型支柱の取付けにおいては，丸太と丸太の交差部は，釘打ちの上，鉄線綾割り掛けで結束する。

(4) 布掛け支柱や八ツ掛支柱の取付けにおいては，支柱を地際で安定させるため，留杭（やらず杭）を地面と垂直になるように打ち込む。

2 造園樹木の支柱　解答と解説

支柱の型の分類

添え柱	樹木は低く，幹に添えるもの。
鳥居型	5種類あり，二脚鳥居（添木付），二脚鳥居（添木無）は幹周29cmまでの樹木に，三脚鳥居は幹周30〜59cmまでの樹木に，十字鳥居は二組の二脚鳥居を十字に組合せたもので，幹周30〜74cmまでの樹木に，二脚鳥居組合せ型は二脚鳥居を前後に設置し，横架材2本を追加して四方から幹を支える構造のものは，幹周45〜89cmまでのものに用いる。
八ツ掛	竹三本，丸太三本，丸太四本の3種類があり，樹高2.5m 幹周19cmまでの樹木は竹三本，幹周20〜89cmの樹木は丸太三本，幹周90cm以上は丸太四本が用いられる。
布掛	植付け間隔が狭く，またはまとめて植付けられた列植に横架材を渡し，両端・中間に斜柱で支えたもので，植込み地に用いられる。
ワイヤー張り	植込み地内で広いスペースがある場合で，歩行者等の動線と交わらず，八ツ掛支柱では効果的な支柱となりにくい場合に，ロープ（鉄線）数本で支えるものである。
地下支柱	支柱を見せたくない場合および支柱が建てられない場合に根鉢，幹の根元の部分等を地下から支えるものである。
方杖	傾斜した幹や横架した大枝を支えるものである。

【問題1】　解答　(1)

　幹周0.18mでは，二脚鳥居型（添え木付）を用い，支柱の丸太は末口を上にして使用する。したがって，(1)の語句の組合せが適当である。

【問題2】　解答　(1)

(1)　八ツ掛の控えとなる丸太が，幹または丸太と交差する部位の2箇所以上で結束する。支柱（控え木）の先端は見栄えよく切り詰めること。したがって，(1)の記述は適当でない。

　(2)，(3)，(4)の記述は適当である。

【問題3】　解答　(1)

　(イ)，(ロ)とも正しい記述である。したがって，(1)の組合せが正しい。

【問題4】　解答　(2)

(1)　添え柱支柱は，樹木が低く幹に添えるもので，幼木に適用される。設問の記述は，方杖（ほうづえ）の説明である。したがって，(1)の記述は適当でない。

　(2)の記述は適当である。

(3)　ワイヤー張り支柱は，樹高が高く八ツ掛支柱では効果的な支柱となりにくい場合，ロープ（鉄線）数本で支えるものである。設問の記述は，地下支柱

の説明であり，支柱を見せたくない場合や支柱が建てられない場合に，根
鉢，幹の根元等を地下から支えるものである。したがって，(3)の記述は適当
でない。

(4) 鳥居型支柱には，二脚の柱，三脚の柱に横架材を取り付け，幹を支えるも
のや，二組の二脚鳥居を十字に組み合わせて幹を支えるもの，二脚鳥居を前
後に設置し，横架材2本を追加して四方から幹を支えるものがある。設問の
記述は添え木支柱の説明である。したがって，(4)の記述は適当でない。

【問題5】　解答　(1)

「丸太を使用する場合は（末口_A）を上にして打込む。支柱の丸太と幹の取付
け部は杉皮を巻き（しゅろ縄_B）で固定する。」

(A)は末口，(B)はしゅろ縄で，(1)の語句の組合せが適当である。

【問題6】　解答　(2)

(1)，(3)，(4)の記述は適当である。

(2) 支柱の丸太と樹幹（枝）の取付け部分は，全て杉皮を巻き，しゅろ縄で動
揺しないように割りなわがけに結束し，支柱の丸太と丸太の接合する部分
は，釘打ちのうえ鉄線掛けとする。したがって，(2)の記述は適当でない。

【問題7】　解答　(3)

(1)，(2)，(4)の記述は適当である。

(3) 支柱に唐竹を使う場合は，先端を節止めとし，結束部は動揺しないように
鋸目を入れ，交わる部分は鉄線掛けとする。唐竹は2年生以上で指定の寸法
を有し，曲がり，腐食，病虫害，変色のない良好な節止め品とする。

【問題8】　解答　(4)

(4) 留杭（やらず杭）は斜めにつっかえする。垂直ではなく，斜めに立てたや
らずで支柱を固定する。したがって，地面と垂直にせず，支柱と逆方向に斜
めに打ち込み，釘打ち鉄線で結束する。(4)は適当でない。

【問題1】 出るヨ

ぶらんこに関する記述のうち，適当でないものはどれか。

(1) 隣り合った支柱間の同一梁部に吊るす着座部を2座とした。

(2) 着地面から着座部底面の最下点までの高さを20cmとした。

(3) 児童用のぶらんこの着座部の幅を40cm，奥行きを15cmとした。

(4) 境界柵の設置面から横架材上面までの高さを60cmとした。

【問題2】 出るヨ

遊具に関する記述のうち，適当でないものはどれか。

(1) ぶらんこを設置する際，着座部底面の最下点から着地点までの間隔を25cmとした。

(2) 滑り台を設置する際，滑降部の傾斜角度を水平に対し35°とした。

(3) シーソーを設置する際，腕部の座面高さを，水平にした状態で接地面から60cmとした。

(4) 鉄棒を設置する際，握り棒の太さを3cmとした。

【問題3】 出るヨ

遊具に関する記述のうち，適当でないものはどれか。

(1) シーソーを設置する際，腕部の最大傾斜角度を水平に対して30°とした。

(2) 滑り台を設置する際，滑降部の傾斜角度を水平に対して35°とした。

(3) サンドピット型砂場を設置する際，砂の深さを40cmとした。

(4) ぶらんこの周囲に境界柵を設置する際，設置面から横架材上面までの高さを60cmとした。

【問題4】 出るヨ

ブランコに関する記述のうち，適当なものはどれか。

(1) ブランコの着座部底面の最下端の高さを，地上から20cmとした。

(2) ブランコを設置する際，三連式とした。

(3) 柱の基礎コンクリートを，地表面から垂直に10cm程度立ち上げた。

(4) ブランコの周囲の人止め柵の高さを60cmとした。

ブランコ	地上より踏板までの高さは，一般に350〜450mmとする。また，同一梁部に吊るす着座部を2座とすれば安全を確保できる。3座（3連式）とすると真中の乗降りが危険なので2連式か4連式にすること。
シーソー	着座部下の地面に緩衝材として古タイヤを設置し，腕部下面先端と接地面との隙間は230mm以上設ける。腕部を水平にした状態で，両足が軽く地上に触れるのが適当で，普通450mmを標準とする。（750mm以下を確保する）。
サンドピット型砂場	砂場枠上面と設置面（GL）との段差は220mm以下とする。これは雨水の浸入を防ぐとともに，砂の持出しを防ぐために高くしている。また，砂の深さは，200〜450mmぐらいが使いやすいとされる。砂場の底部は，雨水の排水を速やかにするため，ぐり石・砕石等をはりつめ，また排水施設を設ける等適切な処置を行う。
すべり台	滑降面の最小間口寸法（幅）は，一般的に体が左右に振れにくい360mm以上（児童用）（幼児用は300mm以上）とする。また，滑降部の傾斜角度は45°以下を基準とし，滑降部全体を平均しても35°以下としている（ただし，安全性が確保できる構造では60°を限度として45°を超えてよい）。粗面のコンクリート面ではややきつくし，ステンレス製や特殊ローラー製の場合は，勾配を緩くして滑走速度が過大にならないようにする。すべり停止点は，足が十分届く高さとし，一般には150〜380mm（幼児用は150〜300mm）としている。

【問題1】 　解答　(2)

(2) 地上面（着地面）から，着座部底面の最下点（踏板）までの高さは，一般に35〜45cmとしている。低すぎても高すぎても漕ぎにくくなる。したがって，(2)の記述は適当でない。

(1)，(3)，(4)の記述は適当である。

【問題2】 　解答　(1)

【問題1】の類似問題である。地上から踏板までは35〜45cmである。したがって，(1)の記述は適当でない。

【問題3】 　解答　(1)

(1) シーソーの腕部の最大傾斜角度は，一般に水平に対して20°以下が標準であり，傾斜角30°は危険である。したがって，(1)の記述は適当でない。

【問題4】 　解答　(4)

(1) 着座部の底面から地面までの間隔（スイングクリアランス）は，350mm以上を基準とする。ただし，幼児用で監理，指導者がいる場合は，300mmまで低減できる。したがって，(1)の記述は適当でない。

(2) ブランコを設置する場合は，3座（3連式）とすると真中の乗り降りが危険である。2座（2連式）か4座（4連式）とする。したがって，(2)の記述

は適当でない。

⑶　柱のコンクリート基礎の上部は，地表面に出さない。地表に出すと危険である。したがって，⑶の記述は適当でない。

　　⑷の記述は適当である。

※　「遊具の安全に関する基準」(社)日本公園施設業協会

①　踊り場や通路などの歩行を目的とした平坦な床面に隙間を設ける場合は，足を挟み込まれないように30㎜を超えてはならない。

②　吊り橋，ネット渡り等，遊びを目的とした部分の隙間は，頭部・胴体の挟み込み規定に準じ，100×157㎜未満である（足（頭部・胴体）が入らない構造の隙間は，100×157㎜未満）。

③　指の挟み込みは，Φ8 ～Φ25㎜が指が入って抜けなくなるおそれがある寸法と示されている。

④　頭部の挟み込みについては，頭部及び胴体が入らない構造とするか，通り抜けが容易な寸法Φ230㎜以上としている。

【問題1】

運動施設の「舗装の種類」と「表層材」の組合せとして，適当でないものはどれか。

　　　（舗装の種類）　　　（表層材）
(1)　アンツーカ舗装 ── まさ土
(2)　クレイ舗装 ─── 粘性土
(3)　全天候型舗装 ── 人工芝
(4)　ダスト舗装 ─── 砕石粉

【問題2】

運動施設のクレイ舗装における表層材として，用いられないものはどれか。
(1)　荒木田土
(2)　赤土
(3)　焼成土
(4)　まさ土

【問題3】

クレイ舗装の標準的な舗装構成の組合せとして，適当なものはどれか。
　　　（表層）　　　（中層）　　　　　　　　　　　（下層）
(1)　粘性土 ── 火山砂利 ───────── クラッシャラン
(2)　焼成土 ── 密粒度アスファルト混合物 ── クラッシャラン
(3)　粘性土 ── 密粒度アスファルト混合物 ── 火山砂利
(4)　焼成土 ── クラッシャラン ─────── 火山砂利

【問題4】

運動施設の舗装に関する記述のうち，適当でないものはどれか。
(1)　アスファルト系舗装は，耐久性に優れ，維持管理が容易である。
(2)　アンツーカ舗装は，降雨後の乾燥が速いが，乾燥するとホコリがたちやす

い。

⑶　天然芝系舗装は，転倒時の傷害防止に優れるが，入念な維持管理が必要である。

⑷　クレイ舗装は，施工が比較的簡単で，冬季に霜害を受けにくい。

【問題5】

運動施設の「舗装の種類」と「表層材」の組合せとして，適当でないものはどれか。

　　（舗装の種類）　　　（表層材）

⑴　アンツーカ舗装 ── 焼成土

⑵　クレイ舗装 ──── 粘性土

⑶　ダスト舗装 ──── まさ土

⑷　全天候型舗装 ── 合成樹脂

【問題6】

運動施設の舗装に関する記述のうち，適当でないものはどれか。

⑴　クレイ舗装は，降雨後の乾燥は早いが，補修に手間がかかる。

⑵　アンツーカ舗装は，色彩が美しくプレイ後の疲労感が少ないが，冬季の霜害や凍上を受けやすい。

⑶　アスファルト系舗装は，耐久性に富み，ホコリの心配がない。

⑷　樹脂系舗装は，選択できる色彩の幅が広く，硬度や厚みが自由に選べる。

【問題1】　解答　⑴

⑴　アンツーカ舗装は，**表層に焼成土を用い，中間層には火山砂利（多孔質物質），下層にはクラッシャラン（C-40）**を用いる。したがって，⑴の組合せは適当でない。

⑵，⑶，⑷の組合せは適当である。

【問題2】　解答　⑶

クレイ舗装の表層には，粘性土（赤土），荒木田土，まさ土が用いられる。表層に焼成土を用いるのは，アンツーカ舗装である。したがって，⑶の焼成土は用いられず適当でない。

【問題3】　解答　⑴

クレイ舗装（混合土舗装）の標準構造は，表層に粘性土，中間層には火山砂利，下層にはクラッシャラン（C-40，RC-40）（40mm以下のもの）が用いられる。したがって，⑴の組合せが適当である。

【問題4】　解答　⑷

⑷　クレイ舗装は**粘性土を表層**としているので，冬季に霜害を受けやすく，地域によっては凍結深さの調査が必要で，凍上抑制層を検討する。

（塩化カルシウムは氷点を降下させる効果があるので，凍結を防ぐために散布する。道路の凍結防止にも使用される。凍上とは，土が凍って盛り上がる状態をいい，これが繰り返されると凹凸やひび割れが生じ，平坦性を確保できない。）したがって，⑷の記述は適当でない。

【問題5】　解答　⑶

⑶　ダスト舗装の表層材は，砕石粉である（輝緑凝灰岩，緑色変成岩等の砕石粉＋特殊バインダーによる精製土が材料である）。したがって，⑶の組合せは適当でない。

【問題6】　解答　⑴

⑴　降雨後の乾燥に時間がかかり，乾燥するとホコリがたつ。補修は容易であるが，維持管理に手間がかかる。したがって，⑴の記述は適当でない。

4 運動施設の舗装

舗装の特性

区　分		材　料	特　色
土系舗装	クレイ舗装	粘性土（赤土）＋荒木田（又はまさ土）＋軽石	・施工が比較的簡単であり，良質な材料が豊富な地域で有利。 ・降雨後の乾燥に時間がかかり，乾燥するとホコリがたつ。 ・球足が比較的遅く，プレイ後の疲労感が少ない。 ・冬季に霜害を受けやすく，利用がしにくい。
	混合土舗装（シンダー混合土）	シンダー（石炭ガラ）と砂質土の混合土	・補修は容易だが，維持管理に手間がかかる。 ・透水性に優れ適度の弾力性もあるが，降雨による過湿，表層の破壊と凹凸などによる性能低下の欠点がある。
	アンツーカ舗装	焼成土	・降雨後の乾燥が早く，雨に対しては比較的強いが含水比が高くなると軟弱になりやすく，また含水比が低くなると凝集力を失いホコリが立ちやすくなる。 ・色彩が美しく，プレイ後の疲労感が少ない。 ・冬季に霜害や凍上を受け易く，維持管理を綿密に行わないと利用できない（冬に利用できない）。
	緑色砕石粉舗装（ダスト舗装）	輝緑凝灰岩，緑色変成岩等の砕石粉＋特殊バインダーによる精製土	・降雨後の乾燥が早く，雨に対しては比較的強いが含水比が高くなると軟弱になりやすい。粒子が比較的大きいためにホコリが立ちにくい。 ・色彩が美しく，プレイ後の疲労感が少ない。 ・アンツーカ舗装や混合土舗装に比べ，冬季の霜害や凍上は受けにくいが，利用に際しては管理が必要である。
全天候型舗装	樹脂系	合成樹脂，砂，ゴム，人工芝等 基層にアスコン又はコンクリートを使用。	・硬度，厚みが自由に選べる。 ・色彩の幅が広く，アスファルト系より鮮明である。 〔共通事項〕 ・天候にほとんど影響されずにプレイが可能。 ・ホコリの心配がない。 ・長時間の使用では疲労が残り，照り返しが強い。 ・施工費が高い。
	アスファルト系	特殊アスファルト，砂，砕石，樹脂，繊維等	・施工は難しいが，樹脂系に比べて補修はしやすい。

※天然芝系舗装（スポーツターフ）には，競技者の激しい動きに耐え，年間を通じて支障なくスポーツが行えるように，以下の条件がある。

① 　常緑（エバーグリーン）であり，しかも葉色（緑色）が濃いこと。

② 　短期間内での繰り返しの踏圧やすり切れに特に強く，損傷が少ないこと。

③ 　茎葉が密集し，分けつが均一であること。

④ 　踏圧や物理的な損傷からの回復力に優れ，しかもこれによる生理的な損傷が少ないこと。

⑤ 　物理的な傷害に対して追い蒔き，あるいは補植等が可能で，かつ復元が早いこと。

⑥ 　弾力性に富むこと。

⑦ 　低刈り，あるいは35mm程度の刈り高に適しており，しかも生理的によく耐えること。

⑧ 　病虫害に強いこと。

⑨ 　競技場の位置する地域（気候的）に生育が適していること。等

※透水性全天候型舗装の基層には，**空隙率の大きい開粒度アスファルト混合物**を用いる。表層には，合成樹脂，ゴムチップ層の上に特殊ウレタンを吹き付けたもの等がある。道路舗装にある透水性舗装，排水性舗装に類似していますね。

合格への目安　8問中4問以上正解すること。所要時間24分。

【問題1】

運動施設に関する記述のうち，適当なものはどれか。

(1)　陸上競技場の長軸の方向は，東西方向とすることが望ましい。

(2)　野球場の方位は，競技者を主とした場合，一般に本塁は南を基準に設置することが望ましい。

(3)　サッカー場の長軸の方向は，その地域の恒風方向と一致していることが望ましい。

(4)　テニスコートの長軸の方向は，南北方向を基準に，若干北西〜南東に振ることが望ましい。

【問題2】

硬式テニスコートに表面排水勾配を取る場合の方向を示す図のうち，適当なものはどれか。

(1)

(2)

(3)
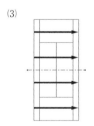

(4)
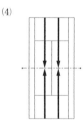

【問題3】

運動施設の表面排水に関する記述のうち，適当でないものはどれか。

(1) 硬式テニスコートにおいて，排水勾配を一方のサイドラインから他方のサイドラインへ片流れの方向で0.5%とした。

(2) 陸上競技場のフィールドにおいて，排水勾配をフィールドの中心から周辺に向かって均等にとった。

(3) 陸上競技場のトラックにおいて，走る方向の排水勾配を1%とした。

(4) 野球場の外野において，排水勾配を塁線から外周へ向かってとった。

【問題4】

次の(イ)～(ニ)のうち，陸上競技場の表面排水に関する記述として，正しいものの個数はどれか。

(イ) 陸上競技場のトラックの排水勾配を，縦断方向では走る方向に1,000分の1以下とした。

(ロ) 陸上競技場のトラックの排水勾配を，横断方向ではフィールド側に100分の1以下とした。

(ハ) 陸上競技場のフィールドの排水勾配を，中心から周辺に向かって均等にとった。

(ニ) 陸上競技場のフィールドの排水を，トラックの縁石のフィールド側に設けた排水溝で排水するようにした。

(1) 1個

(2) 2個

(3) 3個

(4) 4個

【問題5】

運動施設に関する記述のうち，適当なものはどれか。

(1) 硬式テニスコートの方位は，長軸方向を東西にとるのが望ましい。

(2) 陸上競技場のフィールドの排水勾配は，中心から周辺に向かって均等にとる。

(3)　硬式テニスコートの寸法の計測は，すべてコートラインの中心で行う。

(4)　陸上競技場のトラックの許容傾斜度は，走る方向で100分の1以下とする。

【問題6】

　硬式テニスコートに関する次の記述の(A)，(B)に当てはまる語句の組合せとして，適当なものはどれか。

　「硬式テニスコートの表面排水勾配は（　A　）％を標準とし，コートの寸法の計測は，ラインの（　B　）で行う。」

	(A)		(B)
(1)	0.5	——	外側
(2)	0.5	——	内側
(3)	1.5	——	外側
(4)	1.5	——	内側

【問題7】

　硬式テニスコートに関する記述のうち，適当でないものはどれか。

(1)　コートの長軸方向は，恒風の方向と一致していることが望ましい。

(2)　コートの寸法の計測は，すべてコートラインの内側で行う。

(3)　コートの表面排水をとる場合は，勾配0.5％を標準とする。

(4)　周囲に植栽帯を設ける場合は，防風を兼ね，また，ボールが見やすいように計画する。

【問題8】

　サッカー場及びラグビー場に関する次の記述の(A)〜(C)に当てはまる語句の組合せとして，適当なものはどれか。

　「フィールドの長軸の方向は，できるだけ（　A　）にとり，恒風方向とできるだけ（　B　）することが望ましい。

　また，メインスタンドはフィールドの（　C　）側にとることが望ましい。」

	(A)		(B)		(C)
(1)	南北	——	平行	——	東
(2)	南北	——	直交	——	西

(3)　東西 ── 平行 ── 南

(4)　東西 ── 直交 ── 北

【問題9】

　運動施設の表面排水に関する記述のうち，適当でないものはどれか。

(1)　陸上競技場のフィールドの排水勾配を，フィールドの中心から周辺に向かって均等にとった。

(2)　野球場の外野の排水勾配を，塁線から外周に向かってとった。

(3)　硬式テニスコートの排水勾配を，ネットポストを結ぶラインから両側のベースラインに向かってとった。

(4)　陸上競技場のトラックの排水勾配を，走る方向では1,000分の1にとった。

陸上競技場配置上の留意事項	競技者が太陽光線のまぶしさに妨げられないよう，トラック，フィールドの長軸の方向は南北または北北西から南南東方向にする。また，観覧者が西日に悩まされないようメインスタンドをトラックの西側にとるようにする。
陸上競技場の規格及び留意点	トラックの表面排水は，縦断方向（走る方向）で 1/1,000以下，横断方向（幅方向）で 1/100以下とする。
	トラックの1周の長さの計測は，トラックの内側（縁石が5㎝高く設けられている場合）の境界線から30㎝外方で行う。
	フィールドについては，滞水しないよう中心から周辺に向かって均等な勾配をとり，トラック内の縁石のフィールド側に設けた排水溝に排水する。
	トラック1周の距離の許容誤差は，第1種公認では 1/10,000以内でマイナスは認められていない。
サッカー場	サッカー場の長軸は，できるだけ南北にとり，長軸の方向をその土地の恒風と直交させる。
	ピッチ及びフィールド面は平坦で常緑の天然芝であること，有効な給排水設備を設けることとなっている。
野球場	方位は，競技者を主とした場合，一般に本塁を北に投手板を南にする。
	野球場の外野については，塁間を結ぶ線から外周部に向かって0.3～0.7%の勾配をつける。
テニスコート	コートの長軸方位は，正南北から北西～南東へ9°～15°振った位置がよい（この場合，午後に北側のプレーヤーがフォアハンドストロークをするとき，真向かいに西日をみることになるので，やや西側に振った配置がよいといわれている）。競技者が眩惑されるおそれがあるからである。
	硬式テニスコートでは，勾配0.5%を標準として，勾配の方向は次の優先順位に従ってとるものとしている。 ①一方のサイドラインから他方のサイドライン方向へ（横勾配） ②一方のベースラインから他方のベースライン方向へ（縦勾配） ③一つのコーナーから対角のコーナーの方向へ（斜勾配）

【問題1】 **解答** (4)

(1) 陸上競技場については，競技者が太陽光線のまぶしさに妨げられないよう，トラック，フィールドの長軸の方向を南北または北北西から南南東方向にする。また，観覧者が西日に悩まされないようメインスタンドをトラックの西側にとるようにする。したがって，(1)の記述は適当でない。

(2) 野球場の方位は，競技者を主とした場合，一般に本塁を北に投手板を南にする。したがって，(2)の記述は適当でない。

(3) サッカー場の長軸は，できるだけ南北にとり，長軸の方向をその土地の恒風と直交させる。したがって，(3)の記述は適当でない。

(4) テニスコートの長軸の方向は，南北方向を基準に，若干北西～南東に振る

ことが望ましい。したがって，(4)の記述は適当である。

【問題2】 **解答** (3)

　硬式テニスコートでは，**勾配0.5%を標準**として，勾配の方向を次の優先順位に従ってとるものとしている。

　①一方のサイドラインから他方のサイドライン方向へ（横勾配）〔図の(3)〕

　②一方のベースラインから他方のベースライン方向へ（縦勾配）

　③一つのコーナーから対角のコーナーの方向へ（斜勾配）

　図(1)，(2)，(4)のような取り方はしない。したがって，(3)の図が適当である。

　（軟式テニスコートについては，(2)の図のようにコート中央からベースラインまで10cm（約0.8%以内）の排水勾配を取る。）

【問題3】 **解答** (3)

(3)　陸上競技場のトラックの表面排水は，**縦断方向（走る方向）で1/1,000以下（0.1%以下），横断方向（幅方向）で1/100以下（1%以下）**とする。したがって，(3)の記述は適当でない。

　(1)，(2)，(4)の記述は適当である。

【問題4】 **解答** (4)

　(イ)，(ロ)，(ハ)，(ニ)の記述ともすべて正しい。したがって，正しいものの個数は，(4)の4個である。

【問題5】 **解答** (2)

(1)　コートの長軸方位は，**正南北から北西～南東へ9°～15°振った位置**がよく，コートの長軸方向と恒風（一年中風向や風速が変わらない風，偏西風）の方向が一致していることが望ましい。

　(2)の記述は適当である。

(3)　コートの計測は全てコートラインの外側で行う。

(4)　陸上競技場のトラックの許容傾斜度は幅方向では1/100（1%），走る方向では1/1,000以下（0.1%）以下とする。

【問題6】 **解答** (1)

　「硬式テニスコートの表面排水勾配は（0.5）%を標準とし，コートの寸法の計測は，ラインの（外側）で行う。」

　したがって，Aは0.5，Bは外側の(1)が適当な語句の組合せである。

第3章 施工

【問題7】 **解答** (2)

【問題5】【問題6】の類似問題である。

(2) コートの寸法の計測は，全てコートラインの外側で行う。したがって，(2)の記述は適当でない。

【問題8】 **解答** (2)

「フィールドの長軸の方向は，できるだけ（南北）にとり，恒風方向とできるだけ（直交）することが望ましい。

また，メインスタンドはフィールドの（西）側にとることが望ましい。」したがって，(2)の語句の組合せが適当である。

【問題9】 **解答** (3)

(3) 硬式テニスコートの排水勾配は，

① 一方のサイドラインから他方のサイドライン方向へ（横勾配）

② 一方のベースラインから他方のベースライン方向へ（縦勾配）

③ 一つのコーナーから対角のコーナーの方向へ（斜勾配）

になる。ネットポストを結ぶラインから両側のベースラインまでの排水勾配をとるのは，軟式テニスコートである。したがって，(3)は適当でない。

第4章

植物管理

◇◇◇◇◇◇◇◇◇◇◇◇◇◇◇◇◇◇◇◇◇◇◇◇◇◇◇◇◇◇◇◇◇◇◇◇◇◇

1．造園樹木の剪定
2．樹木の病害
3．樹木の虫害

◇◇◇◇◇◇◇◇◇◇◇◇◇◇◇◇◇◇◇◇◇◇◇◇◇◇◇◇◇◇◇◇◇◇◇◇◇◇

　植物管理の試験傾向は，例年，樹木の剪定1問，植物の病虫害1〜2問の出題です。類似問題が多く出ていますので，比較的得点しやすい分野です。樹木の剪定は，第2次検定にも関連します。知識として確実なものにしましょう。

1 造園樹木の剪定　問　題　1

【問題1】

造園樹木の剪定に関する記述のうち，適当でないものはどれか。

(1) ひこばえ，幹吹き，徒長枝など樹勢を衰えさせたり，樹形を乱したりする枝は，原則として取り除くのがよい。

(2) 樹木の自然に備わった樹形を基本的に残しながら樹枝の骨格や配置をつくるための基本剪定は，樹木の生長が旺盛な夏期に行うのがよい。

(3) 枝おろしは，太い枝を付け根から切り取る作業であり，下からのこを入れた後，上から切り落とし，残った部分を幹に沿って切り直す。

(4) 剪定は，樹木の美観・観賞面だけでなく，発芽や発根を促すなど生理・生育面などを考慮して行う作業である。

【問題2】

秋の剪定が翌年の開花の大きな支障となる花木として，適当なものはどれか。

(1) サルスベリ

(2) ハギ

(3) ドウダンツツジ

(4) アベリア

【問題3】

造園樹木の剪定に関する記述のうち，適当でないものはどれか。

(1) 生垣の刈込みは，裾の美しい線を保つため，上枝を強く，下枝を弱く刈込むのがよい。

(2) ひこばえ（やご），幹吹き（胴吹き），徒長枝等の樹形を乱したり樹勢を衰えさせる枝は，取り除いた方がよい。

(3) サルスベリ，ハギは，秋から翌年の春の萌芽前までに剪定を行うのがよい。

(4) 樹形の骨格を整える基本的な剪定は，樹木の生長が旺盛な夏期に行う方がよい。

1　造園樹木の剪定

【問題４】

造園樹木における剪定の対象となる枝に関する記述のうち，適当なものはどれか。

⑴　ひこばえは，主枝にからみついたような形になる枝で，樹形を乱す。

⑵　幹ぶきは，根元又は根元に近い根から発生する枝で，樹勢を衰えさせる。

⑶　からみ枝は，樹種の性質に逆らって伸びる枝で，樹勢を衰えさせる。

⑷　徒長枝は，通常の枝に比較して勢いよく伸びる枝で，樹形を乱す。

【問題５】

造園樹木の剪定に関する記述のうち，適当でないものはどれか。

⑴　樹種，樹形にかかわらず，生育上不必要なひこばえ，徒長枝，さかさ枝は除去する。

⑵　生垣の刈込みは，裾の美しい線を保つため，上枝を弱く，下枝を強く刈込むようにする。

⑶　長年同じところばかり刈らずに，時には深く切り戻し作業を行って，不定芽の萌芽を促す。

⑷　剪定は，樹木の観賞面だけでなく，樹勢の回復等のための生育面から行うこともある。

【問題６】

秋に剪定を行っても翌年の開花に大きな支障とならない花木として，適当なものはどれか。

⑴　サルスベリ

⑵　サツキツツジ

⑶　モクレン

⑷　ドウダンツツジ

> ※　春に芽が伸びて花芽をつけ，その年のうちに開花するアベリア，キョウチクトウ，キンシバイ，サルスベリ，シモツケ，テイカカズラ，ノウゼンカズラ，ハギ，フヨウ，ムクゲ等は，秋から翌春の萌芽前までに剪定を行います。ハギ，フヨウ等は，この時期に地上部を刈り取っても花芽をつけます。

【問題1】　**解答**　(2)

(2)　樹木の自然に備わった樹形を基本的に残しながら樹枝の骨格，配置をつくるために行う基本剪定には，落葉高木の冬期剪定，枝抜きなどがある。夏期剪定は，生長期に自然のまま雑然と繁茂した樹木を，主として美観上の要求から容姿を整えるために枝葉を対象として行う剪定をいう。これには落葉高木の夏期剪定，中・低木の剪定などがある。したがって，(2)の記述は適当でない。

【問題2】　**解答**　(3)

(3)　ドウダンツツジは，当年枝に花芽分化し，翌春に開花するもので，花の終った直後に剪定するものである。秋に剪定すると翌年の開花に支障をきたす。したがって，(3)のドウダンツツジが適当である。

> ※　春に開花するアジサイ，ウメ，クチナシ，コブシ，サクラ類，サツキ，ジンチョウゲ，ハクモクレン，ハナミズキ，ヒョウガミズキ，モモ，ヤブツバキ，ユキヤナギ，ユリノキ，レンギョウ等は，その後萌出する新枝に5月中旬〜9月頃にかけて花芽を分化・形成するので，**花の終った直後に剪定**を行う。

> ※　ウメ・モモ・レンギョウ・ヒョウガミズキ等枝全体の花芽が多い樹種は，花芽分化後に剪定をしても花数の減少はあるが，まったく咲かなくなることはほとんどないため，**樹形本位の剪定**を行うことができる。

【問題3】　**解答**　(4)

(4)　樹形の骨格をつくるような剪定は，本来樹木の休眠期で，しかも枝の状況がよくわかる冬期に行う。したがって，(4)の記述は適当でない。

　（落葉高木の夏期剪定，中・低木の剪定には軽剪定があり，生長期に自然の

1 造園樹木の剪定

まま雑然と繁茂した樹木を，主として美観上の要求から容姿を整えるために枝葉を対象として行うものをいう。）

(1)，(2)，(3)の記述は適当である。

【問題4】　解答　(4)

(1)　ひこばえは，樹木の根元にある不定芽から出る徒長枝のことで，一名「やご」ともいう。これを放置しておくと養分をとられ，樹勢が衰退するため早く剪定をする。したがって，(1)の記述は適当でない。

(2)　幹ぶき（胴ぶき）は，樹木の衰退が原因で幹から小枝が発生するもので，放置すると見栄えが悪いだけでなく，ますます樹体を弱らせるので見つけ次第剪定する。したがって，(2)の記述は適当でない。

(3)　からみ枝は，1本の枝が他の主枝にからみついたような形になるもので，樹形を乱し美観を損ねるため剪定する。したがって，(3)の記述は適当でない。

(4)　徒長枝（とちょうし）とは，初夏から夏にかけて勢いよく伸びる節間の長い枝のことをいう。徒長枝が発生すると樹形を乱すので，早めの剪定をする。風通しがよくなり，日光も内部に入りやすくなる。したがって，(4)の記述が適当である。

【問題5】　解答　(2)

(2)　生垣の刈込みは，裾の美しい線を保つため，上枝を強く，下枝を弱く刈込むようにする。したがって，(2)の記述は適当でない。

【問題6】　解答　(1)

(1)　サルスベリ（百日紅）は，秋の剪定を行っても翌年の開花に大きな支障とならない花木である。したがって，(1)は適当である。

合格への目安 | 6問中3問以上正解すること。目標時間18分。

【問題1】

次の記述の病状を示す樹木の病名として，適当なものはどれか。

「ソメイヨシノなどの樹木の枝の一部が膨らんでこぶ状となり，その付近から多数の小枝が叢生し，ほうき状になる。」

(1) てんぐ巣病

(2) くもの巣病

(3) こぶ病

(4) がんしゅ病

【問題2】

次の記述の病状を示す樹木の病名として，適当なものはどれか。

「根や幹・茎の地際部の表面に白色の菌糸束が網目状にからみつき，菌糸に覆われた部分の樹皮が腐敗する。」

(1) うどんこ病

(2) こうやく病

(3) 白紋羽病

(4) てんぐ巣病

【問題3】

次の記述の病状を示す樹木の病名として，適当なものはどれか。

「葉や幼枝に円形又は不整形の黒褐色，灰褐色，褐色等の病斑があらわれ，葉は勢いがなくなり黄化して落葉することもある。」

(1) こうやく病

(2) さび病

(3) 炭疽病

(4) すす病

【問題4】

次の記述の病状を示す病名として，適当なものはどれか。

「一般に葉の表面，裏面または表裏両面が粉状のカビに白く覆われる。」

(1)　白も病
(2)　白紋羽病
(3)　すす病
(4)　うどんこ病

【問題5】

次の記述の病状を示す病名として，適当なものはどれか。

「枝の一部が膨らんでこぶ状となり，この付近から多数の小枝が分岐し，箒（ほうき）状になる。ソメイヨシノの場合，開花期に病巣部では葉が開き，花はほとんどつかない。」

(1)　もち病
(2)　こぶ病
(3)　てんぐ巣病
(4)　こうやく病

【問題6】

次の記述のような症状を示す樹木の病名として，適当なものはどれか。

「枝や幹の表面に褐色・灰褐色・黒褐色のビロード状の厚い膜が覆うもの。」

(1)　さび病
(2)　こうやく病
(3)　すす病
(4)　てんぐ巣病

2 樹木の病害　　解答と解説

【問題1】　解答　(1)

(1) 「ソメイヨシノなどの樹木の枝の一部が膨らんでこぶ状となり，その付近から多数の小枝が叢生し，ほうき状になる。」のは，てんぐ巣病である。したがって，(1)が適当である。

(2) くもの巣病は，カラマツ，スギ，ヒノキなどの針葉樹やアカシア，クスノキ，ハギなどの庭木に発生する病気である。**牧草類では葉腐病（はぐされ病）とよばれ，樹木類では葉や若い枝を侵し，患部にくもの巣状のカビ（病原菌の菌糸）を生じる。**

　　夏の高温期に多く発生し，枝葉が混みすぎたり，風通しが悪いとよく発生する。病気にかかった樹木の葉は，黄褐色，黒褐色に変色して腐敗し落葉する。

(3) こぶ病は，大小さまざまな多数の球形ないし紡すい形のこぶをつくる病気で，さくらのこぶ病は最近発見された。

　　防除法は確立されていない。マツのこぶ病はさび病の一種で，中間寄生はナラ・クヌギ類である。**はじめ夏から秋にかけて2年目の茎枝に球形のこぶを形成し，年々大きくなり，幹下部では巨大なこぶをつくる。**強風によって枝のこぶは折損し，また枯損するものがある。細菌によるものも多い。

(4) がんしゅ病は，果樹や樹木などの病気で，幹や枝に発生する。**病斑部はふくらみ，表面はかさぶた状になり，樹脂を分泌する。病状が進むとこぶ状になることがある。**ブナ，ナラ，ニレ，ケヤキ，リンゴ，クリなどのがんしゅ病は紅粒がんしゅ病とよばれ，ビワ，モモ，モミ，カラマツ類等で被害が大きい。なお，根に発生するものは根頭（こんとう）がんしゅ病と称する。

【問題2】　解答　(3)

(1) うどんこ病は，一般に葉の表面，裏面または表裏両面が粉状のカビに白く覆われる病状を示す。したがって，(1)の記述は適当でない。

(2) こうやく病は，枝や幹の表面に褐色・灰褐色・黒褐色のビロード状の厚い膜が覆う病状を示す。したがって，(2)の記述は適当でない。

(3) 白紋羽病は，設問にある記述どおりで，根や幹・茎の地際部の表面に白色の菌糸束が網目状にからみつき，菌糸に覆われた部分の樹皮が腐敗する。
　　したがって，(3)の記述は適当である。

(4) てんぐ巣病は，枝の一部が膨らんでこぶ状となり，この付近から多数の小枝が分岐し，箒（ほうき）状になる。ソメイヨシノの場合，開花期に病巣

部では葉が開き，花はほとんどつかない。したがって，⑷の記述は適当でない。

【問題3】 **解答** ⑶

⑴ こうやく病 は，【問題2】⑵を参照。

⑵ さび病

葉の表・裏面あるいは針葉上に黄色からさび色の粉（病原菌の胞子）をふく。病原菌の種類・樹種により枝幹にこぶをつくるもの，黒色あるいは飴色のもの，寒天状に膨らむものなどさまざまである。本菌は宿主交代をする。したがって，⑵の記述は適当でない。

⑶ 炭疽病（たんそびょう）

葉・幼茎枝・果実を侵す。病斑は円形や形のくずれた大きな斑点としてあらわれ，輪郭不鮮明なこともある。

黒褐色・漆黒色あるいは褐色を呈し，その周縁部は退色を呈し，緑色になる場合もある。葉は勢いがなくなり落葉する。

病原菌は枯死苗茎上あるいは成木の枯死枝上で越冬し，これが翌春の伝染病となる。したがって，⑶の記述は適当である。

⑷ すす病 は，植物の葉や枝の表面に黒色のカビが生育し，すすがついたようになる病気の総称。アブラムシやカイガラムシなどの昆虫が植物体についたのちに，その分泌物を栄養として繁殖し，植物の組織に寄生し，直接栄養はとらない。しかし，葉の表面がすす状になるため見かけが悪くなり，果実や盆栽などの商品価値がなくなるだけでなく，同化作用や蒸散が妨げられるので樹勢が衰える。夏季の高温，多湿，通風不良などは病気の誘因になる。したがって，⑷の記述は適当でない。

【問題4】 **解答** ⑷

⑴ 白も病

主として葉の表面に発生する。はじめ灰白色ないし緑灰色の小塊を生じ，しだいに放射状に広がる。

あるいは迷走する紋様状の斑紋をつくりやや盛り上がる。斑紋の色は樹種により緑灰色・緑褐色あるいは褐色を呈し，大きい斑紋は10〜20mm大となる。病葉は落葉せず長く樹上にとどまるため，葉の表面に多数の斑紋をつくり，樹木全体が著しく汚れた外観を呈する。

一般には下葉あるいは日当りの悪い陰湿な環境のところで発生が多い。し

たがって，(1)の記述は適当でない。

(2) 白紋羽病は，【問題2】(3)の解説を参照。

(3) すす病は，【問題3】(4)の解説を参照。

(4) うどんこ病は，設問の記述どおりで，一般に葉の表面，裏面または表裏両面が粉状のカビに白く覆われる。したがって，(4)の記述は適当である。

【問題5】 解答 (3)

(1) もち病は，春の開葉期ののち，しばらくして葉・花・若芽全体もしくは一部が膨らんでその表面が白粉に覆われ，もちが膨らんだのに似ている。病原菌の種類と樹類と樹種によっては患部が膨らまずに葉裏が円形に黄化し，その表面に白粉を生ずる種類がある。したがって，(1)の記述は適当でない。

(2) こぶ病は，大小さまざまの多数の球形ないし紡すい形のこぶをつくる病気で，さくらのこぶ病は最近発見された。防除法は確立されていない。マツのこぶ病はさび病の一種で中間寄生はナラ・クヌギ類である。はじめ夏から秋にかけて2年目の茎枝に球形のこぶを形成し，年々大きくなり，幹下部では巨大なこぶをつくる。強風によって枝のこぶは折損し，また枯損するものがある。細菌によるものも多い。したがって，(2)の記述は適当でない。

(3) てんぐ巣病は，【問題1】，【問題2】の(4)の解説にあるように，枝の一部が膨らんでこぶ状となり，この付近から多数の小枝が分岐し，箒（ほうき）状になる。ソメイヨシノの場合，開花期に病巣部では葉が開き，花はほとんどつかない。したがって，(3)の記述は適当である。

(4) こうやく病は，【問題2】(2)を参照。したがって，(4)の記述は適当でない。

【問題6】 解答 (2)

(1) さび病は，葉の表・裏面あるいは針葉上に黄色からさび色の粉（病原菌の胞子）をふく。病原菌の種類・樹種により枝幹にこぶをつくるもの，黒色あるいは飴色のもの，寒天状に膨らむものなどさまざまである。本菌は宿主交代をする。したがって，(1)の記述は適当でない。

(2) こうやく病は，【問題2】の(2)の解説にあるように，枝や幹の表面に褐色・灰褐色・黒褐色のビロード状の厚い膜が覆う病状を示す。したがって，(2)の記述は適当である。

(3) すす病は，【問題3】の(4)の記述を参照。したがって，(3)の記述は適当でない。

2　樹木の病害

(4)　てんぐ巣病は，【問題1】，【問題2】の(4)を参照。したがって，(4)の記述は適当でない。

advice

****
今まで出題された病害は，炭疽病（たんそびょう），さび病，もち病，こぶ病，白絹病，うどんこ病，白も病，白紋羽病，てんぐ巣病，こうやく病の10種類です。すす病も出題されたりしますが，すべての害徴を覚えるのは大変です。ゴシックの部分を重点的に書き写してみてください。書くことにより，一層の理解力が付きますよ。ただし，細かい部分まで覚える必要はありません。樹木医になるなら必須ですが，神経質にならないようにして下さい。満点をとる試験でないことを思い出しましょう。軽く覚えましょう。かる～く！
****

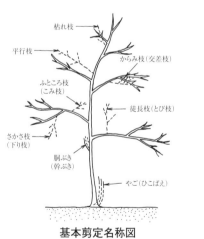

基本剪定名称図

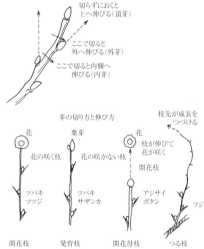

【問題1】

　害虫の加害特徴に関する次の記述の(A)に当てはまる害虫の名称として，適当なものはどれか。

　「（　A　）は，雑食性で，孵化（若齢）幼虫は，集団で枝や葉に天幕状の巣を作り葉肉を食害し，葉の表皮と葉脈を残す。」

(1)　アメリカシロヒトリ

(2)　アブラムシ類

(3)　カミキリムシ類

(4)　ヒメコガネ

【問題2】

　次の記述の特徴を示す害虫として，適当なものはどれか。

　「成虫・幼虫とも植物体に針状の口を刺し吸汁し，植物を衰弱，枯死させる。また，すす病を誘発することがある。」

(1)　ハムシ類

(2)　グンバイムシ類

(3)　ハダニ類

(4)　カイガラムシ類

【問題3】

　次の記述の特徴を示す害虫として，適当なものはどれか。

　「幼虫は植物の根や葉，成虫は葉を食害する。サンゴジュなどで大発生し大きな被害をもたらす。」

(1)　カイガラムシ類

(2)　ハムシ類

(3)　アブラムシ類

(4)　ハダニ類

3　樹木の虫害

【問題４】

　次の記述の特徴を示す害虫として，適当なものはどれか。

「幼虫は葉を食害し，ツバキ，サザンカに多く見られる。また，毒刺毛があり，触れると激しい痛みを受けるので注意が必要である。」

⑴　チャドクガ

⑵　ワタアブラムシ

⑶　アメリカシロヒトリ

⑷　ゴマダラカミキリ

【問題５】

　害虫の加害特徴に関する次の記述の（　　）に当てはまる語句として，適当なものはどれか。

「（　　）は，葉に寄生し，汁液を吸収する。寄生された葉は生気を失って灰白色となる。」

⑴　ヨトウムシ類

⑵　アメリカシロヒトリ

⑶　ハダニ類

⑷　カミキリムシ類

【問題６】

　害虫の加害特徴に関する次の記述の（　A　）に当てはまる語句として，適当なものはどれか。

「（　A　）は，雑食性の若齢幼虫が群生して，葉の表面を食害するため葉が白く透けて見える。」

⑴　ドクガ類

⑵　カイガラムシ類

⑶　カメムシ類

⑷　アブラムシ類

3 樹木の虫害　解答と解説

【問題1】　**解答**　(1)

(1)　アメリカシロヒトリはヒトリモドキガ，ヒトリガ類に属し，雑食性で，孵化（若齢）幼虫は，集団で枝や葉に天幕状の巣を作り，葉肉を食害し，葉の表皮と葉脈を残す。時には葉を全部食害し，丸坊主にすることがある（葉の表皮と葉脈だけを残して食害する）。したがって，(1)の記述は適当である。

(2)　アブラムシ類は，植物体に群生し，体は小さく，1～4ミリメートル。直接的な害としては，吸汁されることにより葉や茎の成長が止まり，やがて黄変して枯死する。中には，その寄生によって虫こぶを形成する種がある。間接的な害としては植物ウイルス病を媒介し，作物を全滅させることもある。

(3)　カミキリムシ類

　　　幼虫はテッポウムシと呼ばれ，樹皮下や材部を食害する。成虫は，新梢部の樹皮や芽を食害する。食害された植物は枯死するか，成長が著しく阻害される。

(4)　ヒメコガネは，コガネムシ科に属する昆虫で，成虫は6月頃から現れ，マメ類，ブドウ，クリをはじめ多くの植物の葉を食害し，幼虫は土中にいるジムシで，植物の根を食べ農作物や苗木などに害を与えることがある。

【問題2】　**解答**　(4)

(1)　ハムシ類は，庭木や公園の植栽，街路樹の害虫で，サンゴジュハムシはサンゴジュ，ガマズミ，ニレハムシはケヤキ，ニレ，エノキ等の葉を食害する。

(2)　グンバイムシ類は，幼虫・成虫とも葉裏に棲息し，吸汁加害する。被害葉は白くなり著しく外観を損なう。加害が進むと落葉の原因にもなる。

(3)　ハダニ類は，葉に寄生し，汁液を吸収する。寄生された葉は生気を失って灰白色となり，被害がひどくなるとカラカラになって枯死・落葉する。高温乾燥時に多発する。クモの仲間で糸をはくため日光で光る（秋に多く発生する）。

(4)　カイガラムシ類は，成虫・幼虫とも植物体に針状の口を刺し吸汁し，植物を衰弱，枯死させる。また，すす病を誘発することがある。したがって，(4)の記述は適当である。

3 樹木の虫害

【問題3】 解答 (2)

(1) カイガラムシ類 は，【問題2】の(4)の解説を参照。

(2) ハムシ類 の幼虫は植物の根や葉，成虫は葉を食害する。サンゴジュなど で大発生し大きな被害をもたらす。したがって，(2)の記述は適当である。

(3) アブラムシ類 は，【問題1】の(2)の解説を参照。

(4) ハダニ類 は，【問題2】の(3)の解説を参照。

【問題4】 解答 (1)

(1) チャドクガ の幼虫は葉を食害し，ツバキ，サザンカに多く見られる。ま た，毒刺毛があり，触れると激しい痛みを受けるので注意が必要である。し たがって，(1)の記述は適当である。

(2) ワタアブラムシ は アブラムシ類 に属し，直接被害と間接被害がある。直 接被害は新芽や葉裏などに寄生して植物の汁液を吸って加害するもので，一 匹ではたいしたことでなくても，群棲して加害するため生育が著しく悪くな る。間接被害はウイルス病を媒介する。有翅のアブラムシが次に健全な植物 に移動して汁液を吸う時にウイルスが侵入して感染する。また，排泄物の上 にすす病が繁殖して黒くなることもある。

(3) アメリカシロヒトリ は，【問題1】の(1)の解説を参照。

(4) ゴマダラカミキリ は，カミキリムシ類 に属し，幼虫はテッポウムシと呼 ばれ，樹皮下の形成層及び材部を食害する。

   食害された植物は枯死するか成長を著しく阻害される。虫糞の排出がみら れるので発見しやすい。成虫は芽を食害する。

【問題5】 解答 (3)

(1) ヨトウムシ類 は，雑食性で日中は株元にかくれ，夜間に出てきて暴食す る。中齢以上は移動性があり，殺虫剤に対しても強い耐性がある。ヨトウガ の孵化幼虫は，群生し葉の裏から食害するので，被害葉は白い表皮だけにな り，不整形な斑点となって見える。

(2) アメリカシロヒトリ は，【問題1】の(1)の記述を参照。

(3) ハダニ類 は，葉に寄生し，汁液を吸収する。寄生された葉は生気を失っ て灰白色となる。したがって，(3)の記述は適当である。

(4) カミキリムシ類 は，【問題1】の(3)の記述を参照。

第4章　植物管理

【問題6】　**解答**　(1)

(1)　チャドクガ

　　ドクガ類（チャドクガなど）は，雑食性で若齢幼虫は群生して葉の表面を食害する。そのため葉が白くすけてみえる。成育すると分散して葉を暴食する。花にも加害する。幼虫は毒針毛を持っている。これに触れると毒針が刺さって激しい痛みを受けるので，多発生の時には注意を要する。ツバキ，サザンカに多く発生する。したがって，(1)の記述は適当である。

(2)　カイガラムシ類は，【問題2】の(4)の解説を参照。

(3)　カメムシ類は，幼虫，成虫とも新芽・花芽・実などから汁液を吸収する。新梢や茎の内部に侵入することはなく，また茎葉を枯死させない。

(4)　アブラムシ類は，【問題1】の(2)の解説を参照。

　　幼虫，成虫とも新芽・花芽・実などから汁液を吸収する。問題文は，葉の表面を食害するとなっているため適当ではない。

---

①　線虫

　　数ミリの大きさの小動物で，気孔や表皮等から植物の体内に侵入して被害を起すもので，葉枯線虫，根こぶ線虫等がある。

②　バクテリア

　　細胞分裂を起して繁殖するが，自身では樹木の体内に入ることができず，損傷口から侵入して病巣を広げる細菌である。バクテリアが原因となる病気には斑点病，軟腐病，根頭がんしゅ病等がある。

③　カビ

　　適度な温度と湿度で発芽して，気孔などから，また表皮を分解して樹木の体内に入り，菌糸を繁殖させて個体を増殖させていく。病原菌が寄生体（樹木）にまん延し，宿主細胞を死滅させると病徴となってあらわれる。また，養分を吸収された樹木は枯れることもある。カビが原因でおこる病気にはさび病，すす病，うどんこ病，べと病，枝枯病，もち病等がある。

④　ウイルス

　　アブラムシなどの昆虫の媒介で樹木の体内に侵入して繁殖する。ウイルスが原因となる病気にはモザイク病や萎縮病がある。

第5章

土　木

　この分野は，土木工事の施工にあたる部分に該当します。

　土工，アスファルト舗装，擁壁，芝生の造成については，例年，出題されています。

　土木施工管理技士を勉強された方には，比較的やさしい問題ですが，はじめて受検する方には，少し専門的になるのでやや難しい分野です。40問中5問～6問出題されますので，捨てるわけにはいきません。3問は正解できるようにしましょう。

【問題1】

1,350m³の盛土（締固め土量）をする場合の現地に運搬すべき土量（ほぐし土量）として，正しいものはどれか。

ただし，土量変化率は L＝1.2，C＝0.9とする。

- (1)　1,458m³
- (2)　1,500m³
- (3)　1,620m³
- (4)　1,800m³

【問題2】

法面勾配1割5分を示した図として，正しいものはどれか。

(1)

(2)
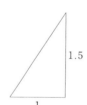

(3)
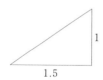

(4)

【問題3】

敷地造成における盛土に関する記述のうち，適当でないものはどれか。

- (1)　盛土材料には，圧縮性が小さく，吸水による膨潤性の低い土を使用した。
- (2)　タイヤローラを用いて粘性土の盛土を締固める際，タイヤの接地圧を高くした。

1 土工事（法面・盛土・土量計算・建設機械）

⑶ 急斜面の盛土基礎地盤において，盛土の滑動を防ぐための段切りを行った。

⑷ 盛土高2mの法面勾配を1：2.0にするため，水平方向の長さを4mとした。

【問題4】

3.6haの敷地に1mの盛土をする場合，土取場より掘削する地山土量として，正しいものはどれか。

ただし，土量変化率は，L＝1.20，C＝0.90とする。

⑴ 32,400m³

⑵ 40,000m³

⑶ 43,200m³

⑷ 48,000m³

【問題5】

土工に関する記述のうち，適当でないものはどれか。

⑴ 盛土する際，下層は盛土自体の重さで安定しやすいため上層のみ締め固めた。

⑵ 圧縮性が少なく，膨潤性の低い発生土を盛土材料として使用した。

⑶ 締固めが可能な岩塊・玉石などが混じった土砂を下層の盛土材料として使用した。

⑷ 盛土材料の含水比をできるだけ最適含水比に近づけるような処置をして締め固めた。

【問題6】

土工に関する記述のうち，適当でないものはどれか。

⑴ 盛土自体の圧縮や沈下を見込んで，余盛りを行った。

⑵ 盛土を行う地盤の草木や切株は，腐植になるので除去しなかった。

⑶ 盛土材料には，圧縮性が少なく，吸水による膨潤性の低い土を使用した。

⑷ 切土法面の法肩に崩壊防止と景観を重視するため，ラウンディングを行った。

第5章　土木

【問題7】

450m³の盛土の造成に必要な地山の土量とほぐし土量の組合せとして，正しいものはどれか。ただし，土量変化率 L=1.2，C=0.9とする。

　　　　（地山の土量）　　　（ほぐし土量）
(1)　500m³ ——————— 540m³
(2)　500m³ ——————— 600m³
(3)　540m³ ——————— 600m³
(4)　540m³ ——————— 640m³

【問題8】

次の(イ)〜(ニ)のうち，「建設機械」とその主な「施工用途」に関する組合せとして，適当なものの個数はどれか。

　　　　（建設機械）　　　　　（施工用途）
(イ)　ブルドーザ ——————— 掘削押土
(ロ)　振動ローラ ——————— 締固め
(ハ)　トラクタショベル —— 積込み
(ニ)　バックホウ ——————— 掘削積込み
(1)　1個
(2)　2個
(3)　3個
(4)　4個

【問題9】

次の(イ)〜(ニ)のうち，「建設機械」とその「施工用途」に関する組合せとして，適当なものの個数はどれか。

　　　　（建設機械）　　　　　（施工用途）
(イ)　モータグレーダ —— 敷ならし
(ロ)　振動ローラ ——————— 締固め
(ハ)　ブルドーザ ——————— 敷ならし
(ニ)　タンパ ——————————— 締固め
(1)　1個

⑵　2個

⑶　3個

⑷　4個

【問題10】

建設機械とその施工用途に関する組合せのうち，適当でないものはどれか。

　　（建設機械）　　　　（施工用途）

⑴　振動ローラ ――――― 締固め

⑵　モータグレーダ ―― 敷ならし

⑶　ブルドーザ ――――― 掘削押土

⑷　ランマ ――――――― 掘削

【問題1】 **解答** (4)

1,350(m³)×1.2/0.9＝1,800(m³) これより1,800m³が求まる。

【別解】

1,350(m³)÷0.9＝1,500(m³) (地山土量) (変化率C＝0.9で割る)

1,500(m³)×1.2＝1,800(m³) (運搬土量・ほぐした土量) (変化率L＝1.2をかける)

【問題2】 **解答** (3)

勾配とは,地形や人工的な構造物,建造物の傾き(傾斜)のことで,道路勾配を表す方法には,パーセント(%)と角度があり,一般にはパーセントが使われる。

パーセントは水平100mに対して,垂直に何メートル上がるかで表し,1m上がれば1%となる(水平1mに対して垂直に1cm上がるのが1%の坂と考えたほうが感覚的にはわかりやすい)。勾配45°の道路は存在しないが,この道路を%勾配で表すと勾配100%となる。なお,直立の崖の%勾配は無限大となる。

道路勾配(%)＝100×垂直距離(m)/水平距離(m) となる。

建物の屋根勾配は,屋根を仕上げるときの角度のことで,屋根の傾斜の度合いを示すものである。屋根勾配を表す時には30°とか60°とかの角度を使わずに,4寸勾配(4/10)とか6寸勾配(6/10)というように,底辺を10としたときの高さを表す特殊な角度を使用する。屋根の場合は,屋根を支える梁である棟木・母屋の取り付け高さは,この屋根勾配によって決まるので,屋根勾配が4寸勾配であれば4/10,つまり水平に10移動すると,垂直に4上がるといった具合に高さを簡単に計算できるので,現場での作業(設計時も同じ)がとても楽になる。

ちなみに4寸勾配屋根の3mの位置での高さを求めると,3m(水平距離)×0.4(屋根勾配)＝1.2m というように簡単に求められる。つまり,3m地点での屋根の高さは1.2mになっている。屋根勾配がゆるいほど,防水性能の高い仕上げ材にしないと雨漏りの危険性がある。ちなみに和瓦や洋瓦では4寸以上,カラーベスト(スレート)で3寸以上,2寸以下にするなら防水性能の高いガルバリウム鋼板葺きなどにする必要がある。屋根の場合は,デザイン・構造・屋根仕上げの問題のみならず,道路斜線や北側斜線などの法的制限によって決められる場合もある。

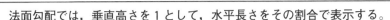

1 土工事（法面・盛土・土量計算・建設機械）

法面勾配では，垂直高さを1として，水平長さをその割合で表示する。

図面には「1：1.5」と表示し，垂直「1.0」に対する水平「1.5」を1割5分勾配と呼ぶ。

したがって，(3)の図が適当である。

【問題3】 **解答** (2)

(1) 盛土材料として要求される一般的性質は，

① 締め固められた土のせん断強さが大きく，圧縮性が小さいこと。

② 吸水による膨潤性の低いこと。

③ 施工機械のトラフィカビリティーが確保できること。

④ 透水性が小さいこと。

⑤ 所定の締固めが行いやすいこと。

⑥ 有機物（草木・その他）を含まないこと。　等である。

したがって，(1)の記述は適当である。

(2) タイヤローラでの締固め作業は，一般に，粘性土の場合には接地圧を低くして使用し，砕石などの締固め時には接地圧を高くして使用する。したがって，(2)の記述は適当でない。

(3) 原地盤の傾斜が1：4より急な場合は，段切りを行い盛土がすべらないようにする。したがって，(3)の記述は適当である。

(4) 盛土高（垂直高）2.0mに対して，法面勾配が1：2の場合は，水平方向の長さは

2.0m×2＝4.0mとなる。したがって，(4)の記述は適当である。

【問題4】 **解答** (2)

3.6ha（ヘクタール）＝36,000㎡

36,000（㎡）×1（m）÷0.9＝40,000（m³）（地山土量）（盛土量を変化率C＝0.9で割る）

したがって，(2)の数値が適当である。

【問題5】 **解答** (1)

(1) 盛土の安定性は施工の良否に大きく左右される。基礎地盤の処理を行い，締固めを十分に行うこと，均質な盛土をつくることが大切で，高まきを避け，水平の層に薄く敷き均し均等に締固める。設問の「下層は盛土自体の重さで安定しやすいため，上層のみ締固めた。」は不適切であり，基礎地盤から均質な盛土をつくる必要がある。したがって，(1)の記述は適当でない。

(2)　締固めた後の圧縮性が少なく（小さく），吸水による膨潤性の低い（小さい）発生土を盛土材料として使用する。したがって，(2)の記述は適当である。

(3)　締固め可能な岩塊・玉石などが混じった土砂（せん断強さが大きい土砂）を下層の盛土材料として使用する。したがって，(3)の記述は適当である。

(4)　盛土材料の含水比をできるだけ最適含水比に近づけるような処置をして締固め効果を最大にする。したがって，(4)の記述は適当である。

【問題6】　**解答**　(2)

(1)　盛土荷重による圧密沈下量を予測して，盛土天端の高さを沈下量分だけ余分に仕上げる。（余盛り）　したがって，(1)の記述は適当である。

(2)　盛土に先立って行われる基礎地盤処理の目的は，次の点である。

①　盛土と基礎地盤のなじみをよくする。

②　初期の盛土作業を円滑化する。

③　基礎地盤の安定を図り，支持力を増加させる。

④　**草木など，有機物の腐食による沈下を防ぐ。草木や切株は必ず取り除く。**

したがって，(2)の記述は適当でない。

(3)　盛土材料には，圧縮性が少なく，吸水による膨潤性の低い土を使用する。したがって，(3)の記述は適当である。

(4)　切土法面の法肩付近は，浸食を受けやすく，植生も定着しにくいため，法肩の崩壊防止と景観上の問題から，法肩を丸くするラウンディングが行われる。したがって，(4)の記述は適当である。

【問題7】　**解答**　(2)

450m³の盛土（締固め土量）に必要な地山土量とほぐし土量の組合せは，締固め土量を変化率 $C=0.9$ で割れば地山土量が求められる。

$450(m^3) \div 0.9 = 500(m^3)$　（地山土量）

地山土量に変化率 L を乗ずれば（かける），ほぐした土量が求められる。

$500(m^3) \times 1.2 = 600(m^3)$　（ほぐした土量）　したがって，(2)の数値の組合せが適当である。

【問題8】　**解答**　(4)

建設機械と施工用途の組合せは，すべて正しい。したがって，(4)の4個が適当である。

1 土工事（法面・盛土・土量計算・建設機械）

【問題 9 】　 **解答**　 (4)

　建設機械と施工用途の組合せは，すべて正しい。

　したがって，(4)の 4 個が適当である。

【問題10】　 **解答**　 (4)

(4)　建設機械「ランマ」の施工用途は，「掘削」ではなく「締固め」である。

　　したがって，(4)の組合せが適当でない。

第 5 章　土木

解答

【問題1】

アスファルト舗装に関する記述のうち，適当でないものはどれか。

(1)　加熱アスファルト混合物の締固めは，初転圧──→二次転圧──→継目転圧──→仕上げ転圧の順序で行う。

(2)　加熱アスファルト混合物の二次転圧の終了温度は，一般に70～90℃の範囲とする。

(3)　敷ならし作業中に雨が降り始めた場合，敷ならし作業を中止するとともに，敷ならした混合物はすみやかに締固めて仕上げる。

(4)　加熱アスファルト混合物の敷ならし時の温度は，一般に110℃を下回らないようにする。

【問題2】

園路のアスファルト舗装に関する記述のうち，適当でないものはどれか。

(1)　基層を設ける場合は，通常，加熱アスファルト混合物を用いる。

(2)　敷ならし中に雨が降り始めた場合は，作業を中止するとともに，敷ならした混合物はすみやかに締固めて仕上げる。

(3)　継目を施工する場合は，原則として下層の継目の上に上層の継目を重ねないようにする。

(4)　透水性舗装の場合は，透水性を高めるためにプライムコートを散布する。

【問題3】

アスファルト舗装において，プライムコートを施工する場合の位置として，適当なものはどれか。

(1)　路盤表面

(2)　路床表面

(3)　基層表面

(4)　表層表面

2 アスファルト舗装

【問題4】

　アスファルト舗装に関する記述のうち，適当なものはどれか。

(1)　混合物の敷ならし作業中に雨が降り始めた場合には，敷ならし作業を中止するとともに，敷ならした混合物はすみやかに締固めて仕上げる。

(2)　タックコートは，路盤と路床のなじみをよくするために施工する。

(3)　継目の施工に当たっては，下層の継目の上に上層の継目を重ねて施工する。

(4)　敷ならし時のアスファルト混合物の温度は，100℃以下とする。

【問題5】

　アスファルト舗装におけるプライムコートの目的に関する記述のうち，適当でないものはどれか。

(1)　アスファルト舗装表面の耐摩耗性を高める。

(2)　路盤からの水分の蒸発を遮断する。

(3)　路盤表面部に浸透し，その部分を安定させる。

(4)　降雨による路盤の洗掘などを防止する。

2 アスファルト舗装　解答と解説

【問題1】 解答　(1)

(1)　アスファルト混合物の締固め作業は，継目転圧，初転圧，二次転圧及び仕上げ転圧の順序で行う。したがって，(1)の記述は適当でない。

(2)，(4)　転圧開始の温度は混合物の種類などによって異なるが，一般には110〜140℃で開始し，二次転圧の終了温度は70〜90℃で終了する。したがって，(2)，(4)の記述は適当である。

(3)　敷ならし時に，雨が降りはじめた場合は作業を中止する。敷ならした混合物は速やかに締固めて仕上げる。したがって，(3)の記述は適当である。

【問題2】 解答　(4)

(4)　透水性舗装は，原則としてプライムコートは施工しない。ただし，施工時における下層路盤へ雨水浸食等で強度低下が懸念される場合には，高浸透性のものを使用するとよい。したがって，(4)の記述は適当でない。

(1)　基層を設ける場合は，通常，加熱アスファルト混合物を用いる。

(2)　【問題1】の(3)の記述を参照。

(3)　継目を施工する場合は，原則として下層の継目の上に上層の継目を重ねないようにする。したがって，(1)，(2)，(3)の記述は適当である。

【問題3】 解答　(1)

アスファルト舗装において，プライムコートを施工する位置は，「路盤表面」である。したがって，(1)の記述は適当である。

【問題4】 解答　(1)

(1)　混合物の敷きならし作業中に雨が降り始めた場合には，敷きならし作業を中止するとともに，敷きならした混合物はすみやかに締め固めて仕上げる。したがって，(1)の記述は適当である。

(2)　タックコートの目的は，新たに舗設する混合物層とその下層の瀝青安定処理層，中間層，基層との接着及び継目部や構造物との付着をよくするために行う。路盤とその上に施工するアスファルト混合物との付着をよくする（なじみをよくする）のは，プライムコートである。したがって，設問は，「路盤と路床のなじみをよくするために施工する。」となっているため，(2)の記述は適当でない。

(3)　継目を施工する場合は，原則として下層の継目の上に上層の継目を重ねないようにする。したがって，(3)の記述は適当でない。

⑷　敷きならし時の混合物温度は，一般に110℃を下回らないようにする。したがって，⑷の記述は適当でない。

【問題5】 **解答** ⑴

⑴　耐磨耗性を高めるためには，F（フィラー）付きの混合物を用いる。積雪寒冷地域の表層には，密粒度アスファルト混合物（20F，13F），細粒度ギャップアスファルト混合物（13F），細粒度アスファルト混合物（13F），密粒度ギャップアスファルト混合物（13F）等が用いられる。また，磨耗層を設け，シールコート及びアーマコートの施工等が行われる。したがって，⑴の記述は適当でない。

⑵，⑶，⑷の記述は，プライムコートの目的である。

プライムコートの目的

①　路盤の上にアスファルト混合物を施工する場合は，<u>路盤とアスファルト混合物とのなじみをよくする</u>。また，路盤の上にコンクリートを施工する場合は，打設したコンクリートからの水分の吸収を防止する。

②　路盤表面部に浸透し，その部分を安定させる。

③　降雨による路盤の洗掘または表面水の浸透などを防止する。

④　路盤からの水分の蒸発を遮断する。

※プライムコートには，通常，アスファルト乳剤（PK-3）を用いるが，これ以外に路盤への浸透性を特に高めた専用の高浸透性乳剤（PK-P）を使用することもある。これらの散布量は一般に1〜2ℓ/㎡が標準である。

※タックコートの目的

タックコートは，新たに舗設する混合物層とその下層の瀝青安定処理層，中間層，基層との接着及び継目部や構造物との付着をよくするために行う。

タックコートには，通常，アスファルト乳剤（PK-4）を用いる。なお，ポーラスアスファルト混合物，開粒度アスファルト混合物や改質アスファルト混合物を舗設する場合，さらに橋面舗装など，層間接着力を特に高める必要がある場合には，ゴム入りアスファルト乳剤（PKR-T）が用いられる。これらの材料の散布量は一般に0.3〜0.6ℓ/㎡が標準である。

合格への目安 ｜ 7問中4問以上正解すること。目標時間21分。

【問題1】

擁壁の構造形式の名称と図の組合せとして，適当なものはどれか。

(1)　もたれ式擁壁

(2)　支え壁式擁壁

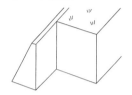

(3)　重力式擁壁

(4)　片持梁式擁壁

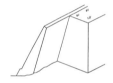

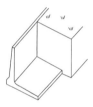

【問題2】

下図に示す石積みの積方の名称の組合せとして，正しいものはどれか。

(A)

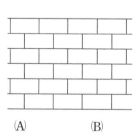

(B)

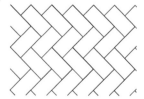

　　　　　　　(A)　　　　　　(B)
(1)　布積み ── 矢羽積み
(2)　谷積み ── 矢羽積み
(3)　布積み ── 長手積み
(4)　谷積み ── 長手積み

3　擁壁（石積み工）

【問題3】

　下図に示す練積みによるブロック積擁壁の(A)，(B)の名称の組合せとして，適当なものはどれか。

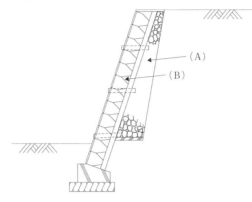

　　　　　　(A)　　　　　　　　　(B)

(1)　胴込め材 ―― 裏込めコンクリート

(2)　胴込め材 ―― 胴込めコンクリート

(3)　裏込め材 ―― 裏込めコンクリート

(4)　裏込め材 ―― 胴込めコンクリート

【問題4】

　下図のブロック積擁壁の(A)，(B)に該当する名称の組合せとして，正しいものはどれか。

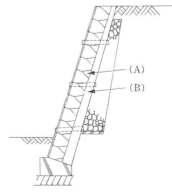

	(A)		(B)
(1)	胴込めコンクリート	——	裏込めコンクリート
(2)	胴込めコンクリート	——	ならしコンクリート
(3)	裏込めコンクリート	——	ならしコンクリート
(4)	裏込めコンクリート	——	胴込めコンクリート

【問題5】

石積みの積み方の「名称」とその概略を示した「図（立面図）」の組合せとして，適当でないものはどれか。

（名称）　　　　　（図）

(1) 矢羽積み————

(2) 布積み————

(3) 小口積み————

(4) 谷積み————

【問題6】

下図（立面図）の玉石積擁壁のうち，小口積はどれか。

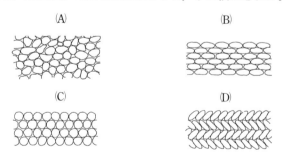

(A)　　　　　　　　　　(B)

(C)　　　　　　　　　　(D)

3 擁壁（石積み工）

(1) (A)
(2) (B)
(3) (C)
(4) (D)

【問題 7 】

　下図（断面図）は，コンクリート L 型擁壁の基礎底版内の配筋の一部を模式的に示したものであるが，図中の(A)〜(D)について，「あき」と「かぶり」の位置を示す組合せとして，適当なものはどれか。

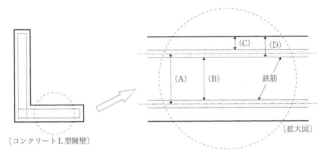

〔コンクリート L 型擁壁〕　　〔拡大図〕

　（あき）（かぶり）

(1) (A) ── (C)
(2) (A) ── (D)
(3) (B) ── (C)
(4) (B) ── (D)

3 擁壁（石積み工）　解答と解説

【問題1】　解答　(4)

(1)は重力式擁壁，(2)は控え壁式擁壁，(3)もたれ式擁壁である。
(4)は片持梁式擁壁である。したがって，(4)は適当である。

【問題2】　解答　(1)

図の(A)は布積み，(B)は矢羽積みである。したがって，(1)の組合せが正しい。

【問題3】　解答　(4)

図の(A)は裏込め材，(B)は胴込めコンクリートである。したがって，(4)の組合せが適当である。

【問題4】　解答　(1)

図の(A)は胴込めコンクリート，(B)は裏込めコンクリートである。したがって，(1)の組合せが正しい。

【問題5】　解答　(4)

(4) 「谷積み」ではなく，「亀甲積」である。したがって，(4)の組合せが適当でない。

【問題6】　解答　(3)

玉石積みは，玉石の大きさが大体揃ったものを目地が上下に貫かないように積み上げる。石の大きさは20cm以上を用いる。
(1) (A)の立面図は，「乱層積」である。
(2) (B)の立面図は，「長手積（布積）」である。
(3) (C)の立面図は，「小口積（俵積）」である。
(4) (D)の立面図は，「矢羽積（往復積）」である。
　したがって，(3)が適当である。

【問題7】　解答　(3)

図の(B)が「あき」であり，(C)が「かぶり」である。したがって，(3)の組合せが適当である。

「あき」とは，鉄筋の表面と鉄筋の表面との間隔をいい，コンクリートが鉄筋の周囲に十分に行きわたるように，所定の値を確保する。

「かぶり」とは，鉄筋の表面とコンクリート表面との最短距離で測ったコンクリートの厚さである。「かぶり」は，鉄筋の腐食，鉄筋の応力，重ね継手等

に重要な影響を与える。「かぶり」が少ない場合には，鉄筋の腐食膨張によって鉄筋沿いにひび割れやコンクリートの剥離が生じやすく，構造物の耐荷力，耐久性，耐火性が低下する。したがって，スペーサーなどを十分に配置して，所定の「かぶり」を確実に確保しなければならない（せき板に接するスペーサーは，コンクリート製又はモルタル製のものを使用する。鉄製は，せき板を取り除くと腐食するため使用してはならない）。

重要事項

① **片持ばり式擁壁**は，縦壁と底版からなり，外力に対して各々が片持梁として抵抗するものである。逆T型は，躯体に作用する土圧に対して，躯体の重量とかかと版上の裏込め材の重量で抵抗させるよう各部材を設計する。この場合，つま先版の長さは，底版部の1/5程度とすることが多く，部材端の厚さは施工性を考えて30cm以上にすることが望ましい。

② **重力式擁壁**は，自重によって土圧を支持する形式のもので，土圧と自重の合力が，躯体の水平断面に引張応力を起こさないように設計するのが原則である。躯体形状を決めるにあたっては，**底版幅は，擁壁高さの0.5〜0.7倍程度**が一般的であり，部材天端幅は，天端の防護柵，施工性等を考慮して15〜40cm程度にするのが一般的である。

③ 一般的には，ひび割れ誘発目地（鉛直打継目地）の間隔は，コンクリート部材の高さの1〜2倍程度とし，その断面欠損率は20%以上とするのがよい。この目地では，鉄筋を切らず，止水板を設ける。伸縮目地は，延長方向に重力式では10m以下，片持ばり及び控え擁壁では，15〜20mの間隔に設ける。この目地では，鉄筋を切断する。

④ 容易に排水できる高さに直径5cm以上の水抜き孔を，2〜3㎡に1箇所設ける。

4 芝生の造成　　問　題

【問題1】

芝生の造成に関する記述のうち，適当でないものはどれか。

(1)　張芝後の目土は，ほふく茎を覆うことにより発根を促すなどのために，葉が半分かくれる程度にかける。

(2)　播種後は，発芽するまで床土の表面が乾燥しないよう灌水を行う。

(3)　張芝後は，床土と芝を密着させるために，ローラ等により転圧する。

(4)　播種後の最初の刈込みは，草丈が十分生長してから短めに刈込み，ほふく茎の伸長を促進させる。

【問題2】

芝生の造成に関する記述のうち，適当でないものはどれか。

(1)　植栽土壌は，地表から30cm程度まで耕耘し，雑草，瓦礫等を取り除く。

(2)　芝張後は，ローラ等による締固めは避けたほうがよい。

(3)　芝張は，4月から9月のうちの酷暑時を除く時期がよい。

(4)　芝張後の目土は，芝の葉が半分隠れる程度に掛け，ならし板で目地など窪んだところに掻き入れるようにする。

【問題3】

次の記述の(イ)〜(ニ)のうち，芝生に関する記述として，適当なものの個数はどれか。

(イ)　播種や植芝を行う場合は，生育を促進し密な芝生地をつくるため，基肥を施すのがよい。

(ロ)　張芝の後，芝の根が土と密着するようにローラ等で転圧するのがよい。

(ハ)　張芝の後，目土は芝の葉が半分隠れる程度にかけるほうがよい。

(ニ)　芝刈りは，長く伸びている場合には一度に短く刈るよりも，刈込み回数を増やす方がよい。

(1)　1個

(2)　2個

(3)　3個

⑷　4個

【問題4】

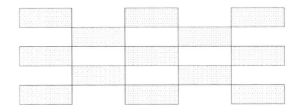

下図に示す芝の植付け方法の名称として，適当なものはどれか。

⑴　市松張り
⑵　目地張り
⑶　互の目張り
⑷　筋張り

【問題5】

芝生の造成に関する記述のうち，適当なものはどれか。
⑴　播種後の灌水は，発芽するまでひかえておく。
⑵　張芝後は，ローラ等による締固めは避ける。
⑶　張芝を行う場合，4月から9月の酷暑時を除く時期が適期である。
⑷　播種を行う場合，元肥は不要である。

【問題6】

芝生の造成に関する記述のうち，適当でないものはどれか。
⑴　芝張後，目土かけを行い，ローラ等により締固める。
⑵　芝生地の植栽土壌は，地表から30cmの深さに耕起し，石，雑草などを除去する。
⑶　粘質土壌の場合には，土壌改良材の施用により，土壌の通気性・透水性を良好にする。
⑷　芝生地は，目土の流出を防ぐため排水勾配をつけないようにする。

4 芝生の造成　解答と解説

【問題1】 解答 ⑷

⑴ 目土の量は，上向伸長の旺盛な時期，エアレーションや芝張り直後ならば厚目土（10mm程度）を施す。一般には，事前に刈込みを行い，すり込みを容易にし，1回の目土量は，3〜6mm程度が適当である。したがって，⑴の記述は適当である。

⑵ 播種後は，発芽するまで床土の表面が乾燥しないよう灌水を行う。したがって，⑵の記述は適当である。

⑶ 張芝後は，床土と芝を密着させるために，ローラ等により転圧する。したがって，⑶の記述は適当である。

⑷ 播種後芝生を刈り込まずに放置すると草丈が20cm以上の高さになり，密生した芝生は茎葉の基部が通気不足のために蒸れてしまう。また日照不足の芝生は軟弱に育ち，病虫害等に対する抵抗性が弱まり枯死する部分も生じ美観を損ねる。また，あまり短く刈りすぎると葉面積の減少をきたし，光合成量が抑制され茎葉の再生力が衰え根茎が粗悪となって，浅根化や黄化現象などを引き起こし，病虫害にもかかりやすくなる。また，長く伸びた芝を急に短く刈ると，芝がかなりのダメージを受けて枯れることがある。したがって，刈込みは生育旺盛な時期に，刈高はほふく型芝で6〜18mm，上向生長型20〜30mm，株状型で50mmとしている。したがって，⑷の記述は適当でない。

【問題2】 解答 ⑵

⑴ 植栽土壌は，地表から30cm程度まで耕耘し，雑草，瓦礫等を取り除く。したがって，⑴の記述は適当である。

⑵ 芝張後は，芝の根が土と密着するようにローラ等で転圧するのがよい。したがって，⑵の記述は適当でない。

⑶ 芝張は，4月から9月のうちの酷暑時を除く時期がよい。したがって，⑶の記述は適当である。

⑷ 芝張後の目土は，芝の葉が半分隠れる程度にかけ，ならし板で目地など窪んだところに掻き入れるようにする。したがって，⑷の記述は適当である。

【問題3】 解答 ⑷

（イ），（ロ），（ハ），（ニ）の芝生の記述はすべて適当である。したがって，⑷の4個が適当である。

4 芝生の造成

【問題4】 **解答** (1)

　図に示す芝の植付け方法の名称は，「市松張り」である。したがって，(1)が適当である。

目地張り　　　瓦の目張り　　　筋張り　　　べた張り

【問題5】 **解答** (3)

(1)　西洋芝やノシバなどを播種したあと，発芽してくるまでは床土の表面が乾燥しないよう灌水を行う。灌水は種子が流失しないよう静かに散水する。したがって，(1)の記述は適当でない。

(2)　目土かけを終えたらローラ等により，締固める。したがって，(2)の記述は適当でない。

(3)　張芝を行う場合，4月から9月の酷暑時を除く時期が適期である。したがって，(3)の記述は適当である。

(4)　張芝の場合は，元肥を入れなくとも追肥で葉を繁茂させられるが，播種や植芝などの工法では元肥を必ず入れる。元肥（基肥）には，化学肥料，堆肥，油粕，漁粕，骨粉等の有機質肥料を合わせて使用する。したがって，(4)の記述は適当でない。

【問題6】 **解答** (4)

(1)，(2)，(3)の記述は適当である。

(4)　芝生地の表面凹凸を直し，表面排水がとれるよう中央部を高くし，わずかな勾配を取り，地均しする。したがって，(4)の記述は適当でない。

オーバーシーディング…芝生が年間を通じて緑を保持できるように秋期に暖地（夏）型芝草の上から寒地（冬）型の芝草種子を播種して冬期も緑の芝生を維持し，1年中緑を保つ方法をいう。

日本芝	西洋芝
夏型芝で高温期に生育旺盛。 （冬期休眠）	冬型芝で冷涼な気候において生育良好。
匍匐型で刈込回数が少なくてすむ。	株立型が多く刈込回数が多くなる。
種子繁殖は困難で栄養繁殖による。	種子繁殖が容易である。
旱魃に強い（完成した芝生は灌水が少なくてすむ。）	適宜灌水する必要がある。
酸性・アルカリ性土壌に耐える。	酸性地には不向きなものが多い。
踏圧に耐える。	踏圧に対して日本芝より劣る。
日陰地に耐えにくく，１日数時間の日照が必要。	日陰に耐える種類が多い。
土壌に対する適応性が大きく，やせた土壌でも造成できる。	肥料を多く要する。

　芝刈の時期は芝の生長が盛んな時期に行う。刈込み後の茎葉は，除去する（放置すると水や養分が土壌内に侵入するのを妨げ，芝の生育の傷害となる。芝枯れの原因になる）。

　エアレーションとは，芝生地表面に穴をあけて，土壌中の通気性を良くすることで根の発育を促進し，芝の老化を防止し若返りを図るのが目的である。**一般的に新芽の動き出す春期に１回程度，踏圧等により土壌の固結しやすい芝生地等では年に数回行うこともある。**

　目土かけは，芝生の発根促進，芝生地の凹凸の整正，表層土の物理性の改良，刈かすなどの分解を促進するなどの目的で芝生地内に良質の土を敷きならすものである。特に日本芝などの場合，目土を行わないで放置するとほふく茎が露出し，筋張って堅くなり，芝生は乱れ，荒れた感じになる。目土かけを行うことにより，不定芽・不定根の発芽発根を促し，芝をみずみずしく密生させることができる。**目土かけの時期は，芝生の萌芽期か生長期が最もよい時期であり，休眠期およびその前は目土の時期としては不適当である。**

　灌水は，芝生を乾燥の害から保護し，生育を良好に保つために行うものである。**灌水は日中を避け，朝に行うのが最適**である。日中の高温時は芝生自体から蒸発する水分量が多いため，この時期に灌水するとかえって生育障害をまねき，好ましくない。

point

　芝は植物学的にはイネ科（Gramineae）に属し，大きく夏型芝と冬型芝とに分けられる。日本芝は全てが夏型芝であり，西洋芝はバーミューダグラスなどの一部を除いて大部分は冬型芝である。

第6章

設 備

1．給水工事
2．排水工事
3．電気工事

　この分野は，専門的な設問が多く，比較的難しい問題が出題されています。

　給水工事，排水工事，電気工事は，例年各1問出ています。全問題に対する比率は5％に満たないものですが，この機会に他の国家試験も受検しようとする方には，ステップ問題に該当するものです。他の分野と同様，類似問題が多く，傾向をつかめば軽く得点できるものもあります。

【問題1】 出るヨ

下図に示す給水装置(A)，(B)の名称の組合せとして，適当なものはどれか。

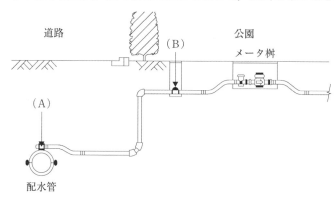

道路　　公園

(B)　　メータ桝

(A)

配水管

	(A)		(B)
(1)	分水栓	——	止水栓
(2)	給水栓	——	止水栓
(3)	分水栓	——	散水栓
(4)	給水栓	——	散水栓

【問題2】 出るヨ

給水工事に関する記述のうち，最も適当なものはどれか。
(1) 給水管の空気溜りを生じるおそれがある場所に，減圧弁を取り付けた。
(2) 給水管を埋め戻す際，良質な土砂を用いタンパで十分締め固めた。
(3) 園路に給水管を布設する際，埋設深さを20cmとした。
(4) 配水管から給水管を分岐する際，他の給水管の取付け位置から20cm離れたところで分岐した。

【問題3】 出るヨ

給水工事に関する次の記述の(A)に当てはまる数値として，適当なものはどれ

か。

「給水管を他の埋設物と近接して布設する場合，再掘削時などにおける事故
防止等のため保たなければならない最小間隔は，（　A　）cmである。」

(1)　30

(2)　60

(3)　90

(4)　120

【問題4】

下図に示す給水装置の(A)、(B)の名称の組合せとして，正しいものはどれか。

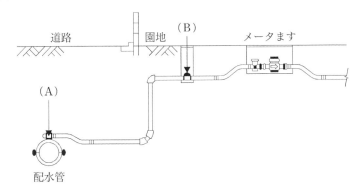

	(A)		(B)
(1)	分水栓	——	給水栓
(2)	分水栓	——	止水栓
(3)	給水栓	——	分水栓
(4)	給水栓	——	散水栓

【問題5】

給水施設に関する次の記述の(A)に当てはまる数値として，正しいものはどれ
か。

「給水管を他の地下埋設物と近接して布設するにあたり，再掘削時の事故防
止等のため，保たなければならない最小間隔は（　A　）cmである。」

(1)　15

⑵　30

⑶　60

⑷　90

【問題6】

給水工に関する記述のうち，適当でないものはどれか。

⑴　電食のおそれがある場所だったので，非金属性の給水管を布設した。

⑵　再掘削の際に管の損傷を未然に防ぐため，給水管の上部に接して明示シートを埋設した。

⑶　給水管と排水管が交差するので，給水管を排水管の500mm上方に布設した。

⑷　十分な埋設深さが取れなかったので，給水管をコンクリート管で防護した。

【問題7】

給水工に関する記述のうち，適当でないものはどれか。

⑴　地盤沈下のおそれがある場所では，伸縮性を有する給水管を埋設する。

⑵　凍結のおそれがある場所では，凍結深度より浅く給水管を埋設する。

⑶　酸・アルカリ腐食のおそれがある場所では，耐食性を有する給水管を埋設する。

⑷　電食のおそれがある場所では，非金属性の給水管を埋設する。

1 給水工事　解答と解説

> ①空気を抜くには空気弁が必要。②給水管との間隔は30cm以上。

【問題1】 **解答** (1)

　図より，(A)は配水管から分岐する地点であるため，分水栓を設ける。(B)は園地内に設ける止水栓である。したがって，(1)の語句の組合せが適当である。

【問題2】 **解答** (2)

(1)　給水管の空気溜りを生じるおそれがある場所には，減圧弁ではなく，空気弁又は吸排気弁を設ける。したがって，(1)の記述は適当でない。

(2)の記述は適当である。

(3)　**一般に園路（歩道）部分にあっては，0.5m 以下としないことと規定**されているが，設問のように20cmしか確保できない場合などは，必要に応じて防護措置を施すことになる（**敷地部分では0.3m 以上を標準**とし，曲部は支持固定する）。道路法施行令第12条第三号では，その頂部と路面との距離は，1.2m（工事実施上やむを得ない場合においては，0.6m）以下としないこと。と規定されている。したがって，(3)の記述は適当でない。

(4)　配水管から給水管を分岐する際，他の給水管の取付け位置から30cm離れたところで分岐する。したがって，(4)の記述は適当でない。

【問題3】 **解答** (1)

(1)　他の埋設物に近接する場所では，**他の埋設管との最小間隔を30cm以上とる**必要がある。したがって，(1)の数値の30cmが適当である。

【問題4】 **解答** (2)

　【問題1】の類似問題である。図より，(A)は配水管から分岐する地点であるため，分水栓を設ける。(B)は園地内に設ける止水栓である。したがって，(2)の組合せが適当である。

【問題5】 **解答** (2)

　【問題3】の類似問題である。したがって，(2)の数値の30cmが適当である。

【問題6】 **解答** (2)

(1)　漏えい電流による電食のおそれのある場所に，給水管を布設する場合は，

非金属性の材質の給水管を布設する。したがって，(1)の記述は適当である。

(2)　管の埋め戻し時に，管の上部から30cm上方の位置に連続して明示シートを埋設する。(道路部分に布設する口径75mm以上の給水管には，明示テープ，明示シート等により管を明示すること。) また，敷地部分に布設する給水管の位置について，維持管理上明示する必要がある場合は，明示杭等によりその位置を明示し，未然に事故を防止する。したがって，(2)の設問は「給水管の上部に接して明示シートを埋設した。」となっているため，適当でない。

(3)　排水管と平行して埋設される場合は，原則として両配管の**水平実間隔は500mm以上**とし，かつ給水管は排水管の**上方に埋設する**。**両配管が交差する場合も，これに準ずる**。したがって，(3)の記述は適当である。

(4)　十分に埋設深さが確保できない場合などは，必要に応じて防護措置を施すことになる (**敷地部分では0.3m以上を標準とし，曲部は支持固定する**)。道路法施行令第12条第三号では，その頂部と路面との距離は，1.2m (工事実施上やむを得ない場合においては，0.6m) 以下としないこと。と規定されている。したがって，(4)の記述は適当である。

【問題7】 解答　(2)

(1)　振動による破損や地盤沈下のおそれがある場所では，**給水管に可とう性のある伸縮継手を設ける**。したがって，(1)の記述は適当である。

(2)　凍結のおそれがある場所では，**凍結深度より深く給水管を埋設する**。したがって，(2)の記述は適当でない。

(3)　酸・アルカリ腐食のおそれがある場所では，耐食性を有する給水管を埋設する。したがって，(3)の記述は適当である。

(4)　電食のおそれがある場所では，非金属性の給水管を埋設する。したがって，(4)の記述は適当である。

重要事項

① 空気弁は，フロートの作用により，管内に停滞した空気を自動的に排出する機能をもった給水用具である。

② 吸排気弁は，管内に停滞した空気を自動的に排出する機能と管内に負圧が生じた場合に自動的に吸気する機能を合わせもった給水用具である。

> 重要事項　浅層埋設工事では，
> 車道：舗装の厚さに0.3mを加えた値（当該値が0.6mに満たない場合は0.6m）以下としない。
> 歩道：管路の頂部と路面の距離は0.5m以下としない（切下げ部で0.5m以下となるときは，十分な強度の管路等を使用するか，所要の防護措置を講じる）。と規定されている。

※　給水管が水路を横断する場所では，原則として給水管を水路の下方に布設する。やむを得ず水路等を上越して設置する場合には，高水位以上の高さに設置し，かつ，さや管（金属製）等により，防護措置を講じる。

※　給水装置工事は，いかなる場合でも衛生に十分注意し，工事の中断時又は一日の工事終了後には，管端にプラグ等で管栓をし，汚水等が流入しないようにする。

※　空気溜りを生じるおそれのある場所には，空気弁を設置する。水路の上越し部，行止まり配管の先端部，鳥居配管形状となっている箇所には，空気弁を設置する。

※　既設の地下埋設物を損傷しないよう，30cm以上の間隔をとれば，給水管を布設できる。

※　厚さ30cmを超えない層ごとに十分締固め，将来，陥没，沈下等を起こさないようにする。

【問題1】

　雨水排水工に関する記述のうち，適当でないものはどれか。

(1)　地表勾配が急な場所での管渠の接合箇所において，上流管と下流管の管底差が80cmあったため，副管付きマンホールを用いた。

(2)　排水管へ接続する取付け管を，勾配5‰とし，排水管の中心線から上方に取り付けた。

(3)　排水ますへ接続する取付け管を，排水ますの底面から20cmの位置に取り付けた。

(4)　管渠径が変化する排水管の接合箇所にマンホールを設置した。

【問題2】

　排水管渠の接合に関する次の記述の(A)，(B)に当てはまる語句の組合せとして，適当なものはどれか。

　「2本の管渠が合流する場合の接合方法は，原則として水面接合又は（　A　）とする。また，2本の管渠が合流する場合の中心交角は，原則として（　B　）とする。」

	(A)		(B)
(1)	管底接合	——	60度以下
(2)	管頂接合	——	90度
(3)	管底接合	——	90度
(4)	管頂接合	——	60度以下

【問題3】

　公園の開渠排水に関する記述のうち，適当でないものはどれか。

(1)　コンクリートU形側溝を野生生物の生息地に近接して設置する場合は，小動物が側溝からはい上がれるような構造とすることが望ましい。

(2)　素掘り側溝は，一時的な水路として用いられる場合が多く，形状は底の浅いV字形あるいは台形とするのが一般的である。

(3)　芝張り側溝は，底面の洗掘を防ぐために芝を張って補強したものであり，

雨量が多く勾配が急なところに適している。

⑷ 石積み側溝は，側溝の側面を石積みなどにしたものであり，通水断面積が比較的大きく必要な場合に用いられる。

【問題4】

園路の雨水排水工に関する記述のうち，適当でないものはどれか。

⑴ 排水管への取付け管を，流下方向に60度の向きで取り付けた。

⑵ 取付け管の取付け位置を，排水管の中心線より下方に取り付けた。

⑶ 排水ますへの取付け管を，排水ますの底面から18cmの位置に取り付けた。

⑷ 上流管と下流管の管底差が80cmのとき，副管付きマンホールを使用して接合した。

【問題5】

排水施設に関する記述のうち，適当でないものはどれか。

⑴ 素掘り側溝を造成地の一時的な排水路として設置した。

⑵ 皿形側溝を幅員2メートルの歩行者園路に設置した。

⑶ 芝張り側溝を盛土法面の縦排水施設として設置した。

⑷ コンクリートU形側溝を幅員6メートルの管理用園路の路肩に設置した。

【問題6】

雨水排水工に関する記述のうち，適当でないものはどれか。

⑴ 排水ますへの取付け管を排水ますの底面から5cm上方に取り付けた。

⑵ 排水管への取付け管を排水管の流下方向に対し60度の向きで取り付けた。

⑶ 管径が変化する排水管の接合箇所に，マンホールを設置した。

⑷ 上流管と下流管の管底差が70cmあったため，副管付きマンホールを用いた。

第6章　設備

【問題7】

　下図の暗渠排水の(A)，(B)に用いる材料の組合せとして，最も適当なものはどれか。

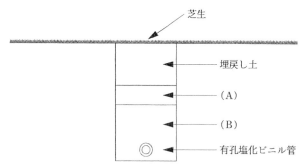

	(A)		(B)
(1)	玉石	——	砕石
(2)	粗砂	——	砕石
(3)	砕石	——	粗砂
(4)	玉石	——	粗砂

2 排水工事　　解答と解説

【問題 1 】 解答 (2)

⑴　地表勾配が急な箇所での管渠の接合箇所において，上流管と下流管の管底差が60cm程度あれば副管付きマンホールを用いる。したがって，⑴の記述は適当である。

⑵　排水管へ接続する取付け管の勾配は，10‰よりもゆるくしてはならない。5‰の‰（パーミル又はプロミル）とは，1,000分の1を1とする単位。1‰＝10^{-3}　5‰＝5／1,000＝0.005＝0.5％となる。したがって，⑵の記述は適当でない。

⑶　排水ますへ接続する取付け管は，排水ますの底面から15cm以上に設ける。15cmの泥だめを設けるため，20cmの位置に取付けるのは適当である。したがって，⑶の記述は適当である。

⑷　管渠径が変化する排水管の接合箇所には，マンホールを設置する。したがって，⑷の記述は適当である。

【問題 2 】 解答 (4)

「管渠の径が変化する場合又は2本以上の管渠が合流する場合の接合方法は，原則として水面接合又は（**管頂接合を標準**）とする。また，2本の管渠が合流する場合の中心交角は，原則として（**60度以下**）とする。」したがって，⑷の組合せが適当である。

【問題 3 】 解答 (3)

⑴，⑵，⑷の記述は適当である。

⑶　芝張り側溝は，園路の排水と園地の排水を兼ねて園路に沿って設けられることが多く，公園利用者の安全を考慮して底を浅く，段差がないようにする必要がある。雨量が多く，地形が急な所では芝張り側溝は強度的に不向きである。したがって，⑶の記述は適当でない。

【問題 4 】 解答 (2)

⑴，⑶，⑷の記述は適当である。

⑵　取付け管の取付け位置は，排水管の中心線より上方に取り付ける。したがって，⑵の記述は適当でない。

【問題 5 】 解答 (3)

⑴，⑵，⑷の記述は適当である。

⑶　盛土法面の縦排水施設には，鉄筋コンクリートU形溝，鉄筋コンクリート管や石張り水路が用いられる。芝張り側溝は，地形が急な所では強度的に不向きである。したがって，⑶の記述は適当でない。

【問題6】　解答　⑴

⑴　排水ますへの取付け管の位置は，土砂等の排水管への流出を防ぐため，排水ます底面から15cm以上上方に取り付ける。したがって，⑴の記述は適当でない。

⑵　排水管への取付け管を排水管の流下方向に対し60度の向きで取り付ける。したがって，⑵の記述は適当である。

⑶　管径が変化する排水管の接合箇所に，マンホールを設置する。したがって，⑶の記述は適当である。

⑷　**流入（上流管）・流出管（下流管）の段差を60cm以上つける必要がある場合には，副管付きマンホールを用いる。**したがって，⑷の記述は適当である。

【問題7】　解答　⑵

図の(A)には粗砂，(B)には砕石が用いられる。

暗渠に用いるフィルター材は，浸透性があり，かつ粒度配合の良い砂利あるいは粒度調整をした砂利又は砕石などを用い，まわりを粗砂で埋め戻す。したがって，⑵の組合せが適当である。

①　水面接合は，水理特性曲線から，各々の管径について計画流量に対する水深を求め，その水位が上下流で一致するよう管の据付高（深さ）を決める方法で，**最も理に適った方法といえるが，計算が複雑**である。

②　管頂接合は，管の内面頂部の高さを合せて接合する方法で，水理学的には水面接合に劣るが計算は容易である。しかし，**管の埋設深さが次第に増すので，地表勾配のある地域に適する。**

③　管中心接合は，上述の水面接合と管頂接合の中間的な方法で，**管の中心高さを一致させる方法**である。

④　管底接合は，管の内面底部の高さが上下流で揃うように接合させる方法で，**掘削深さが少なくてすみ，経済的**であるが，バックウォーターがかかり上流側管渠の水理条件を悪くする。**平坦地で，ポンプ排水の区域に適す。**

2　排水工事

point

① 給水管と排水管が交差する場合は，給水管を上方に埋設する。

② 給水管の主配管には，保守改修の際を考慮して，適当な位置にフランジ継手を挿入する。

③ 配水管への取付口における給水管の管径は，当該給水装置による水の使用量に比べて著しく過大としない。

④ 行止まりの配管となる場合は，末端に水抜き装置を設ける。

※　芝生広場の雨水流出量（m³/秒）を合理式で計算すると，

合理式　$Q = (1/360) \cdot C \cdot I \cdot A$　　　　$I = a/(t+b)$

Q：雨水流出量（m³/秒）

I：降雨強度（mm/時）

t：降雨継続時間（分）

C：流出係数（芝生広場）

A：集水面積（排水面積）

a・b：各地域に特有な定数

重要事項

① 排水量の算定には，合理式または実験式を用いるが，詳細は流末放流先の管理者との協議が必要である。

② 排水施設の流速の標準は，分流式下水道の汚水管渠では最小0.6m/s（秒）・最大3.0m/s（秒）で，雨水管渠及び合流式管渠では最小0.8m/s（秒）・最大3.0m/s（秒）とされている。理想的な流速はどちらも1.0〜1.8m/s（秒）である。汚物を流すための流速は，最小0.6m/s程度がよい。

③ 管渠以外の排水施設（水路，素掘り側溝）の勾配は0.5％以上（できれば1.0％以上）にすることが望ましい。ただし，排水溝が素掘りでなく，十分な平滑面をもつU字溝などのときは，0.2％位まで緩くしてもよい。

④ 一般に土砂等の堆積による断面の減少等を考慮して排水施設断面には少なくとも20％程度の余裕を見ておく必要がある。

⑤ ソケット付管の施工では，ソケット部が上流側になるように布設する。

⑥ 設計流量が保たれるように管の勾配を決めると，地形の急なところでは，最小土かぶりが保てないので段差接合とし，マンホール内で段差を付けて調

整する。大口径の管渠では階段接合を行う。

芝張り側溝・石張り側溝

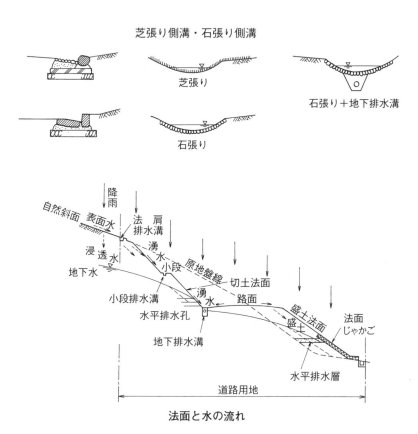

芝張り

石張り

石張り＋地下排水溝

法面と水の流れ

【問題1】

電気工事に関する次の記述の(A)，(B)に当てはまる数値の組合せとして，適当なものはどれか。

「道路を横断する場合の低圧架空引込線の高さは，原則として，路面上（　A　）m以上とする。また，地中電線路を車両その他の重量物の圧力を受けるおそれのある場所で直接埋設する場合の土冠は，（　B　）m以上とする。」

$$\quad\quad (A)\quad\quad\quad (B)$$

(1)　3.0 ―― 0.6

(2)　5.0 ―― 0.6

(3)　3.0 ―― 1.2

(4)　5.0 ―― 1.2

【問題2】

電気設備設計図に用いられる一般的な「記号」と「名称」の組合せとして，適当でないものはどれか。

　　（記号）　　　　（名称）

(1)　―・―　―― 地中配線

(2)　H　―― ハンドホール

(3)　◁　―― 接地極

(4)　◁　―― スピーカ

【問題3】

公園の屋外照明に用いられる光源の特性に関する次の記述の(A)，(B)に当てはまる語句の組合せとして，適当なものはどれか。

「一般に白熱電球は，高圧水銀ランプに比べて演色性が優れ，効率が（　A　），寿命が（　B　）。」

	(A)		(B)
(1)	優れ	——	長い
(2)	劣り	——	短い
(3)	優れ	——	短い
(4)	劣り	——	長い

【問題4】

　電気設備設計図に用いられる一般的な「記号」と「名称」の組合せとして，適当なものはどれか。

　（記号）　　　（名称）

(1) ◢ —— 接地極

(2) Ⓜ —— マンホール

(3) ◎ —— 電柱

(4) ⊠ —— 配電盤

【問題5】

　公園内の電気工事に関する記述のうち，適当でないものはどれか。

(1)　接地極を地中に埋設する作業を電気工事士が行った。

(2)　公園の主な場所の照度が20ルクスとなるように照明灯を設置した。

(3)　重量物の圧力を受けるおそれのない場所で，地表から80cmの深さにケーブルを埋設した。

(4)　地中配線工事において，ケーブルの接続を管路内で行った。

【問題6】

　電気設備設計図に用いられる一般的な「記号」と「名称」の組合せとして，適当なものはどれか。

（記号）　　　（名称）

(1) ⊠ ── 埋設標

(2) 〔Ｈ〕 ── 配電盤

(3) ◎ ── 屋外灯

(4) ⌁ ── 接地極

【問題7】

公園の屋外の照明に用いられる光源の特性に関する次の記述の（　　）に当てはまる語句の組合せとして，適当なものはどれか。

「一般に水銀ランプは，白熱電球に比べて演色性が（　A　），寿命が（　B　）。」

　　　　(A)　　　　　(B)

(1) 劣り ── 長い

(2) 優れ ── 短い

(3) 劣り ── 短い

(4) 優れ ── 長い

【問題8】

公園内の電気工事に関する次の記述の(A)，(B)に当てはまる数値の組合せとして，適当なものはどれか。

「車両が通行する管理用園路を横断して取り付ける低圧架空引込線の高さを，地表面から（　A　）mとして施工した。また，車両の通行しない歩行者専用園路の地下に地中電線路を地表から（　B　）mの深さに直接埋設した。」

　　　　(A)　　　　　(B)

(1) 2.5 ──── 0.7

(2) 5.0 ──── 0.6

(3) 7.5 ──── 0.5

(4) 10.0 ──── 0.4

3 電気工事　解答と解説

【問題1】　**解答**　(4)

「道路を横断する場合の低圧架空引込線の高さは，原則として，路面上 (**5.0**)[A] m 以上とする。また，地中電線路を車両その他の重量物の圧力を受けるおそれのある場所で直接埋設する場合の土冠は，(**1.2**)[B] m 以上とする。」したがって，(4)の数値の組合せが適当である。

【問題2】　**解答**　(3)

(3)　接地極の記号は，下図になる。

受電点の記号である。

【問題3】　**解答**　(2)

「一般に白熱電球は，高圧水銀ランプに比べて演色性に優れ，効率が (**劣り**)[A]，寿命が (**短い**)[B]。」したがって，(2)の語句の組合せが適当である。

【問題4】　**解答**　(4)

(1)　接地極は，【問題2】の解説を参照。

(2)　マンホールは，下図になる。

(3)　電柱は，下図になる。

(4)の組合せは適当である。したがって，(4)の組合せが適当である。

【問題5】　**解答**　(4)

(1)，(2)，(3)の記述は適当である。

(4)　**地中配線工事において，ケーブルを管路内で接続してはならない。**したがって，(4)の記述は適当でない。

第6章　設備

【問題6】　**解答**　⑶

(1)　埋設標の図記号は，下図である。

　　　コンクリート製　　　　鉄製

(2)　配電盤は，下図である。

(3)　屋外灯と記号の組合せは適当である。

(4)　接地極は，【問題1】の解説を参照。

【問題7】　**解答**　⑴

　「一般に水銀ランプは，白熱電球に比べて演色性が（劣り^A），寿命が（長い^B）。」
したがって，⑴の組合せが適当である。

【問題8】　**解答**　⑵

(2)　「車両が通行する管理用園路を横断して取り付ける低圧架空引込線の高さ
　　を，地表面から（5.0）mとして施工した。また，車両の通行しない歩行者
　　専用園路の地下に地中電線路を地表から（0.6）mの深さに直接埋設し
　　た。」したがって，⑵の組合せが適当である。

※　地中配線ケーブルを，電柱に沿って立ち上げる際，**地表上2.0mの高さま
　　で保護管に収め**，保護管の端部に雨水浸入防止用カバーを取り付ける。

※　重量物の圧力を受ける場所では，**埋設深さは1.2m以上確保する**。

※　**架空引込線（低圧）の取付点の高さは，地表4mで，交通上支障がなく
　　技術的にやむを得ない場合は，2.5m以上**とされている。

　　　（配電線から引き込んだ引込線は，需要家の建物の地表上2.5m以上の高
　　さに取り付けられ（引込線取付点），屋側部分に配線された引込口配線に接
　　続され，電力量計を経て，屋側から家屋の外壁を貫通（引込口）して屋内に
　　入る。）

※　**低圧屋外照明施設は，使用電圧を対地電圧**（接地式電路では電線と大地と
　　の間の電圧をいう。）**150V以下とし，直接埋設式の場合，埋設深さは，車両
　　その他の重量物による圧力を受ける場所では1.2m以上，その他の場所は0.
　　6m以上とする。**

※　照明灯の接地極の上端は，なるべく湿気の多い場所でガス，酸等による腐

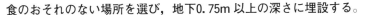

3 電気工事

食のおそれのない場所を選び，地下0.75m以上の深さに埋設する。

※ 地中配線のケーブルを，建物の屋外側に沿って，地表上2.5mの高さまで保護管に収めて，立ち上げる。

※ 公園の（**300V以下の低圧用**）の屋外灯工事における金属柱や分電盤の金属箱は，漏電時の安全のためD種接地工事を行う必要がある。その場合の接地抵抗値は，低圧回路において電路に地絡を生じた場合に0.5秒以内に自動的に電路を遮断する装置を施設していないときには（**100Ω以下**）とされている。

※ 低圧ケーブルの屈曲半径は，灯柱内を除き，ケーブルの仕上がり外径の6倍以上とする。

※ ケーブルは，管路内またはトラフ内で接続してはならない。

※ 接地極は，湿気の多い場所でガス，酸による腐食のおそれのない場所を選ぶ。

※ 道路を横断する低圧架空引込線は，路面上5m以上の高さにする。

※ 照明灯の接地極は，なるべく湿気の多い場所を選んで埋設する。

※ 地中配線工事において，ケーブルを管路内で接続してはならない。

※ 電気工事士の資格をもつ者でなければ，地中電線用の管にケーブルを布設することはできない。

※ 切込砕石を敷ならした上に，硬質塩化ビニル管を敷設すると，外力による損傷を受けるおそれがある。

 point

① 接地極は腐食性がなく，かつ湿気の多い場所に埋設し，深さは地表から750mm以上とする。

② 接地線は，地下（750mm）から地上2.0mまでは強度のある絶縁物（合成樹脂管（厚さ2mm未満およびCD管を除く））で覆う。

③ 接地線は，鉄柱等の金属体に沿って施設する場合は，接地極を鉄柱の底面から30cm以上の深さとするか，鉄柱から1m以上離して埋設する。

④ 接地線の種類は，屋外用ビニル絶縁電線（OW線）以外の絶縁電線または通信用ケーブル以外のケーブルを使用する。

⑤ 接地極の埋設位置には，近傍の場所に，接地抵抗値，接地種別，接地埋設位置と深さ，工事年月日を記した埋設表示を付ける。

第7章

建築他

　この分野は，多岐の範囲にわたっています。木造建築1問，日本庭園における延段・垣・飛石・石組みの問題2～3問は，例年出題されています。全出題数に対する比率は，8～10％で2～3問正解するようにしてください。この分野で正解を稼ぎますと，後の展開が楽になります。

1 木造建築　問　題

【問題1】

下図に示す木造建築物の和小屋組の(A)～(D)の部材のうち，垂木はどれか。

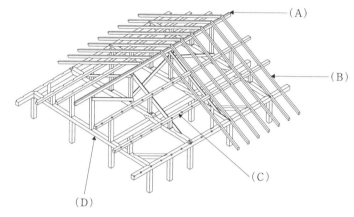

(1)　(A)

(2)　(B)

(3)　(C)

(4)　(D)

【問題2】

屋根の形状を示した図のうち，寄棟はどれか。

(1)

(2)

(3)

(4)

1　木造建築

【問題3】

木造建築物に関する次の記述の(A)，(B)に当てはまる語句の組合せとして，適当なものはどれか。

「木造建築物の軸組は，屋根・床などの荷重を支持し，縦方向の柱，横方向の（　A　），斜め方向の（　B　）などから構成されている。」

	(A)	(B)
(1)	棟木 ── 筋かい
(2)	棟木 ── 大引
(3)	梁 ─── 筋かい
(4)	梁 ─── 大引

【問題4】

下図の木造建築物の小屋組における(A)，(B)の名称の組合せとして，適当なものはどれか。

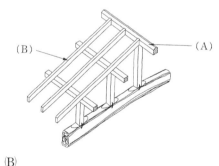

	(A)	(B)
(1)	棟木 ── 垂木
(2)	母屋 ── 垂木
(3)	垂木 ── 母屋
(4)	棟木 ── 母屋

【問題5】

屋根の「名称」と「形状」に関する組合せとして，正しいものはどれか。

(名称)　　　　　　(形状)

(1)　切妻 ———

(2)　寄棟 ———

(3)　入母屋 ———

(4)　方形 ———

1 木造建築　解答と解説

【問題1】　解答　(2)
(1)　(A)は，棟木である。
(2)　(B)は，垂木である。したがって，(2)が適当である。
(3)　(C)は，母屋である。
(4)　(D)は，妻梁である。

【問題2】　解答　(4)
(1)は，方形屋根である。
(2)は，半切妻屋根である。
(3)は，入母屋屋根である。
(4)は，寄棟屋根である。したがって，(4)が適当である。

【問題3】　解答　(3)
　「木造建築物の軸組は，屋根・床などの荷重を支持し，縦方向の柱，横方向の（梁），斜め方向の（筋かい）などから構成されている。」したがって，(3)の語句の組合せが適当である。

【問題4】　解答　(1)
　(A)は棟木，(B)は垂木である。したがって，(1)の名称の組合せが適当である。

【問題5】　解答　(3)
(1)　図の形状は，方形である。
(2)　図の形状は，越屋根である。
(3)　図の形状は，入母屋である。したがって，(3)の組合せが正しい。
(4)　図の形状は，寄棟である。

小屋組
木構造建物の屋根下部分の構成は，洋小屋組と和小屋組があります。洋小屋は力学的に優れ，梁間が大きいときは和小屋より有利とされています。力学的には，和小屋組は小屋束から荷重が伝わり，小屋梁一本で荷重を支えます。洋小屋はトラス（部材を三角形に連結）全体で荷重を支えており，下側のろく梁（ばり）は細くてすみます。

※　木造建築物の屋根構造は小屋組と呼ばれ，垂木，母屋にかかる屋根荷重を

主に**トラス構造**により支えている構造のものと，主に**小屋梁**，**小屋束**により支えている構造のものに大別される。

※　土台の据付けが終わると，側柱を建て，桁を渡して軸組の主要部を組み立て，**小屋梁**をかけ，小屋束，母屋，**棟木**を取り付ける。

※　2本の木材を，その直線の方向に接合することを**継手**といい，それ以外の角度で接合することを**仕口**という。**仕口**の基本形の一つに**ほぞ**がある。

注意事項 木構造の屋根形式や木構造の構造部材の名称並びに木材の接合部等の出題頻度が高いため，**各部の名称を理解する必要があります。**

軸組とは木造建築を構成する部材の組方をいい，主要部材には，柱，土台，胴差，桁，筋交い，間柱などがあります。形式として**柱が外に出る真壁式**と隠れる**大壁式**とがあります。柱には通し柱と管柱があり，2階建て以上の建物の隅柱またはこれに準ずる重要なものは**通し柱**とします。

合格への目安	6問中3問以上正解すること。目標時間18分。

【問題1】

　下図に示す茶庭の中潜りにおける役石(A), (B)の名称の組合せとして，適当なものはどれか。

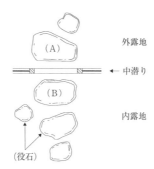

外露地

← 中潜り

内露地

(役石)

　　(A)　　　　　(B)
(1)　前石 ── 乗越石
(2)　前石 ── 亭主石
(3)　客石 ── 乗越石
(4)　客石 ── 亭主石

【問題2】

　延段の施工に関する記述のうち，適当でないものはどれか。
(1)　目地は，四ツ目地，八ツ巻き目地などにならないようにする。
(2)　地表面から石の踏面までの高さは3cm程度が望ましい。
(3)　始めに内側の石を張り，高さをそろえながら周囲へ順番に張っていく。
(4)　一般に，目地幅は1.0〜1.5cm程度，また，目地の深さは石を引き立てるためには深めがよい。

2 日本庭園における延段・垣・飛石・石組み・池の護岸

【問題3】

下図に示す垣のうち，建仁寺垣はどれか。

(1)

(2)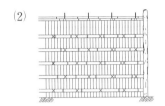

(3)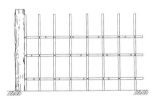

(4)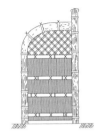

【問題4】

下図の飛石の打ち方の名称として，適当なものはどれか。

　(1)　いかだ打ち
　(2)　かりがね打ち
　(3)　千鳥がけ
　(4)　直打ち

【問題5】

日本庭園の石組に関する記述のうち，適当なものはどれか。

(1) 同一の石組においては，できるだけ様々な石質のものを組合せ，見栄えよく仕上げる。

(2) 根入れはできるだけ浅くし，石を大きく見せるようにする。

(3) 2石を組み合わせる場合には，形状や大きさの異なるものを用いるようにする。

(4) 主景点となる庭石は，据付位置を最後に決定する。

【問題6】

池の護岸工法に関する記述のうち，適当でないものはどれか。

(1) 玉石護岸 ——— 鉄線を円筒状に編んだ中に玉石などを詰めたものを並べて土留めする。

(2) 草止め護岸 ——— 水持ちのよい土を岸にたたき固めた上で，水辺植物を植えて土留めする。

(3) 州浜 ——— 広々とした大きな曲線状の池，流れの水辺に砂礫やごろたなどを敷き詰める。

(4) しがらみ護岸 —— 適当な間隔で立てた丸太杭に，割竹や木の枝を編み込んで土留めする。

2 日本庭園における延段・垣・飛石・石組み・池の護岸　解答と解説

【問題1】　**解答**　(3)

　(A)は客石，(B)は乗越石である。したがって，(3)の組合せが適当である。

（前石は蹲（つくばい）に用いられる役石である。）

【問題2】　**解答**　(3)

(1)　目地は，四ツ目地，八ツ巻き目地等は石の結びつきが弱くみえるため，この目地にならないように結合させる。したがって，(1)の記述は適当である。

(2)　地表面から石の踏面までの高さは3cm程度が望ましい。したがって，(2)の記述は適当である。

(3)　石を張るには周辺部の角石，隅石，耳石を先に並べ，その後中の部分を張り付ける。したがって，(3)の記述は適当でない。

(4)　一般に，目地幅は1.0〜1.5cm程度，また，目地の深さは石を引き立てるためには深めがよい。したがって，(4)の記述は適当である。

【問題3】　**解答**　(2)

(1)の図は，光悦寺垣である。

(2)の図は，建仁寺垣である。したがって，(2)の図が適当である。

(3)の図は，四つ目垣である。

(4)の図は，腰高麗袖垣である。

【問題4】　**解答**　(3)

　図の飛石の打ち方の名称は，千鳥がけである。したがって，(3)が適当である。

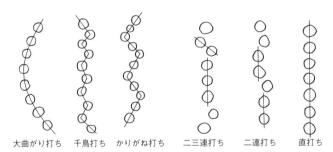

　　大曲がり打ち　千鳥打ち　かりがね打ち　　二三連打ち　二連打ち　直打ち

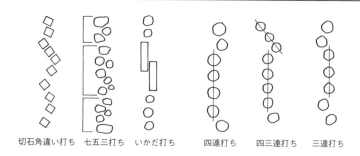

切石角違い打ち　　七五三打ち　　いかだ打ち　　四連打ち　　四三連打ち　　三連打ち

【問題5】　**解答**　(3)

⑴　同一の石組においては，できるだけ石質が同質のものを組合せ，見栄えよく仕上げる。したがって，⑴の記述は適当でない。

⑵　根入れはできるだけ深くし，根張りを生かして，石を大きく見せるようにする。したがって，⑵の記述は適当でない。

⑶　2石を組み合わせる場合には，形状や大きさの異なるものを用いるようにする。したがって，⑶の記述は適当である。

⑷　主景点となる庭石は，据付位置を最初に決定する。したがって，⑷の記述は適当でない。

①　正真木（しょうしんぼく）
　　庭の中心に植栽される樹木で，樹形の優れた常緑の大木を原則として植栽される。アカマツ・クロマツ，カヤ，コウヤマキ，ラカンマキ，モッコク，イチイ等が用いられる。

②　景養木（けいようぼく）
　　正真木と対比美を表わす樹木で，正真木が広葉樹であれば針葉樹であれば広葉樹を植栽する。イヌツゲ，モチノキ，イチイ，ビャクシン，チャボヒバ，モッコク，キャラボク，ヒメコマツ等が用いられる。

③　寂然木（じゃくねんぼく）
　　庭が南面の時，東の方向におくもので，常緑の針葉樹または常緑の広葉樹の中でも特に幹や枝葉の美しいものが植栽される。イブキ，マツ類，ツガ，モチノキ，モッコク，カシ類等が用いられる。

④　夕陽木（ゆうひぼく，せきようぼく）
　　東側の寂然木に対して西側に植栽される樹木で，主として落葉樹のウメ，サクラ等の花物，カエデ等の紅葉物，シダレヤナギ等の形がよく独り景をな

すものが用いられる。

⑤ 見越松（みこしのまつ）

背景樹で，庭の境界に植栽する。マツ類が一般的であるが，それに限定されず，色の綾（物の面に現れたいろいろの形・色彩。模様。）どりのあるカシ類，モミ，コウヤマキ，ラカンマキ，ウメ等も用いられる。

※ 飛泉障りの木は，流れ落ちる水面を奥深く見せるために，滝口から池の前方または滝石の中ほどに植え，飛泉がありありと見えないよう，常緑または紅葉樹の枝で一部を隠す。

※ 流枝松（なげしのまつ）は，池や流れに面した水面に枝を伸ばし，水面と地表との連絡を図る樹木で，マツ類，ハイビャクシン，イブキ，ウメモドキ，カエデ類等が用いられる。

※ 石を張るには周辺部の角石，隅石，耳石を先に並べ，その後中の部分を張り付けていく。目地は，四ツ目地，八ツ巻き目地等は石の結びつきが弱くみえるため，この目地にならないように結合させる。

※ 延段の地表面からの高さは，10cm以上は危険感があるので3cm程度とし，目地幅は一般に1.0〜1.5cm程度，また，目地の深さは石を引き立てるために深めが良く，一般に1cm以上とする。

※ 飛石の配石方法には，四三連，千鳥がけ，かりがね打ち（かりがねがけ）等の配置（打ち方）方法がある。

※ 延段の目地は，四ツ目地や八ツ巻き目地等は石の結びつきが弱くみえるため，この目地にならないようにする。

※ 延段の施工で，薄手の石を用いる場合は，基礎にコンクリートを用い，よく乾いてから，モルタルで石を張っていく。

※ 飛石を据え付ける場合の地表から石の踏面までの高さは，石の大きさにより，大飛（大ぶりのもの）で6cm内外，小飛（小ぶりのもの）で3cm内外が普通である。

※ 石と石との間隔は，千鳥がけ（打ち）では10cm程度であり，石の中心から中心までは30cm程度である。

※ 飛石が二方向に分かれる分岐点に，踏分石が据えられる。

※ 飛石の据えつけは，飛石道の分岐点や屈曲点その他要所に，やや大ぶりの石を選んで据え，これらの石を仮に配置し，この役石の間に間隔や合場（石と石との向き合い）を見合わせながら飛石を仮置きし，それぞれの位置が決まれば，そこに印をつけ，石を脇にずらし，石の厚みと形状に応じて土を掘

る。この場合も，まず役石から決めるようにし，役石と役石に水糸をはり，この水糸に応じて高さを決めながら役石の間の飛石を据え，それぞれの石の天端を，水準器を用いて水平に据える。

※　石を据える高さは，二足物（大型）（大ぶり）の石で6～10cm，一足物（小型）（小ぶり）の石で3～5cmのちり（地表から石の上面までの高さ）とする。

　　目安として大型の石，丸味のある石は高目に，小型の石や角張った石は低目に据える。

※　飛石は一歩踏みで，2mの間に4～5石を配り，飛石の間隔は約10cmを標準とし，15cmまでとする。

※　二歩踏み（ひとつの飛石を左右の足で踏む大型のもの）ではこれより広い目に配る。

※　水切石とは，水を分流し勢いをつける。水越石とは，水面に隠れて水を盛り上げる。横石とは，瀬を作るため流れの幅を狭める。

※　水受石は滝の役石で，滝つぼで水を受ける石をいい，音やしぶきを出す。細長い石の場合は，鯉魚石（りぎょせき）ともいう。

※　鏡石は，枯山水の枯滝の役石で，滝口にあって水の落ちるのをかたちどり，水がある場合の水落石と同じ役石で，水が流れ落ちる石である。

※　水越石は，流れの役石で，水面に隠れて水を盛り上げる。

※　脇石は滝の役石で，水落石の両側に据える石であり，滝副石（たきぞえいし），守護石，不動石ともいう。

※　滝の落とし方には，水落石の形と据え方によって，色々な形式がある。

※　水受石は，滝つぼに置きしぶきや音を出す。

※　深山の趣を添えるため，滝の手前には飛泉障りの木（カエデ，マツ，ツガ，モミ等），背景には滝囲いの木（マツ，ヒノキ，モミ，シイ，カシ等）などの役木を植えて周囲を暗くする。

【問題6】　解答　(1)

(1)　玉石護岸は，岸に玉石を並べるようにして護岸を修景する工法である。一般にコンクリート打ちの池に使われる。設問の記述は，蛇かご護岸の説明である。蛇かご護岸は，鉄線を円筒状に編んだ中に，玉石等を詰め込んだ水制工法である。したがって，(1)の記述は適当でない。

(2)　草止め護岸は，水持ちのよい土を岸にたたき固めた上で，水辺植物を植えて土留めする。したがって，(2)の記述は適当である。

2 日本庭園における延段・垣・飛石・石組み・池の護岸

(3) 州浜は，広々とした大きな曲線状の池，流れの水辺に砂礫やごろたなどを敷き詰める修景工法である（洲浜は，なぎさから水中に至るまで，ごろた石を敷き詰める修景工法である）。したがって，(3)の記述は適当である。

(4) しがらみ護岸は，適当な間隔で立てた丸太杭に，割竹や木の枝を編み込んで土留めする。したがって，(4)の記述は適当である。

※ 乱杭護岸は，水辺等の土が崩れないように，木杭（焼丸太等）を密接して打込む工法である。その景趣ある施設はよく庭園の池，流れの縁に利用される。杭の頭を揃えたり，杭の高さや位置を不揃いに打込む場合もある。

※ 修景工法は，細割竹や小枝で編んだ径15〜20cmの小型のものが用いられる。

****************** advice ******************

延段は，使用する石の形やその組合せにより，「真」，「行」，「草」，「崩し」の形式に分けられます。

真：石が角状や整形のものが多く，硬い感じのもの。

行：角状や，角のとれた丸味の石を両方用いた中間的なもの。

草：角状にしないで，輪郭などを直線にしない柔らかい感じのもの。

くずし：玉石の大玉などを使い荒く敷いたもので，草よりくずれた感じのもの。

****

3 測量 問題 Ⅰ

【問題1】

平板測量に関する記述のうち，**適当でないもの**はどれか。

(1) アリダードは，図上点と地上点を一致させるために用いられる。

(2) 測量中の平板は，常に最初に定めた方向と同一方向に置く。

(3) 整置とは，設置した平板面を水平にすることである。

(4) 放射法とは，平板を移動することなく一定点に据え付けて行う方法である。

【問題2】

平板測量に関する次の記述の正誤の組合せとして，**適当なもの**はどれか。

(イ) 比較的狭い区域の平面測量であり，高低差を求めることができない。

(ロ) 機材の持ち運びが容易で，雨天や風の強い日でも作業を行うことができる。

	(イ)		(ロ)
(1)	正	—	正
(2)	正	—	誤
(3)	誤	—	正
(4)	誤	—	誤

【問題3】

平板測量に関する次の記述の正誤の組合せとして，**適当なもの**はどれか。

(イ) 設置した平板面を水平にすることを，整置という。

(ロ) 平板を移動することなく一定点に据え付けて行う方法は，交叉法である。

	(イ)		(ロ)
(1)	正	—	正
(2)	正	—	誤
(3)	誤	—	正
(4)	誤	—	誤

【問題4】

　平板測量に関する次の記述の(A)，(B)に当てはまる語句の組合せとして，正しいものはどれか。

　「平板図紙上に展開された基準点の方向線と現地の基準点の方向線とを平板面上で同一方向になるようにする作業を（　A　）という。また，平板測量では高低差を求めることが（　B　）。」

　　　　　(A)　　　　　　(B)
(1)　定位 ── できない
(2)　整置 ── できる
(3)　定位 ── できる
(4)　整置 ── できない

【問題5】

　平板測量において，図板を水平にする操作の呼称として，適当なものはどれか。
(1)　整置
(2)　致心
(3)　視準
(4)　定位

【問題1】　解答　(1)

(1)　アリダードは，平板上に乗せて，その視準孔と前視準板に張られた視準糸とで目標を視準して方向を定める器具である。設問の，図上点と地上点を一致させるのは，求心器の下げ振りである。したがって，(1)の記述は適当でない。

(2)　測量中の平板は，常に最初に定めた方向と同一方向に置く。したがって，(2)の記述は適当である。

(3)　整置とは，設置した平板面を水平にすることである。したがって，(3)の記述は適当である。

(4)　放射法とは，平板を移動することなく一定点に据え付けて行う方法である。したがって，(4)の記述は適当である。

【問題2】　解答　(4)

　平板測量とは，**局地的で狭い区域の平面測量**である。

　現地の地物を対象に方向と距離を求めるだけで直接平板上に作図することができる。

　平板とアリダードを使って行う測量で，以前は地形図作成の主要な手段で，戦前の5万分の1地形図は平板測量で作成されていた（地表面の状態を一定の縮尺で，現地において直接図紙上に作図する測量方法である）。

　測量の精度は，作図（描画）できる精度にある限界があり，あまり高い精度は望めない。簡単な器具で速やかに測図することができ，また大きな誤りも現地と対照して発見できるなど，小区画の簡単な測量や細部測量には最適な方法である。

(イ)　比較的狭い区域の平面測量であり，高低差を求めることができる。したがって，(イ)の記述は誤っている。

(ロ)　機材の持ち運びが容易であるが，雨天や風の強い日には作業を行うことができない。したがって，(ロ)の記述は誤っている。

　よって，(4)の正誤の組合せが適当である。

【問題3】　解答　(2)

(イ)　設置した平板面を水平にすることを，整置という。したがって，(イ)の記述は正しい。

(ロ)　平板を移動することなく一定点に据え付けて行う方法は，放射（射出）法

である。したがって，(ロ)の記述は誤っている。

【問題4】　**解答**　(3)

「平板図紙上に展開された基準点の方向線と現地の基準点の方向線とを平板
面上で同一方向になるようにする作業を（**定位**）という。また，平板測量では
高低差を求めることが（**できる**）。」

したがって，(3)の語句の組合せが正しい。

【問題5】　**解答**　(1)

平板測量において，図板を水平にする操作の呼称は，「**整置**」という。した
がって，(1)の操作の呼称が適当である。

「**致心**」とは，求心器を用いて地上の測点とこれに相当する平板紙上の測点
とを同一鉛直線に置くこと。

「**定位**」とは，平板図紙上に展開された基準点の方向線と現地の基準点の方
向線とを，平板面上で同一方向になるようにする作業の呼称をいう。

※　水準測量は，**地点の標高又は高低差（水準差）を求める測量**であって，そ
の方法には，レベルと標尺を用いて直接に2点間の高低差を求める直接水準
測量と鉛直角と水平距離を用いて計算によって求める間接水準測量がある。

※　**トラバース測量**とは，測点を折線状に結び，各点間の距離Sと隣接する
2辺の交角βを測って，各測点の位置を求める測量方法である（地点を線
状に結び，その間の角度と距離を連続して測定して，地点の位置を定めてい
くもので，細部測量に広く用いられている）。交角は，後視から前視に向
かって測る。

※　三角測量は，三角形を形成するように地点を選定し，トランシット（セオ
ドライト）やトータルステーション（光波測距儀等）により各地点を結ん
で，三角形の角測定と基線の測定を行い，地点の位置を定めて実施するもの
で，広域から細部の測量に至るまで用いられる。

※　**スタジア測量**とは，トランシットの望遠鏡にスタジア線が2本十字横線の
上下に刻まれている。このスタジア線を用いて行う測量をスタジア測量とい
う。あまり精度を要しない測量に利用される。スタジア測量は，標尺（ス
タッフ）を測量しようとする点に真直に立て，望遠鏡でこれを視準して上下
のスタジア線に挟まれた標尺長 l（エル）とそのときの鉛直角 α を読み取れ
ば，器械の位置から標尺までの距離Sと高低差Hを計算により求めること

ができる。

〔例〕昇降式により野帳を記入すれば,

測点 (No.)	後視 (B.S.)	前視 (F.S.)	高低差		地盤高 (G.H)	備　考
			昇 (＋)	降 (－)		
B.M.	2.58				12.00	
1	1.35	2.10	0.48		12.48	(12.00)＋(2.58－2.10) ＝12.48
2		2.61		1.26	11.22	(12.48)＋(1.35－2.61) ＝11.22

B.M.（標高12.00m）から,

（後視）－（前視）＝高低差より,　$2.58－2.10＝0.48$　（＋）

$$1.35－2.61＝－1.26$$

$$0.48－1.26＝－0.78$$

$$12.00－0.78＝11.22$$

よって, No.2の地盤高は, 11.22m となります。

> 　計算機は持ち込めません。暗算でしてください。要は, 後視－前視＝高低差ということを理解すれば, 簡単です。むずかしいでしょうか？
> 慣れるようにしてください。

※　前視とは, 未知点に対する視準, 標高を求めようとする点に立てた標尺を視準することで, フォアサイト（F.S.）と表記する。

※　器械高とは, 水準点に対するレベルの視準の高さのことで, I.H.と表記する。器械の望遠鏡・視準軸の高さをいう。

※　水準点とは, ベンチマークのことで, 標高が定められた点, その標高が変化しないよう堅固な標識を設ける。B.M.と表記する（小地域の水準測量で, 単に土地の起伏状態を測量する場合は仮水準点（仮B.M.）をおく）。

※　移器点とは, 器械を据えかえるために, 前視と後視をともに読む点をいう。もりかえ点ともいう。T.P.（ターニングポイント）と表記する器械を別の地点に移動するために, 前視（F.S.）を読み, 移動したところから後視（B.S.）を読み取る地点で, 移動した器械高を知ることができる。

第8章

公共工事標準請負契約約款

◆◆

1．公共工事標準請負契約約款

◆◆

　試験では，公共工事標準請負契約約款に関する問題は，毎年出題されています。類似問題が多く出ていますので，一旦傾向をつかんでしまえば，案外得点しやすい分野です。食わず嫌いにならずに取り組めば，現場ですぐに活かせる知識にもなります。

【問題1】

「公共工事標準請負契約約款」に関する記述のうち，適当でないものはどれか。

(1) 現場代理人は，主任技術者を兼ねることができない。

(2) 監督員は，設計図書に基づき工事材料の検査を行うことができる。

(3) 現場代理人は，請負代金額の変更を行うことができない。

(4) 監督員は，工事の施工部分が設計図書に適合しない場合，その改造を請求できる。

【問題2】

次の(イ)～(ニ)のうち，「公共工事標準請負契約約款」に定められている設計図書に含まれるものとして，正しいものの個数はどれか。

(イ) 仕様書

(ロ) 施工計画書

(ハ) 工程表

(ニ) 図面

(1) 1個

(2) 2個

(3) 3個

(4) 4個

【問題3】

「公共工事標準請負契約約款」における工事材料の品質に関する次の記述の(A)，(B)に当てはまる語句の組合せとして，適当なものはどれか。

「公共工事標準請負契約約款では，工事材料の品質については，（ A ）に定めるところによる。（ A ）にその品質が明示されていない場合にあっては，（ B ）の品質を有するものとするとされている。」

　　　　　(A)　　　　　　　(B)

(1) 設計図書 ─── 中等

1 公共工事標準請負契約約款

(2) 設計図書 ── 上等
(3) 施工計画書 ── 中等
(4) 施工計画書 ── 上等

【問題4】

「公共工事標準請負契約約款」に定められている設計図書として，正しいものはどれか。

(1) 現場説明書，工程表
(2) 請負代金内訳書，図面
(3) 請負代金内訳書，工程表
(4) 現場説明書，図面

【問題5】

「公共工事標準請負契約約款」に関する記述のうち，適当でないものはどれか。

(1) 受注者は，設計図書と工事現場の状況等が一致しない場合，受注者の判断で設計図書を変更することができる。
(2) 発注者は，監督員を置いたときは，その氏名を受注者に通知しなければならない。
(3) 受注者は，設計図書に基づいて工程表を作成し発注者に提出し，その承認を受けなければならない。
(4) 発注者は，工事目的物の引渡し前においても，受注者の承諾を得て工事目的物の一部又は全部を使用することができる。

【問題6】

「公共工事標準請負契約約款」に定める設計図書に該当するものはどれか。

(1) 請負代金内訳書
(2) 工程表
(3) 施工計画書
(4) 仕様書

【問題1】 　**解答** 　(1)

(1) 　現場代理人は，主任技術者を兼ねることができる。（第10条第5項）

　　したがって，(1)の記述は適当でない。

　(2)，(3)，(4)の記述は適当である。

【問題2】 　**解答** 　(2)

　設計図書は，**図面，仕様書，現場説明書及び現場説明に対する質問回答書**をいう。したがって，(イ)仕様書，(ニ)図面が該当するため，(2)の2個が適当である。

【問題3】 　**解答** 　(1)

　第13条からの出題である。

　「工事材料の品質については，（**設計図書**）に定めるところによる。（**設計図書**）にその品質が明示されていない場合にあっては，（**中等**）の品質を有するものとする。」

　したがって，(1)の語句の組合せが適当である。

【問題4】 　**解答** 　(4)

　【問題2】の類似問題である。したがって，設計図書には，請負代金内訳書，工程表は含まれないため，(4)が適当である。

【問題5】 　**解答** 　(1)

(1) 　工事現場の形状，地質，湧水等の状態，施工上の制約等設計図書に示された自然的又は人為的な施工条件と実際の工事現場が一致しないことがあれば，**その旨を直ちに監督員に通知し，その確認を請求しなければならない。**

　　したがって，(1)の記述は適当でない。

　(2)，(3)，(4)の記述は適当である。

【問題6】 　**解答** 　(4)

　【問題2】，【問題4】の類似問題である。「施工計画書」は設計図書には含まれない。したがって，(4)の記述は適当である。

※　監督員は，工事の施工部分が設計図書に適合しないと認められる相当の理由がある場合，施工部分を最小限度破壊して検査することができるが，検査

及び復旧に直接要する費用は，**受注者の負担**とする。（第17条第3項，第4項）

※　受注者は，現場代理人を定めて工事現場に設置し，（設計図書）に定めるところにより，その氏名その他必要な事項を（発注者）に通知しなければならない。

　　また，この工事を施工する場合，受注者は監理技術者等（監理技術者，監理技術者補佐又は主任技術者）を定めなければならないが，現場代理人は（主任技術者）を兼ねることができる。」（第10条）

　3,500万円以上の公園工事は，専任の主任技術者を置く必要がある。

　この場合の現場代理人は，この契約の履行に関し，**工事現場に常駐し，**その運営，取締りを行うため，主任技術者を兼任しても問題はなく，建設業法の規定に沿うものである。現場をいくつも掛持ちしてはいないので，良い。

※　**発注者**は，工事目的物の引渡し前でも，**受注者の承諾を得て工事目的物の全部又は一部を使用することができる。**（第34条）

※　**発注者**は，工事に使用する工事材料を指定した場合で，設計図書に特許権の対象である旨の明示がなく，かつ，**受注者がその存在を知らなかったときは，特許権の使用に要する費用は発注者が負担しなければならない。**（第8条）

※　**発注者**は，工事用地その他設計図書において定められた工事の施工上必要な用地を**受注者が工事の施工上必要とする日までに確保しなければならない。**（第16条）

advice

****
第何条と解説の後に入れていますが，この数字は覚える必要はありません。
「公共工事標準請負契約約款」の，どこに載っているか再確認をしやすいように便宜上記載しているだけです。検索して間違ったところは確実にしておきましょう。この繰り返しが，重要です。後で活きてきますよ。
****

※　受注者は，設計図書において監督員の検査を受けて使用すべきものと指定された工事材料については，当該検査に合格したものを使用しなければならない。

　　この場合において，**検査に直接要する費用は，受注者の負担とする。**（第13条第2項）

※　受注者は，天候の不良，その他受注者の責に帰すことができない事由により工期内に工事を完成することができないときは，**その理由を明示した書面により，発注者に工期の延長変更を請求することができる。**（第22条）

※　監督員の指示又は承諾は，原則として，**書面により行わなければならない。**（第9条第4項）

※　現場代理人は，この契約の履行に関し，工事現場に常駐し，その運営，取締りを行うほか，**請負代金額の変更，請負代金の請求及び受領，第12条第1項の請求の受理，同条第3項の決定及び通知並びにこの契約の解除に係る権限を除き，**この契約に基づく受注者の一切の権限を行使することができる。（第10条第2項）

> 注意　上記の類似問題がよく出題されています。太字の部分を除くということに注意してください。太字部分以外の受注者の一切の権限を行使できるのです。

※　受注者が共同企業体を結成している場合，受注者は，発注者に対して行う契約に基づくすべての行為について，**共同企業体の代表者を通じて行わなければならない。**（第1条第12項）

※　監督員は支給材料の引渡しに当たっては，**受注者の立会いの上，発注者の負担において，当該支給材料を検査**しなければならない。（第15条第2項）

※　設計図書に示された施工条件と実際の工事現場が一致せず，工事目的物の変更を伴う場合，**発注者が設計図書の変更を行う。**（第18条第4項）

公共工事標準請負契約約款（総則）

第1条　発注者及び受注者は，この約款（契約書を含む。以下同じ。）に基づき，**設計図書（別冊の図面，仕様書，現場説明書及び現場説明に対する質問回答書をいう。以下同じ。）に従い，**日本国の法令を遵守し，この契約（この約款及び設計図書を内容とする工事の請負契約をいう。以下同じ。）を履行しなければならない。

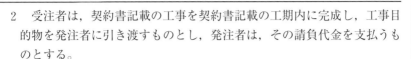
2　受注者は，契約書記載の工事を契約書記載の工期内に完成し，工事目的物を発注者に引き渡すものとし，発注者は，その請負代金を支払うものとする。

3　**仮設，施工方法その他工事目的物を完成するために必要な一切の手段（以下「施工方法等」という。）については，この約款及び設計図書に特別の定めがある場合を除き，受注者がその責任において定める。**

4　受注者は，この契約の履行に関して知り得た秘密を漏らしてはならない。

5　**この約款に定める催告，請求，通知，報告，申出，承諾及び解除は，書面により行わなければならない。**

6　この契約の履行に関して発注者と受注者との間で用いる言語は，**日本語とする。**

7　この約款に定める金銭の支払に用いる通貨は，**日本円とする。**

8　この契約の履行に関して発注者と受注者との間で用いる計量単位は，設計図書に特別の定めがある場合を除き，計量法（平成4年法律第51号）に定めるものとする。

9　この約款及び設計図書における期間の定めについては，民法（明治29年法律第89号）及び商法（明治32年法律第48号）の定めるところによるものとする。

10　この契約は，日本国の法令に準拠するものとする。

11　この契約に係る訴訟については，日本国の裁判所をもって合意による専属的管轄裁判所とする。

12　**受注者が共同企業体を結成している場合においては，発注者は，この契約に基づくすべての行為を共同企業体の代表者に対して行うものとし，発注者が当該代表者に対して行ったこの契約に基づくすべての行為は，当該企業体のすべての構成員に対して行ったものとみなし，また，受注者は，発注者に対して行うこの契約に基づくすべての行為について当該代表者を通じて行わなければならない。**

参考　総則だけを記載しましたが，この第1条は第1項から第12項まであります。通常，第1項には，数字をいれませんが，その後の項には，上記のように数字が入ります。数字の2は，第2項を示すものです。建設業法，建築基準法，都市計画法等も同じ表示方法です。また，漢数字で表示している場合は，「号」を表わします。一は1号，二は2号を表わしています（第1条だけを見ても，結構，細かい所まで規定されていますね）。

第9章 I

施工管理法

この分野は，5〜6問出題されます。合格するためには，非常に重要な分野です。広範囲であり，覚えることがたくさんありますが，類似問題を中心に確実に得点しましょう。新しい傾向の問題も出題されますが，まったく手におえないものは，捨てる覚悟が必要です。ただし，4問は正解するようにしてください。

【問題1】

次の(イ)～(ハ)のうち，施工計画作成時の留意事項に関する記述として，適当なものをすべて示したものはどれか。

(イ) 設計図書など契約条件の確認だけでなく，現場条件の調査や確認を行うこと。

(ロ) 発注者と協議し，施工途中の検査等の確認方法をあらかじめ施工計画に反映させておくこと。

(ハ) 一つの計画のみでなく幾つかの代案を作り，経済性，施工性，安全性等の長所短所を比較検討して，最も適した計画を採用すること。

(1) (イ)，(ロ)

(2) (イ)，(ハ)

(3) (ロ)，(ハ)

(4) (イ)，(ロ)，(ハ)

【問題2】

植栽基盤の調査に関する「調査項目」と「一般的な調査方法」の組合せとして，適当でないものはどれか。

	（調査項目）	（一般的な調査方法）
(1)	排水性	現場簡易透水試験器による調査
(2)	土壌断面	検土杖による調査
(3)	土壌硬度	長谷川式土壌貫入計による調査
(4)	酸性（pH）	EC メータによる調査

【問題3】

施工計画の作成に関する次の(イ)～(ハ)の記述のうち，適当でないものをすべて示したものはどれか。

(イ) 工期については，必ず発注者が設定した工期を最適工期として施工計画を作成すること。

(ロ) 事前調査については，現場条件の調査の他，契約条件の確認も行うこと。

1　施工管理Ⅰ（事前調査・施工計画）

(ハ)　施工計画の検討に当たっては，現場主任者の考えや技術水準に限定して検討すること。

(1)　(イ), (ロ)

(2)　(ロ), (ハ)

(3)　(イ), (ハ)

(4)　(イ), (ロ), (ハ)

【問題4】

施工計画に関する記述のうち，適当でないものはどれか。

(1)　環境保全計画には，工事用車両による沿道障害の対策についての計画が含まれる。

(2)　労務計画には，作業員の安全管理活動についての計画が含まれる。

(3)　仮設備計画には，仮設備の維持管理についての計画が含まれる。

(4)　資材計画には，調達した資材の保管についての計画が含まれる。

【問題5】

下図に示す施工管理の一般的な手順を示したデミング・サークルの(A)において行う作業内容として，適当なものはどれか。

(1)　工事内容に関する事前調査を行う。

(2)　計画どおりでない場合は，対策をとる。

(3)　施工計画を作る。

(4)　計画に適合しているか調べる。

【問題6】

次の図に示す施工管理の一般的な手順を表わしたデミング・サークルの(A)〜(C)に当てはまる語句の組合せとして，適当なものはどれか。

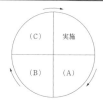

	(A)	(B)	(C)
(1)	検討 ──	計画 ──	処置
(2)	処置 ──	検討 ──	計画
(3)	計画 ──	検討 ──	処置
(4)	検討 ──	処置 ──	計画

【問題7】

次の(イ)～(ハ)のうち，施工計画を立案する場合における現場条件の事前調査に必要な事項として，適当なものをすべて示したものはどれか。

(イ) 労務の供給，労務環境，賃金

(ロ) 植栽樹木等の供給源と価格及び運搬路

(ハ) 騒音，振動等に関する環境保全基準

(1) (ロ)，(ハ)

(2) (イ)，(ロ)

(3) (イ)，(ハ)

(4) (イ)，(ロ)，(ハ)

【問題8】

次の(イ)～(ニ)のうち，施工計画に関する記述として，適当なものの個数はどれか。

(イ) 施工計画の検討は，現地の状況に熟知した現場技術者のみにたよることなく，全社的な技術水準で検討することが望ましい。

(ロ) 施工計画の決定にあたっては，過去の実績や経験のみによらず，新たな工法や技術を採用することを検討することが望ましい。

(ハ) 施工計画の決定は，あらかじめいくつかの対案を作り，各案の長所・短所を種々比較検討した上で行うことが望ましい。

(ニ) 契約工期は，施工者にとって必ずしも最適工期であるとは限らないので，

時には当該工期の範囲内で，さらに経済的な工程を検討することが望ましい。

⑴　1 個

⑵　2 個

⑶　3 個

⑷　4 個

【問題 9 】

次の(イ)〜(ニ)のうち，施工計画に関する記述として，適当でないものの個数はどれか。

(イ)　環境保全計画では，施工に伴う公害問題や交通問題などについての対策を計画する。

(ロ)　労務計画では，作業員の安全管理活動や安全教育の方法などを計画する。

(ハ)　資材計画では，材料の必要数量，納期，調達先などを計画する。

(ニ)　仮設備計画では，工事発生品の再利用方法などを計画する。

⑴　1 個

⑵　2 個

⑶　3 個

⑷　4 個

【問題10】

下図は，施工管理の一般的な手順を示したデミング・サークルである。(A)において行う作業内容として，適当なものはどれか。

⑴　施工計画の基本方針を定める。

⑵　工事を実施した結果を計画と比較する。

⑶　工事実績と計画のずれに対する是正処置をとる。

⑷　工事内容に関する十分な事前調査を行う。

【問題11】

施工計画を立案するにあたり，現場条件の事前調査のために必要な検討事項として，適当でないものはどれか。

(1) 資材，労務費などの変動に基づく契約変更の取扱い
(2) 発生土砂，産業廃棄物の処分・処理条件
(3) 労働力の供給，労務環境，賃金水準
(4) 施工方法，仮設規模，施工機械の選択

【問題12】

施工計画に関する記述のうち，適当でないものはどれか。

(1) 環境保全計画は，建設工事現場内だけでなく近隣への影響も含めて検討する。
(2) 労務計画は，安全管理活動や安全教育などを計画する。
(3) 仮設備計画は，臨時的なものであっても労働安全衛生規則の基準等に合致するよう検討する。
(4) 資材計画は，材料の必要数量，納期，調達先などを計画する。

【問題13】

施工計画の策定に当たって一般的に留意すべき事項として，適当でないものはどれか。

(1) 施工計画の策定に当たっては，過去の実績や経験が重要であって，新しい工法や技術は採用しない方が望ましい。
(2) 施工計画の検討は，現場担当者のみにたよることなく，できるだけ社内の組織を活用して，全社的な高度の技術水準で検討することが望ましい。
(3) 契約工期は，施工者にとって必ずしも最適工期であるとは限らないので，ときには契約工期の範囲内で，さらに経済的な工程を探し出すことも重要である。
(4) 施工計画を決定するときは，一つの計画のみでなく，いくつかの代案を作り，経済性も考慮した長所短所を種々比較して，最も適した計画を採用する。

1 施工管理 I （事前調査・施工計画）

【問題14】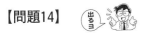

施工計画を作成するための現場条件の事前調査事項として，適当でないものはどれか。

(1) 地形，地質，土質，地下水の調査
(2) 施工法，施工機械の選択
(3) 不可抗力による損害の取扱い
(4) 関連工事，隣接工事の調査

【問題15】

下図は，施工管理の一般的な手順を示したデミング・サークルである。
(A)～(C)に当てはまる語句の組合せとして，適当なものはどれか。

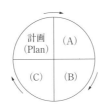

	(A)	(B)	(C)
(1)	検討 (Check)	実施 (Do)	処置 (Action)
(2)	処置 (Action)	実施 (Do)	検討 (Check)
(3)	実施 (Do)	検討 (Check)	処置 (Action)
(4)	実施 (Do)	処置 (Action)	検討 (Check)

【問題16】

施工計画に関する記述のうち，適当でないものはどれか。

(1) 材料計画 ———— 必要数量，納期，調達先などを計画する。
(2) 労務計画 ———— 職種別に必要な労務人員数などを計画する。

(3)　安全管理計画 ── 作業員の安全，第三者への災害防止対策等を計画する。

(4)　仮設備計画 ── 工事発生品の再利用方法を計画する。

【問題17】

施工計画の立案に当たり「現場条件を検討する」ための事前調査の事項に該当しないものはどれか。

(1)　施工法，施工機械の選択

(2)　産業廃棄物の処分・処理条件

(3)　動力源，工事用水の入手

(4)　契約不適合責任に関する取り扱い

【問題18】

施工管理に関する次の記述の(A)～(C)に当てはまる語句の組合せとして，適当なものはどれか。

「造園工事の施工管理は，工事目的物を建設するために（　A　）が行うものであり，（　B　）が行う監督とは区別される。また，施工管理は安全確保や環境への配慮を行いつつ，所定の形や品質に，所定の（　C　）・費用で建設するために行うものである。」

	(A)	(B)	(C)
(1)	受注者 ──	受注者 ──	寸法
(2)	発注者 ──	発注者 ──	工期
(3)	発注者 ──	受注者 ──	寸法
(4)	受注者 ──	発注者 ──	工期

1 施工管理Ⅰ（事前調査・施工計画） 解答と解説

【問題1】 **解答** (4)

適当なものをすべて示したものは，(4)の(イ)，(ロ)，(ハ)である。したがって，(4)が適当である。

【問題2】 **解答** (4)

(4) 酸性（pH）は，pH（ペーハー）試験紙又は pH（ペーハー）メーターにより測定する。EC メーターは，肥料濃度を測定する場合に使用する。したがって，(4)の記述は適当でない。

【問題3】 **解答** (3)

(イ) 契約工期は，施工者にとって手持ち資材，作業員，適用可能な機械類などの社内的な状況によっては必ずしも最適工期であるとは限らないので，ときには契約工期の範囲内でさらに経済的な工程を探し出すことも重要である。したがって，(イ)の記述は適当でない。

(ロ) 事前調査については，現場条件の調査の他，契約条件の確認も行うこと。したがって，(ロ)の記述は適当である。

(ハ) 施工計画の検討は，現場主任者のみにたよることなく，できるだけ社内の組織を活用して，全社的な高度の技術水準で検討することが望ましい。

また，必要な場合には，研究機関にも相談し技術的な指導を受けることも大切である。したがって，(ハ)の記述は適当でない。

よって，適当でないものをすべて示したものは，(3)の(イ)，(ハ)である。

【問題4】 **解答** (2)

(1) **環境保全計画**には，工事用車両による沿道障害の対策についての計画が含まれる。したがって，(1)の記述は適当である。

(2) **労務計画**は，工程表より労務予定表を作成して，職種別に，いつ，何人必要であるかを計画するものである。

職種別の労務調達計画を作成するに当たっては，他の職種の工程と相互に調整を図りながら，期間や日々の労働時間を設定するとともに，1日当たり最高必要人数をできる限り減らし，かつ人数の変動を少なくするようにしなければならない。したがって，(2)の記述は適当でない。

(3) **仮設備計画**には，仮設備の維持管理についての計画が含まれる。したがって，(3)の記述は適当である。

(4) **資材計画**には，調達した資材の保管についての計画が含まれる。したがっ

て，(4)の記述は適当である。

【問題5】　**解答**　(2)

　デミングサークルは，計画（P）──→実施（D）──→検討（C）──→処置（A）を1サイクルとして反復進行させる。

　設問では，図(A)に該当する項目において，行う作業内容を問うものである。

　「処置」が該当し，「計画どおりでない場合は，対策をとる。」のが作業内容となる。したがって，(2)が適当である。

【問題6】　**解答**　(4)

　デミングサークルは，計画（P）──→実施（D）──→検討（C）──→処置（A）を1サイクルとして反復進行させる。

　第1段階として，計画を立てる。（Plan）

　第2段階として，計画に基づき実施に移る。（Do）

　第3段階として，実施した結果を計画と比較し検討する。（Check）

　第4段階として，実績と計画とのずれを検討した結果，適切な是正処置のみでは対応できないときには当初の計画に修正を加え，修正計画を立てる。（Action）修正した計画を基に，再度上記の4段階のサイクルを繰り返すことになる。以上のPDCAより，図の(A)はC（検討），図の(B)はA（処置），図の(C)はP（計画）であり，(4)の語句の組合せが適当である。

【問題7】　**解答**　(4)

　(イ)，(ロ)，(ハ)とも現場条件の事前調査に必要な事項である。したがって，(4)が適当なものをすべて示したものである。

【問題8】　**解答**　(4)

　(イ)，(ロ)，(ハ)，(ニ)とも適当である。したがって，(4)の4個である。

【問題9】　**解答**　(2)

　(イ)と(ハ)の記述は適当である。

(ロ)　**労務計画の立案に当たっては，工程表より労務予定表を作成し，職種別に，いつ，何人必要であるかを計画するものである。**

　　職種別の労務調達計画を作成するにあたっては，他の職種の工程と相互に調整を図りながら，期間や日々の労働時間を設定するとともに，1日当たり最高必要人数をできる限り減らし，かつ人数の変動を少なくするようにしなけ

ればならない。

作業員の安全確保のため，現場における安全訓練・教育の方法等を計画するのは，**安全管理計画**である。したがって，(ロ)の記述は適当でない。

(ニ) **仮設備計画**は，工事施工のために必要な工事施設を仮設備といい，その計画を仮設備計画というが，**仮設備計画**には，その設置と維持だけではなく，**撤去と跡片付け工事も含まれる**。工事発生品の再利用方法などを計画するのは，建設副産物対策である。したがって，(ニ)の記述は適当でない。

したがって，適当でないものの個数は(2)の2個である。

【問題10】 解答 (3)

(3) (A)に入る語句は「処置」であり，工事実績と計画のずれに対する是正処置をとる。したがって，(3)が適当である。

【問題11】 解答 (1)

(1) 資材，労務費などの変動に基づく契約変更の取扱いは，契約条件の確認に該当する。したがって，(1)の記述は適当でない。

(2)，(3)，(4)の記述については，現場条件の事前調査のために必要な検討事項である。

【問題12】 解答 (2)

【問題4】の(2)，【問題9】の(ロ)の類似問題である。

(2) 安全管理活動や安全教育などを計画するのは，安全管理計画であり，労務計画は，工程表より労務予定表を作成し，職種別に，いつ，何人必要であるかを計画するものである。したがって，(2)の記述は適当でない。

【問題13】 解答 (1)

(1) 施工計画の決定にあたっては，従来の経験のみで満足せず，常に改良を試み，新しい工法，新しい技術に積極的に取り組む心構えを持つこと。したがって，(1)の記述は適当でない。

(2)，(3)，(4)の記述は適当である。

【問題14】 解答 (3)

(3) 事業損失，不可抗力による損害に対する取扱い方法については，契約条件の確認に該当する。したがって，(3)の記述は適当でない。

【問題15】 解答 (3)

【問題6】との類似問題である。

(3)の語句の組合せが適当である。

【問題16】 解答 (4)

(4) **仮設備計画**は，工事施工のために必要な工事施設を仮設備といい，その計画を仮設備計画というが，**仮設備計画**には，その設置と維持だけではなく，**撤去と跡片付け工事も含まれる**。工事発生品の再利用方法などを計画するのは，建設副産物対策である。したがって，(4)の記述は適当でない。

【問題17】 解答 (4)

(4) 契約不適合責任に関する取扱いは，契約条件の確認に該当する。したがって，(4)の記述は適当でない。

【問題18】 解答 (4)

「造園工事の施工管理は，工事目的物を建設するために（**受注者**）が行うものであり，（**発注者**）が行う監督とは区別される。また，施工管理は安全確保や環境への配慮を行いつつ，所定の形や品質に，所定の（**工期**）・費用で建設するために行うものである。」

したがって，(4)の語句の組合せが適当である。

※ **機械計画**は材料と同様に適時現場に搬入し，手待ち時間や無駄な保管費用などの発生を最小限にする。

そのためには，機械台数を平準化することが大切である。**機械予定表を作成**して，機械台数が月や週ごとに著しく異なることがないかどうかを検討する。もし，著しい不均衡がある場合は，必要に応じて再度工程計画を見直す等の措置を取る。

※ **労務計画**は，工程表より労務予定表を作成して，職種別に，いつ，何人必要であるかを計画するものである。職種別の労務調達計画を作成するに当たっては，他の職種の工程と相互に調整を図りながら，期間や日々の労働時間を設定するとともに，1日当たり最高必要人数をできる限り減らし，かつ人数の変動を少なくするようにしなければならない。

※ **仮設備**は，その使用目的，使用期間等に応じて，作業中の衝撃，振動を十分考慮に入れた設計荷重を用いて強度計算を行うとともに，労働安全衛生規

1 施工管理 I （事前調査・施工計画）

則に合致するように設計しなければならない。

※ **材料計画**の立案に当たっては，特に植物材料については，生き物である植物生理の関係から，短期間に搬入して植栽することが望ましく，樹種，工期，植栽適期，仮植え，生産地等の関連を十分調整して，活着率の向上に心がける。

> **参考事項** 施工計画の目的は，設計図書に基づき，施工手段を効率的に組み合わせて，適切な品質の目的構造物を，環境保全を図りつつ，最小の価格と最短の工期で安全に完成させることです。
>
> 施工計画には，工事の施工方法，工程管理，品質管理，使用機械や仮設備等の施工技術計画，労務・機械・資材等の調達計画，安全管理，環境保全，建設副産物の処理，現場組織，資金・予算等の管理計画，その他工事施工のために必要な全ての計画が網羅されています。

※ 一般に仮設備については，本工事と異なって指定された設計図があるわけではなく，施工業者による工夫，改善の余地が残されているので，工事規模に対して過大あるいは過小とならないように十分検討し，必要でかつムダのない合理的な計画をしなければならない。仮設備という呼び方につられて，ややもすると，手を抜いたりおろそかにして事故の原因となり，かえって多くの費用を必要とする場合もある。契約図書に記載されていなくとも，**本工事の工法・仕様等の変更にできるだけ追随可能な柔軟性のある計画**として，具体的に作成する必要がある。

※ 仮設備工事における廃棄物は，**本工事と同様にその減量化に努める必要が**ある。

※ 工事施工のために必要な工事施設を仮設備という。その計画を仮設備計画というが，**仮設備計画**には，その設置と維持だけではなく，**撤去と跡片付け工事も含まれる**。

※ 仮設備工事は，本工事施工のために直接必要な仮締切りなどの**直接仮設工事**と，現場事務所などの仮設建物のように工事の遂行に必要な**共通仮設工事**に区分される。

支保工足場，給水設備等は直接仮設工事で，現場事務所，駐車場（車庫）等は**共通仮設工事に該当する**。

参考事項　仮設備計画の要点

① 仮設備は，工事の最終目的とする構造物ではなく，臨時的なものであって工事完成後，原則として取り除かれるものである。

② 一般に仮設備については，本工事と異なって指定された設計図があるわけはなく，施工業者による工夫，改善の余地が残されているので，工事規模に対して過大あるいは過小とならないよう十分検討し，必要でかつ無駄のない合理的な計画をしなければならない。

③ 仮設備は，その使用目的，使用期間等に応じて，作業中の衝撃，振動を十分考慮に入れた設計荷重を用いて強度計算を行うとともに，労働安全衛生規則に合致するように設計しなければならない。

④ 仮設構造物は使用期間が短いため，安全率は多少割引いて設計することがあるが，使用期間が長期にわたるものや重要度の大きい場合は，相応の安全率を採る必要がある。

⑤ 本工事の工法・仕様等の変更にできるだけ追随可能な柔軟性のある計画とする。

⑥ 材料は一般の市販品を使用し，可能な限り規格を統一する。また，他工事にも転用できるような計画にする。

⑦ 仮設備という呼び方につられて，ややもすると，手を抜いたりおろそかにして事故の原因となり，かえって多くの費用を必要とする場合もある。

⑧ 市街地で施工する場合は，建設省（現在は国土交通省）通達による「市街地土木工事公衆災害防止対策要綱」の厳守が求められる。

参考事項　仮設備は，契約上の取扱いによって，指定仮設と任意仮設に分かれます。

指定仮設は，土留め，締切り，築島等で特に大規模で重要なものがある場合に，本工事と同様に発注者が設計仕様，数量，設計図面，施工方法，配置等を指定するもので，仮設備の変更が必要になった場合には，設計変更（数量の増減等の契約内容の変更）の対象となります。

一方，**任意仮設**では，仮設備の経費は，契約上一式計上され，特にその構造について条件は明示されず，どのようにするかは施工業者の自主性と企業努力にゆだねられているものであり，契約変更の対象とならない事が多いものをいいます。

1 施工管理I（事前調査・施工計画）

※ **事前調査**の〔作業内容〕は，施工計画立案の前提として発注者との契約条件，現場の諸条件等を十分に把握する。

※ **基本方針の決定**の〔作業内容〕は，主要な工種について施工法の概略及び施工手順の技術的検討と経済性の比較を行う。

※ **作業計画の立案**の〔作業内容〕は，詳細計画の一部分として

① 基本計画に従って機械の選定，人員配置，サイクルタイム，1日の作業量の決定及び各工種の作業順序等を決定する。

② 仮設備の規模，配置等を決定する。

③ 工事全体を包括した工種別詳細工程を立案する。

④ 工種別詳細工程に基づいて労務，資材，機械等の調達，使用計画を立てる。

⑤ 工事費の積算をする。等となっている。

※ **調達計画の立案**の〔作業内容〕は，外注計画（下請発注），労務計画，資材計画，機械計画並びに輸送計画等を行う。

〔作業内容〕を問う問題は，設問をすべて読まなければ，解答できないので時間がかかりますね。

※ **資材計画の立案**に当たっては，材料及び仮設材の使用予定に合わせて，これらを適時現場に搬入し，材料や仮設材の不足による手待ち時間や無駄な保管費用などの発生を最小限にする。特に仮設材については有利な調達契約方法，効果的な転用方法及び回収方法まで十分検討する必要がある。

※ **環境保全計画の立案**に当たっては，現場内環境の整備や植生の保護等の自然環境の保全，騒音・振動等の公害対策，土砂及び排水の流出等による近接地への影響などに配慮する必要がある。

point

環境保全計画における検討項目

① 　自然環境の保全……植生の保護，生物の保護，土砂崩壊の防止対策
② 　公害等の防止………騒音，振動，ばい煙，粉じん，水質汚濁等の防止
　　　　　　　　　　　　対策
③ 　近隣環境の保全……工事用車両による沿道障害の防止対策
　　　　　　　　　　　　掘削などによる近隣建物などへの影響防止対策
　　　　　　　　　　　　耕地の踏み荒らし，土砂及び排水の流出，井戸枯
　　　　　　　　　　　　れ，電波障害などの事業損失の防止対策
④ 　現場作業環境の保全……排気ガス，騒音，振動，ばい煙，粉じん等の
　　　　　　　　　　　　防止対策
　工事現場の近隣に及ぼす損失や迷惑などの問題も環境問題（近隣環境）
としています。

※　**仮設備計画**は，労働安全衛生規則に合致するように設計し，仮設備の種
　類，数量及び配置と，それらの維持，撤去，跡片付け（後片付け）等の工事
　も含まれるのでこれについても計画する。
　　　　キーワードは，維持，撤去，跡片付け（後片付け）である。
※　**機械計画**は，施工法が決まり，建設機械の機種と組合せの計画，仮設計
　画，工程計画等が確定したら，工程計画に合わせて効率的な資材計画，機械
　計画及び輸送計画を作成する。機械は材料と同様に適時現場に搬入し，手待
　ち時間や無駄な保管費用などの発生を最小限にする。そのためには，機械台
　数を平準化することが大切で，機械予定表を作成し，機械台数が月や週ごと
　に著しく異なることがないかどうか検討する。
　　　　キーワードは，機械台数の平準化である。
※　**安全管理計画**は，工事現場において，作業員の安全及び良好な労働条件を
　確保し，快適な作業環境の形成を図るために，労働基準法，労働安全衛生法
　等の関係法令を遵守するとともに，作業員，第三者への災害防止対策等につ
　いて計画する。
　　　　キーワードは，作業員，第三者への災害防止対策である。
※　**再生資源利用促進計画**は，「資源の有効な利用の促進に関する法律」（資源
　有効利用促進法）に基づき，現場から排出されるもので，土砂（建設発生
　土）1,000m³以上，コンクリートの塊，アスファルト・コンクリートの塊，

1 施工管理 I（事前調査・施工計画）

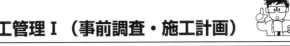

木材（建設発生木材）（コンクリート塊，アスファルト・コンクリート塊，建設発生木材の合計200t 以上）の 4 種類を指定副産物としている。一定規模以上の指定副産物を搬出する建設工事の場合は，再生資源利用促進計画を作成する。一方，現場に受け入れるもので，土砂（建設発生土），コンクリートの塊，アスファルト・コンクリートの塊を再生資源としている。一定規模以上の再生資源を，現場に受け入れる（搬入）場合は，再生資源利用計画を作成する。

　この建設資材（再生資源）の規模は，土砂1,000m³以上，砕石500t 以上，加熱アスファルト混合物200t 以上である。

　キーワードは，現場から排出される指定副産物は再生資源利用促進計画，搬入される再生資源は，再生資源利用計画を立てる。

point

詳細計画は，

① 基本計画に従って機械の選定，人員配置，サイクルタイム，1日の作業量の決定及び各工種の作業順序等を決定する。（作業計画）

② 仮設備の規模，配置等を決定する。（仮設備計画）

③ 工事全体を包括した工種別詳細工程を立案する。（工程計画）

④ 工種別詳細工程に基づいて労務，資材，機械等の調達，使用計画を立てる。（調達計画）

⑤ 工事費の積算をする。（原価管理計画）に細分されます。

施工管理の究極の目的は，工期（より早く），価格（より安く），品質（より良く）の三要素に集約されています。

※ 「**工程管理**」は，施工計画に基づいて工事が進捗するよう，工事の細部にわたり工程を管理することであり，特定の工事部分の進捗（しんちょく）が早すぎたり遅すぎたりする場合は，原因を調査して対策を立て，工事全体が工期内に効率良く完成するように管理しなければならない。

※ 「**品質管理**」は，目的とする構造物の形状や性能が，設計図及び工事仕様書に定められた品質に合致するかどうかを管理することであり，試験や品質

管理基準等を用いて行われる。このうち形状・寸法の管理に関するものを出来形管理という。

※ 「原価管理」は，材料費，労務費及びその他の現場経費を詳細に記録・整理し，当初予定した原価と実際に要した原価の差異を比較分析し，原因を調査して必要な対策を取る等，工事を経済的に施工できるよう費用を管理することをいう。

※ 「労務計画」は工程表より労務予定表を作成し，職種別に，いつ，何人必要であるかを計画するものである。職種別の労務調達計画を作成するに当たっては，他の職種の工程と相互に調整を図りながら，期間や日々の労働時間を設定するとともに，1日当たり最高必要人数をできる限り減らし，かつ人数の変動を少なくするようにしなければならない。職種別の所要人数などは，PERT等の労務計画計算手法などで求めるが，一般には算定された所要人数の1割〜2割増しを行い，病欠等による工程の遅れを防ぎ，季節労務者対策として農繁期，正月，盆の帰郷などを計算に入れておくことも必要である。人員計画に当たっては，労務予定表より下請労務者数，現地募集可能人数を推定し，残りの連れ込み労務者の募集計画，これに伴う宿舎その他の厚生施設の計画を立てなくてはならない。

※ 「労務管理」とは，工事を実施するときに雇用する従業員について，労働法規上（労働安全に係るものを除く。）の種々の規定を守るように種々の手配を行うことや，人の配置をいう。また，上記の「労務計画」に基づき管理を行うことである。

施工管理の三大管理と呼ばれる原価管理，工程管理，品質管理と，社会的制約に基づく管理等があります。

※ 「工程管理」とは，工事の施工にあたって所定の図書，仕様書に基づき，定められた工期内に，所定の品質（出来形を含む）の目的構造物を経済的に竣工させることが必要である。これを効果的に実施するための手法であり，施工計画を基に，現場状況の変化に適切に対処して，工程全体の進度を管理することを基本目的としている。

基本的には，工事の着工から完成までの施工計画を時間的に管理することであるが，工程管理にあたっては，現場の状況変化に応じて施工計画をあらゆる角度から評価・検討し，機械設備，労働力，資材，資金等を最も効果的

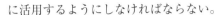

1 施工管理 I （事前調査・施工計画）

に活用するようにしなければならない。

※ 「**安全管理**」とは，工事実施にあたり，労働者や第三者に危害を加えないように，工事現場の整理整頓，施工計画の安全面からの検討，安全施設の整備及び安全教育の徹底等を図ることであり，事故を起こした場合の社会的影響等を考えると極めて重要な管理である。

※ 「**品質管理**」「**出来形管理**」の記述については，目的とする構造物の形状や性能が，設計図及び工事仕様書に定められた品質に合致するかどうかを管理することであり，試験や品質管理基準等を用いて行われる。このうち形状・寸法の管理に関するものを出来形管理という。

※ 施工計画の手順は，①**事前調査**を行い，②**基本計画**，③**詳細計画**（工種別詳細工程の作成），④工種別詳細工程に基づき，**労務，資材，機械等の調達，使用計画，輸送計画**を立てる。

合格への目安 13問中8問以上正解すること。目標時間39分。

【問題1】

土木請負工事工事費積算要領等における純工事費に関する記述のうち，適当なものはどれか。

(1) 純工事費は材料費，労務費，共通仮設費，一般管理費を積み上げた金額である。

(2) 純工事費は材料費，労務費，直接経費，共通仮設費を積み上げた金額である。

(3) 純工事費は材料費，労務費，共通仮設費，現場管理費を積み上げた金額である。

(4) 純工事費は材料費，労務費，直接経費，現場管理費を積み上げた金額である。

【問題2】

工期と建設費に関する次の記述の(A)，(B)に当てはまる語句の組合せとして，適当なものはどれか。

「建設費には，直接費と間接費があり，（　A　）は，現場管理費，共通仮設費等の費用をいい，一般に工期の（　B　）に伴って増加する傾向がある。」

	(A)	(B)
(1)	間接費 ——	短縮
(2)	直接費 ——	短縮
(3)	直接費 ——	延長
(4)	間接費 ——	延長

【問題3】

経済的な工程計画に関する次の記述の（　）に当てはまる語句の組合せとして，適当なものはどれか。

「（　A　）は現場管理費，共通仮設費等の費用をいい，一般に工期の延長に従って，ほぼ直線的に増加する傾向にある。経済的に工事を実施するために

2 施工管理Ⅱ（工期と建設費・工程計画）

は，全工期を通じて，稼動作業員が特定の時期に（　B　）ようにする。」

	(A)		(B)
⑴	直接費	——	集中する
⑵	直接費	——	集中しない
⑶	間接費	——	集中する
⑷	間接費	——	集中しない

【問題4】

　建設費と工期の関係を説明する次の記述の(A)，(B)に当てはまる語句の組合せとして，適当なものはどれか。

　「一般的には，施工速度を速めると，工期の短縮に伴って直接費は（　A　），また，間接費は（　B　）。」

	(A)		(B)
⑴	増加し	——	減少する
⑵	減少し	——	変わらない
⑶	増加し	——	変わらない
⑷	減少し	——	増加する

【問題5】

　下図は，一般的な工期・建設費曲線を表わしたものであるが，図中の(A)〜(C)に当てはまる語句の組合せとして，適当なものはどれか。

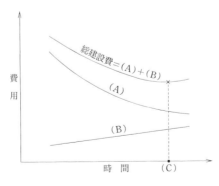

	(A)		(B)		(C)
⑴	間接費	——	直接費	——	最適工期

(2)　間接費 —— 直接費 —— 最大工期

(3)　直接費 —— 間接費 —— 最大工期

(4)　直接費 —— 間接費 —— 最適工期

【問題6】

次の(イ)〜(ニ)のうち，一般的な経済的工程計画の立案に関する記述として，適当なものの個数はどれか。

(イ)　全工事期間を通じて，稼動作業員が一時期に集中しないよう計画する。

(ロ)　施工用機械設備は，できるだけ反復使用を避けるよう計画する。

(ハ)　施工の段取り待ち，材料の搬入待ちの余裕をできるだけ確保するよう計画する。

(ニ)　仮設備工事，現場諸経費が，合理的な範囲で最小限となるよう計画する。

(1)　1個

(2)　2個

(3)　3個

(4)　4個

【問題7】

工程計画に関する次の算定式の(A)，(B)に当てはまる語句の組合せとして，適当なものはどれか。

$$所要作業日数 = \frac{工事量}{(\ A\ )}$$

$$(\ A\ ) = (\ B\ ) \times 1日平均作業時間$$

	(A)	(B)
(1)	1日平均施工量 ——	1時間平均施工量
(2)	1時間平均施工量 ——	1日平均施工量
(3)	1日平均施工量 ——	1日当たり運転時間
(4)	1時間平均運転時間 ——	1時間平均施工量

【問題8】

工程計画に関して，次の式の（　　）に当てはまる語句の組合せとして，正しいものはどれか。

2 施工管理Ⅱ（工期と建設費・工程計画）

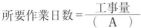

$$所要作業日数 = \frac{工事量}{（\quad A \quad）}$$

$$\frac{1日当たり運転時間}{1日当たり運転員の（\quad B \quad）} = 運転時間率$$

	(A)	(B)
(1)	1日平均施工量 —— 実作業運転時間
(2)	1日平均施工量 —— 拘束時間
(3)	1日最大施工量 —— 拘束時間
(4)	1日最大施工量 —— 実作業運転時間

【問題9】

工程・原価・品質の一般的な関係に関する次の記述の(A), (B)に当てはまる語句の組合せとして，適当なものはどれか。

「一般に品質の良いものを得ようとすると，原価は（　A　）なる。また，工程を極端に速めると，単位施工量当たりの原価は（　B　）なる。」

	(A)	(B)
(1)	高く —— 高く
(2)	高く —— 安く
(3)	安く —— 高く
(4)	安く —— 安く

【問題10】

工程と原価の一般的な関係を示す下図の(イ)～(ニ)のうち，採算速度となるものをすべて示したものはどれか。

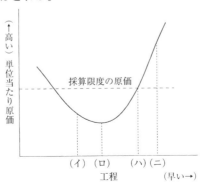

(1)　(ロ)

(2)　(イ), (ハ)

(3)　(イ), (ロ), (ハ)

(4)　(イ), (ロ), (ハ), (ニ)

【問題11】

人力により5日間で完了することのできる次の張芝工事の正誤の組合せとして，正しいものはどれか。ただし，歩掛りは100㎡当たり2人/日とする。

(イ)　張芝面積1,800㎡を7人/日で施工する。

(ロ)　張芝面積750㎡を3人/日で施工する。

　　　(イ)　　　(ロ)

(1)　正 ── 正

(2)　正 ── 誤

(3)　誤 ── 正

(4)　誤 ── 誤

【問題12】

人力により4日間で完了できる床掘工事の正誤の組合せとして，正しいものはどれか。ただし，歩掛りは，2m³/(人・日)とする。

(イ)　床掘量45m³を6人で施工する。

(ロ)　床掘量35m³を4人で施工する。

　　　(イ)　　　(ロ)

(1)　正 ── 正

(2)　正 ── 誤

(3)　誤 ── 正

(4)　誤 ── 誤

【問題13】

高木（幹周15cm未満）75本の植栽作業を人力施工により，5日間で完了するために必要な一日の最小作業員数として，正しいものはどれか。

ただし，歩掛りは10本当たり2人・日とする。

2 施工管理Ⅱ（工期と建設費・工程計画）

(1)　2人
(2)　3人
(3)　10人
(4)　15人

【問題14】

　人力による張芝作業に関する次の(イ)，(ロ)の記述について，7日間以内に完了することが「可能」，または「不可能」の組合せとして，正しいものはどれか。

　ただし，歩掛りは100㎡当たり3人・日とする。

(イ)　張芝面積720㎡を3人で施工する。

(ロ)　張芝面積1,100㎡を5人で施工する。

　　　　(イ)　　　　　(ロ)

(1)　可能 ―――― 可能

(2)　可能 ―――― 不可能

(3)　不可能 ――― 可能

(4)　不可能 ――― 不可能

【問題1】 解答 (2)

(1) 一般管理費は，純工事費には含まない。したがって，(1)の記述は適当でない。

(2) 材料費，労務費，直接経費は直接工事費に該当し，これに共通仮設費を積み上げた金額が純工事費に該当する。したがって，(2)の記述は適当である。

(3)，(4)の現場管理費は，間接工事費に該当し，純工事費には含まない。したがって，(3)，(4)の記述は適当でない。

※ 共通仮設費には，運搬費，準備費，事業損失防止施設費，安全費，役務費，技術管理費，営繕費などがある。

【問題2】 解答 (4)

「建設費には，直接費と間接費があり，(**間接費**)は，現場管理費，共通仮設費等の費用をいい，一般に工期の(**延長**)に伴って増加する傾向がある。」

したがって，(4)の語句の組合せが適当である。

【問題3】 解答 (4)

「(**間接費**)は現場管理費，共通仮設費等の費用をいい，一般に工期の延長に従って，ほぼ直線的に増加する傾向がある。経済的に工事を実施するためには，全工期を通じて，稼動作業員が特定の時期に(**集中しない**)ようにする。」

したがって，(4)の語句の組合せが適当である。

【問題4】 解答 (1)

「一般的には，施工速度を速めると，工期の短縮に伴って直接費は(**増加し**)，また，間接費は(**減少する**)。」

したがって，(1)の語句の組合せが適当である。

直接費	労務費 材料費 仮設備費 機械運転費等	一般に作業速度を経済速度以上に速めると，超過勤務，多交代作業，多人数同時作業の非能率，高価な材料，高価な機械や工法の採用等によって，直接費は増加する。すなわち，工期の短縮に伴って**直接費は増加する**。
間接費	現場管理費 共通仮設費 減価償却費 金利等	一般に工期の延長に従ってほぼ直線的に増加する傾向にある。

2 施工管理II（工期と建設費・工程計画）

【問題5】 **解答** ⑷

(A)の曲線は直接費を表している。直接費は工期をノーマル・タイムからだんだん短縮して行くと，各作業における直接費は増加して行き，ついにはどんなに直接費をかけてもそれ以上短縮できない工期の限界に至る。これをその作業のクラッシュ・タイム（特急時間）と呼ぶ。

(B)の直線は間接費を表している。間接費は，工期の短縮に従って減少するのが普通であり，ノーマル・タイムで最大を示し，クラッシュ・タイムで最小となり，その間をほぼ直線的に変化する。

(C)は，総建設費が最小となる点である。それに対応する工期が最適工期となる。したがって，⑷の語句の組合せが適当である。

【問題6】 **解答** ⑵

経済的な工程計画立案の問題である。

(イ) 全工事期間を通じて稼動作業員が一時期に集中しないよう計画する。（合理的最小限の一定数の作業員をもって，全工事期間を通じて稼動作業員数の不均衡をできるだけ少なくすること。）したがって，(イ)の記述は適当である。

(ロ) 施工用機械設備，仮設資材，工具などは必要最小限とし，できるだけ反復使用すること。したがって，(ロ)の記述は適当でない。

(ハ) 施工の段取り待ち，材料待ち，その他機械設備の損失時間をできるだけなくすこと。したがって，(ハ)の記述は適当でない。

(ニ) 仮設備工事，現場諸経費が，合理的な範囲で最小限となるよう計画する。したがって，(ロ)の記述は適当である。

よって，適当なものの個数は，⑵の2個である。

【問題7】 **解答** ⑴

⑴ 所要作業日数＝工事量/（**1日平均施工量**）[A]

（**1日平均施工量**）[A]＝（**1時間平均施工量**）[B]×1日平均作業時間

したがって，⑴の語句の組合せが適当である。

> 日程計画は，1日平均施工量を基準として作成する。
> 1日平均施工量＝1時間平均施工量×1日平均作業時間
> 1日平均作業時間は季節や工事の条件に応じて異なるが，一般の工事の作業員については，7時間から9時間である。

【問題8】　解答　(2)

(2)　所要作業日数＝工事量／(1日平均施工量)
　　　　　　　　　　　　　　　　　A

　　1日当たり運転時間／1日当たり運転員の(拘束時間)＝運転時間率
　　　　　　　　　　　　　　　　　　　　　　　　B

> 参考事項　1日当たり運転時間／1日当たり運転員の拘束時間＝運転時間率
> 　この運転時間率は，現地の状況，施工機械の良否などによって異なってくるが，この値が0.7以上になるように機械管理及び現場の段取りを良好にしなければならない。
> 上式から，　1日当たり運転員の拘束時間＝1日当たり運転時間÷運転時間率
> 　　　　　　1日当たり運転時間＝運転時間率×1日当たり運転員の拘束時間
> 　　　　　　1日平均施工量(1日当たりの運転時間)＝1時間平均施工量×
> 　　　　　　1日平均作業時間でも表される。

point

　計算式で表しましたが，これを暗記するのは大変です。慣れるようにしてください。

① 作業可能日数≧所要作業日数＝工事量／1日平均施工量

② 1日平均施工量≧工事量／作業可能日数

③ 作業可能日数＝暦日の日数－(定休日＋天候等による作業不能日数)

④ 1日平均施工量＝1時間平均施工量×1日平均作業時間

⑤ 建設機械の1日平均作業時間(1日当たりの運転時間)＝運転員の拘束時間－(機械の休止時間と日常整備や修理の時間)

⑥ 運転時間率＝1日当たりの運転時間／1日当たり運転員の拘束時間

【問題9】　解答　(1)

　「一般に品質の良いものを得ようとすると，原価は(高く)なる。また，工
　　　　　　　　　　　　　　　　　　　　　　A
程を極端に速めると，単位施工量当たりの原価は(高く)なる。」
　　　　　　　　　　　　　　　　　　　　　　B

　したがって，(1)の語句の組合せが適当である。

【問題10】　解答　(3)

　単位原価が，採算限度の原価以下となる工程が，採算速度である。

2　施工管理Ⅱ（工期と建設費・工程計画）

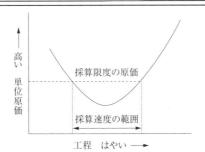

工程と原価

したがって，(3)の(イ)，(ロ)，(ハ)が該当する。

【問題11】　**解答**　(3)

歩掛は100㎡当たり2人/日であるため，50㎡当たり1人/日となる。

人力により5日間で完了することのできる張芝工事は，50㎡当たり1人/日をかけると，50㎡×5（日）＝250㎡となる。

(イ)　7人/日×50㎡＝350㎡/日となり，それに5日間をかけると，350㎡×5（日）＝1750㎡であり，1,800㎡の張芝工事は施工できない。

(ロ)　3人/日×50㎡＝150㎡/日となり，それに5日間をかけると，150㎡×5（日）＝750㎡となる。したがって，750㎡の張芝工事は施工できる。

したがって，(3)の正誤の組合せが正しい。

【問題12】　**解答**　(2)

(イ)　45（m³）＜{6（人）×4（日）×2（m³）＝48（m³）}　となり，床掘工事が完了できる。したがって，(イ)は正しい。

(ロ)　35（m³）＞{4（人）×4（日）×2（m³）＝32（m³）}　となり，床掘工事が完了できない。したがって，(ロ)は誤っている。よって，(2)の組合せが正しい。

【問題13】　**解答**　(2)

75（本）÷5（日）＝15（本）（1日の植栽本数）

10（本）÷2（人・日）＝5（本）（1人・日の歩掛）

15（本）÷5（本）＝3（人）（1日の最小作業員数）

したがって，(2)の3人が適当である。

【問題14】　**解答**　(3)

(3)(イ)　歩掛りは100㎡当たり3人・日であるため，720㎡÷100㎡＝7.2（日）

となり，7日間では不可能である。

⒧　100㎡ ÷ 3 人・日 ＝ 33.3㎡（1 人当たり）　33.3× 5 人 ＝ 166.5㎡

166.5㎡ × 7 日 ＝ 1,282㎡　1,282㎡ ＞ 1,100㎡ になるため「可能」である。

したがって，⑶の組合せが適当である。

| 工程・原価・品質の関係図 |

図より，**X 軸は工程**を表している。矢印の方向へ行くほど（交点 0 より離れるほど）**工程が早くなる**。

Y 軸は原価を表している。矢印の方向へ行くほど（交点 0 より離れるほど）**原価が高くなる**。

Z 軸は品質を表している。矢印の方向へ行くほど（交点 0 より離れるほど）**品質が良くなる**。

| 工程と原価の曲線 | は，工程が極端に遅いと原価が高くなり，最適速度のときに原価が一番安く，それより早くすると**突貫工事となり，原価が高くなる**ことを表している。

| 原価と品質の曲線 | は，原価が高いものは品質が良く，原価が安い（低い）ものは品質が悪いことを表している。

| 品質と工程の曲線 | は，工程を遅くすると品質が良くなり，早くすると品質が悪くなることを表している。

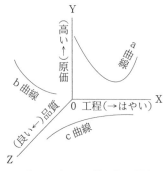

工程・原価・品質の相互関係

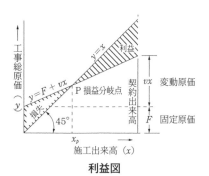

利益図

point

この分野の問題は，類似問題が多いのが特徴です。

　用語や曲線が表すものをつかんでしまえば，簡単に解ける問題です。年度により，出題数が 2 問の場合もあります。

　面倒に思わずに，確実に得点するようにしましょう。

　ただし，最近はこの手の問題が少なくなっています。

【問題1】

次の(イ)～(ニ)のうち，「工期に影響する作業」が判明する工程図表として，適当なものの個数はどれか。

(イ) バーチャート

(ロ) ガントチャート

(ハ) 曲線式工程表

(ニ) ネットワーク工程表

(1) 1個

(2) 2個

(3) 3個

(4) 4個

【問題2】

下図に示すネットワーク工程表で表される工事におけるクリティカルパスの日数として，正しいものはどれか。

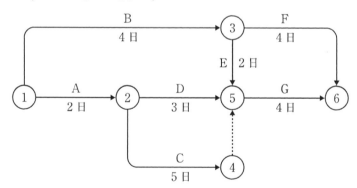

(1) 8日

(2) 9日

(3) 10日

(4) 11日

3 施工管理Ⅲ（工程管理・ネットワーク工程表）

【問題3】

経済的に工事を実施するための一般的な留意事項に関する記述のうち，適当でないものはどれか。

(1) 合理的に最小限の一定数の作業員をもって，全工事期間を通じて稼動作業員数の不均衡をできるだけ少なくすること。

(2) 施工用機械設備，仮設資材，工具などは合理的な範囲で最小限とし，できるだけ反復使用すること。

(3) 施工の段取り待ち，材料の搬入待ちなどの余裕をできるだけ確保すること。

(4) 仮設備工事，現場諸経費が合理的な範囲で最小限であること。

【問題4】

作業遅延の要因のうち，施工管理の不備と関係のないものはどれか。

(1) 材料資材の現場到着の遅れによる遅延

(2) 異常気象，災害発生による遅延

(3) 不注意の事故による遅延

(4) 建設機械の機種選定の不適による遅延

【問題5】

経済的な工程管理に関する記述のうち，適当なものはどれか。

(1) 全工事期間を通じて，稼動作業員が一時期に集中しないように計画する。

(2) 施工の段取り待ち，材料待ち等の余裕をできるだけ確保するように計画する。

(3) 仮設工事，現場諸経費が最大限となるように計画する。

(4) 施工用機械設備等はできるだけ反復使用を避けるよう計画する。

【問題6】

工程管理手法に関する記述のうち，適当でないものはどれか。

(1) ネットワーク式工程表は，各作業の手順を明確にできる。

(2) バーチャートは，各作業に必要な日数を明確にできる。

⑶　曲線式工程表は，作業の進行の度合いを明確にできる。

⑷　ガントチャートは，工期に影響する作業を明確にできる。

【問題7】

ネットワーク手法に関する記述のうち，適当でないものはどれか。

⑴　工事全体に対して，どの作業を重点管理しなければならないかを明確化できる。

⑵　ネットワークを構成する各作業の歩掛に影響されずに全体の精度が保てる。

⑶　工事途中で当初計画を変更せざるを得ない場合に，速やかに対処できる。

⑷　各作業の関連性がはっきりして，施工順序が明確になる。

【問題8】

ネットワーク式工程表に関する記述のうち，適当なものはどれか。

⑴　全体工期に影響する作業が何であるか分かりやすい。

⑵　横線式工程表に比べ，作成が容易である。

⑶　各作業の順序や因果関係が明らかでない。

⑷　工事途中での計画の変更に対処することが難しい。

【問題9】

横線式工程表（ガントチャート）とネットワーク式工程表の一般的な特徴を比較した下表の(A)～(C)に当てはまる語句の組合せとして，適当なものはどれか。

事　項	横線式工程表 （ガントチャート）	ネットワーク式 工程表
作業に必要な日程	（　A　）	判明
作業進行の度合い	（　B　）	判明
工期に影響する作業	不明	（　C　）
図表作成の難易	簡単	複雑

　　　　　　(A)　　　　　(B)　　　　　(C)

⑴　不明 ―― 判明 ―― 判明

⑵　不明 ―― 不明 ―― 判明

3 施工管理Ⅲ（工程管理・ネットワーク工程表）

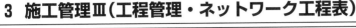

(3) 判明 ── 不明 ── 不明

(4) 判明 ── 判明 ── 不明

【問題10】

下図に示す工程表から読み取ることのできる内容に関する記述のうち，適当でないものはどれか。

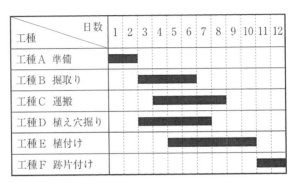

(1) この工事の工期は，12日である。

(2) 工種Bを1日短縮しても，全体工期が1日短縮されるとは限らない。

(3) 工種Cを短縮すれば，必ず全体工期が短縮される。

(4) 工種Eは，工種C，Dが完了していなくても着手できる。

【問題11】

下図に示す工程表から読み取れる内容に関する記述のうち，適当でないものはどれか。

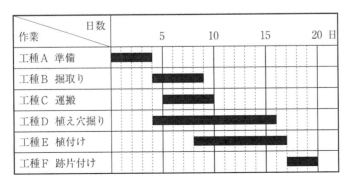

⑴　全体工期を3日間短縮するには，作業日数の長い工種Dを3日間短縮する。

⑵　工種Eは，工種C，工種Dが完了していなくても着手できる。

⑶　工種Eの工期を3日間短縮しても，全体工期が3日間短縮できるとは限らない。

⑷　この工事の工期は，20日である。

【問題12】

次の工程表から読み取れる内容に関する記述のうち，適当でないものはどれか。

工種 ＼ 日数	1	2	3	4	5	6	7	8	9	10	11
工種A　準備	■	■									
工種B　掘取り			■	■	■	■	■				
工種C　運搬					■	■	■	■			
工種D　植え穴掘り			■	■	■	■	■	■			
工種E　植付け						■	■	■	■		
工種F　跡片付け										■	■

⑴　工種Aを1日間短縮すると全体工期を1日間短縮できる。

⑵　工種Bを2日間短縮しても全体工期が2日間短縮するとは限らない。

⑶　工種Dを短縮すれば，必ず全体工期が短縮される。

⑷　工種Eは工種Cが完了しなくても着手できる。

【問題13】

次の工程表から読みとれる事項に関する記述のうち，適当でないものはどれか。

3 施工管理Ⅲ（工程管理・ネットワーク工程表）

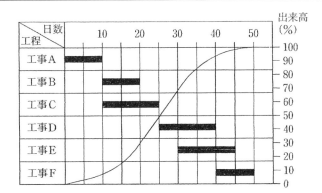

(1) この工事の工期は50日間である。

(2) 工事Bを5日間短縮すると全体工期は5日短縮する。

(3) 工事Cが完了した時点の出来高は50%の進捗である。

(4) 工事Fは，工事Eが完了しなくても着手できる。

【問題14】

下図のネットワーク式工程表に示される工事において，クリティカルパスの日数として，正しいものはどれか。

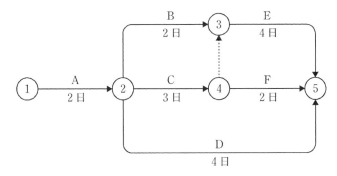

(1) 6日

(2) 7日

(3) 8日

(4) 9日

【問題15】

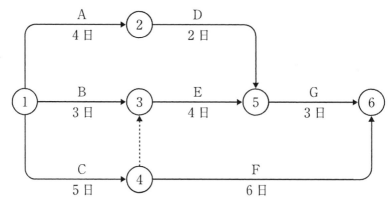

　下図に示すネットワーク式工程表で表される工事において，クリティカルパスの日数として，正しいものはどれか。

(1)　9日
(2)　10日
(3)　11日
(4)　12日

3 施工管理Ⅲ(工程管理・ネットワーク工程表) 解答と解説

【問題1】 **解答** (1)

「工期に影響する作業」が判明する工程図表は，(ニ)のネットワーク工程表のみである。したがって，(1)の1個が適当である。

【問題2】 **解答** (4)

クリティカルパス（最長経路）は，①⟶②⟶④----→⑤⟶⑥となり，全ての作業日数を足し算すれば，11日間となる。したがって，(4)が正しい。

【問題3】 **解答** (3)

経済的に工事を実施するための一般的な留意事項として，(1)，(2)，(4)は適当である。

(3) 施工の段取り待ち，材料の搬入待ち等が生じないようにすること。また，その他の作業員，機械設備の損失をできるだけなくすことが重要である。したがって，(3)の記述は適当でない。

【問題4】 **解答** (2)

(2) 異常気象，災害発生による遅延は，施工管理の不備と関係ない。したがって，(2)は施工管理の不備と関係がない。

【問題5】 **解答** (1)

(1) 全工事期間を通じて，稼動作業員が一時期に集中しないように計画する。したがって，(1)の記述は適当である。

(2) 施工の段取り待ち，材料待ち，その他機械設備の損失時間をできるだけなくすこと。したがって，(2)の記述は適当でない。

(3) 仮設備工事，現場諸経費を必要最小限にすること。したがって，(3)の記述は適当でない。

(4) 施工用機械設備，仮設資材，工具などは必要最小限とし，できるだけ反復使用すること。したがって，(4)の記述は適当でない。

【問題6】 **解答** (4)

(4) ガントチャートは，工期に影響する作業は把握できない。したがって，(4)の記述は適当でない。

(1)，(2)，(3)の記述は適当である。

【問題7】 **解答** (2)

(2) ネットワークを構成する各作業の歩掛りが正しくなければ，全体の精度が悪くなる。これはネットワーク手法の欠点にあたる。したがって，(2)の記述は適当でない。

(1)，(3)，(4)の記述は適当である。

【問題8】 **解答** (1)

(1) 全体工期に影響する作業が何であるか分かりやすい。したがって，(1)の記述は適当である。

(2) 横線式工程表に比べ，工程表の作成に費用と労力を要する。したがって，(2)の記述は適当でない。

(3) 各作業の順序や因果関係が明らかになる。したがって，(3)の記述は適当でない。

(4) 工事途中での計画の変更に速やかに対処できる。したがって，(4)の記述は適当でない。

【問題9】 **解答** (1)

(1) (A)は不明，(B)は判明，(C)は判明の語句が当てはまる。したがって，(1)の語句の組合せが適当である。

【問題10】 **解答** (3)

(3) 工種Cを単独で短縮しても，並行作業である工種B，工種D，工種Eの短縮が必要となり，全体工事は短縮できない。したがって，(3)の記述は適当でない。

(1)，(2)，(4)の記述は適当である。

【問題11】 **解答** (1)

(1) 作業日数の長い工種Dを3日間短縮しても，全体工期を3日間短縮できない。したがって，(1)の記述は適当でない。

(2)，(3)，(4)の記述は適当である。

【問題12】 **解答** (3)

(3) 工種Dを短縮しても，全体工期は短縮されない。したがって，(3)の記述は適当でない。

3 施工管理Ⅲ（工程管理・ネットワーク工程表）

(1), (2), (4)の記述は適当である。

【問題13】　**解答**　(2)

(2)　工事Bを5日間短縮しても，全体工期は5日間短縮できない。したがって，(2)の記述は適当でない。

　(1), (3), (4)の記述は適当である。

【問題14】　**解答**　(4)

(4)　クリティカルパスの経路は，①$\xrightarrow{A}$②$\xrightarrow{C}$④┈┈┈③$\xrightarrow{E}$⑤となり9日間である。したがって，(4)の9日が正しい。

【問題15】　**解答**　(4)

(4)　クリティカルパスの経路は，①$\xrightarrow{C}$④┈┈┈③$\xrightarrow{E}$⑤$\xrightarrow{G}$⑥となり12日間である。したがって，(4)の12日が正しい。

※　バーチャートは，作成が比較的簡単であり，工期に影響する作業は特定できないが，**各作業の所要日数はよく判る。**

※　ガントチャートは，各作業の現時点での進行度合はよく判るが，**各作業の所要日数や工期に影響する作業が特定しにくい。**

※　ネットワーク式工程表は，**各作業の順序や因果関係が明確であり，ネック**となる作業の重点管理が可能である。

※　曲線式工程表は，各作業の進行度合はよく判るが，**各作業の所要日数や作業手順は判りにくい。**

※　出来高累計曲線は，着工直後から毎日の出来高が一定であれば，直線で示される。

　しかし，実際にはこのような直線にはならないで，**着工時と完成時に0を示し，最盛期には最大となる。**

　一般に工期の初期には，仮設，段取りがあり，また終期には仕上げや跡片付け等のため，工程速度は中期（最盛期）よりは1日の出来高が低下するのが普通である。

　すなわち，毎日の出来高は工事の初期から中期に向かって増加し，中期から終期に向かって減少していくわけで，**出来高累計曲線は変曲点をもつS型の曲線となる。**

　この**曲線をSカーブ**と呼んでいる。

【問題1】

　造園工事における高所作業に関する記述のうち，「労働安全衛生規則」上，正しいものはどれか。

(1)　高さ3mの位置でマツの緑摘みを行う際，丈夫な構造の折りたたみ式の脚立を，脚と水平面との角度を80度にして設置した。

(2)　高さ3mの位置で作業を行うために鋼管規格に適合する鋼管を用いて単管足場を設ける際，建地の間隔をけた方向で3.0m，はり間方向で1.5mとした。

(3)　高さ5mの位置でクスノキの剪定作業を行った際，休園日で公園利用者がいなかったため，監視人を置くなどの措置をとらずに剪定枝を投下した。

(4)　高さ5mの位置で作業を行うために高所作業車を使用する際，作業員の墜落防止措置や高所作業車の転倒防止等の安全管理上の措置を講じて作業を行った。

【問題2】

　造園工事の安全管理に関する記述のうち，適当でないものはどれか。

(1)　昇降用のはしごの上端が作業床から40cm突出するように設置した。

(2)　はしごの転倒防止のため，上端をロープ等で固定した。

(3)　はしごを使用する際，踏み桟が30cmの間隔で，等間隔に設けられているものを用いた。

(4)　深さ1.5mを超える箇所で作業を行う際，安全に昇降するためのはしごを設置した。

【問題3】

　高所作業に関する次の記述の(A)〜(C)に当てはまる数値の組合せとして，「労働安全衛生規則」上，正しいものはどれか。

　「高さ4mの作業場所となる体育館の外壁補修のため，本足場を設置することとした。足場板を2列に配置し，板の間のすき間を（　A　）cmとし，足場幅を（　B　）cm確保した。また，墜落の危険がある箇所に，高さ（　C　） cmの丈夫な手すりを設けた。」

	(A)	(B)	(C)
(1)	4	50	90
(2)	3	45	85
(3)	2	40	70
(4)	1	35	50

【問題4】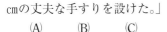

　高さ3mの地山の明り掘削の際に事業者が講じた措置に関する次の(イ)〜(ハ)の記述のうち，「労働安全衛生法」上，適当でないものをすべて示したものはどれか。

(イ)　掘削機械での作業中に，その作業範囲内で作業員を従事させたが，機械の運転者と作業員の間で常に連絡を取ることができるようにした。

(ロ)　運搬機械を後進する際に誘導者を配置しなかったので，機械の後方にいる作業員に注意を促すよう，機械の運転手に大声で合図させるようにした。

(ハ)　作業員全員を熟練した技術と経験を持つ者としたので，作業主任者を選任せずに，自らの判断で作業を実施させるようにした。

(1)　(イ)

(2)　(イ)，(ロ)

(3)　(ロ)，(ハ)

(4)　(イ)，(ロ)，(ハ)

【問題5】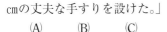

　移動はしごや脚立を用いた樹木の剪定作業に関する記述のうち，適当でないものはどれか。

(1)　移動はしごについて，幅35cmで，損傷や腐食がなく丈夫なものを用いた。

(2)　折りたたみ式の脚立について，脚と水平面との角度を70度とし，脚と水平面との角度を確実に保つための金具をしっかりかけて用いた。

(3)　二つの移動はしごを継いで用いる必要があったため，接続部を1m重ね合わせて堅固に固定して用いた。

(4)　手に工具を持ったままで，昇降を行わないようにした。

【問題6】

造園工事の安全管理に関する記述のうち，適当でないものはどれか。

(1) 高さ3mの高所作業を行うにあたり，本足場を設け，作業床として幅50cmのすき間のない床材を設置した。

(2) 高さ3mの高所作業を行うにあたり，本足場を設け，墜落の危険がある場所に高さ90cmの丈夫な手すりを設けた。

(3) 高さ5mの位置で高木の剪定作業に高所作業車を用いるにあたり，機体を水平に設置し，アウトリガーを最大限張り出す等の措置を講じた。

(4) 高さ5mの位置で高木の剪定作業を行うにあたり，剪定した枝を落とす場所の安全を確認して落とした。

【問題7】

次の(イ)～(ハ)のうち，事故発生時に適切な初動措置を行うために作業現場に必ず準備しておくこととして，必要なものをすべて示したものはどれか。

(イ) 施工体制台帳を作成するとともに，産業医を定めておくこと。

(ロ) 緊急連絡表を作成し，関係連絡先，担当者及び電話番号を記入し，事務所，詰所等の見易い場所に標示しておくこと。

(ハ) 通報責任者を定めるとともに，安全訓練等を実施しておくこと。

(1) (イ)，(ロ)

(2) (ロ)

(3) (ロ)，(ハ)

(4) (ハ)

【問題8】

次の(イ)～(ニ)のうち，事故発生時に適切な初動措置を行うために作業現場に準備しておくこととして，必要のないものの個数はどれか。

(イ) 緊急連絡表を作成し，関係連絡先，担当者及び電話番号を記入し，見やすい場所に標示しておくこと。

(ロ) 産業医を選任しておくこと。

(ハ) 関係機関及び隣接他工事の関係者との緊急時における通報方法の相互確認等の体制を明確にしておくこと。

(ニ) 通報責任者を指定しておくこと。

(1) 1個

(2) 2個

(3) 3個

(4) 4個

【問題9】

造園工事の安全管理に関する記述のうち，「労働安全衛生規則」上，誤っているものはどれか。

(1) 高さ3mの高所から物体を投下するため，投下設備を設け監視人を置いた。

(2) 高さ2.0mの箇所で遊具の組立作業を行う際，安全に昇降するためのはしごを設置した。

(3) 架設通路からの墜落の危険がある箇所に，高さ70cmの手すりを取り付けた。

(4) 移動はしごについて，幅35cmで，損傷や腐食がなく丈夫なものを，滑り止め装置を取り付けて用いた。

【問題10】

次の(イ)～(ニ)のうち，工事現場で一般的に行う安全管理活動に関する記述として，適当なものをすべて示したものはどれか。

(イ) 着工時に，安全についての各職員，下請の現場監督などの責任と権限を定め，明確にした。

(ロ) 作業主任者や現場監督者等を中心として，作業員とともにツールボックス・ミーティングを実施した。

(ハ) 施工計画を立てる際に，休憩所の設置等作業環境の整備について検討した。

(ニ) 工事用設備，機械器具等の点検は，特に点検責任者を定めず各人が責任をもって行うこととした。

(1) (ニ)

(2) (イ)，(ロ)

(3) (ハ)，(ニ)

(4) (イ)，(ロ)，(ハ)

【問題11】

高さ3mでの高所作業に関する次の記述の(A), (B)に当てはまる数値の組合せとして,「労働安全衛生規則」上,正しいものはどれか。

「パーゴラ補修のため,本足場を設置することとした。作業床は幅（ A ）cmとし,また,作業床から高さ（ B ）cmの手摺りを取りつけた。」

(A) (B)
(1) 30 ── 70
(2) 40 ── 70
(3) 30 ── 90
(4) 40 ── 90

【問題12】

20名の常時使用労働者が作業を行うこの造園工事の事業所では,「労働安全衛生法」に基づき,下記の安全管理体制で工事を行った。図中(A)に当てはまる語句として,正しいものはどれか。

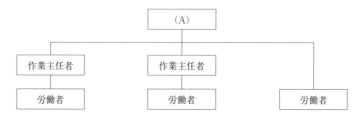

(1) 安全衛生推進者
(2) 労働基準監督署長
(3) 産業医
(4) 総括安全衛生管理者

【問題13】

地山を明り掘削する場合の事業者が講ずるべき措置として,「労働安全衛生規則」上,誤っているものはどれか。
(1) 選任した地山の掘削作業主任者に,作業方法の決定と作業の直接指揮を行

— 242 —

わせた。

⑵　崩壊の危険が予測される掘削箇所に，あらかじめ土止め支保工を設け，防護網を張り，労働者の立ち入りを禁止した。

⑶　掘削機械の運転中に運転者と常に連絡が取れるように，掘削機械の作業範囲内で労働者を作業させた。

⑷　作業箇所の掘削深さが1.5mを超えたので，はしご等の昇降設備を設けた。

【問題14】

高所作業に関する次の記述の⒜～⒞に当てはまる数値の組合せとして「労働安全衛生規則」上，正しいものはどれか。

「高さ４mの作業場所となる四阿の屋根材補修のため，単管足場を設置することにした。

作業床は床材を２列に設置し，幅を（　A　）cmとし，床材間のすき間を（　B　）cmとした。

また，墜落の危険がある箇所に，作業床から高さ（　C　）cmの丈夫な手すり及び中さんを設けた。」

　　　⒜　　　　⒝　　　　⒞
⑴　35 ── 2 ── 100
⑵　35 ── 5 ── 100
⑶　45 ── 2 ── 90
⑷　45 ── 5 ── 75

【問題15】

造園工事の安全管理に関する記述として，「労働安全衛生規則」上，誤っているものはどれか。

⑴　高所作業における架設通路を設けるにあたり，通路の勾配を20度とし，滑止めを設置した。

⑵　高さ３mの高所作業を行ううえで本足場を設け，幅50cmのすき間のない作業床を設置した。

⑶　架設通路において，墜落の危険性があったので，高さ65cmの丈夫な手すりを設置した。

(4) 枝おろし作業時に，作業を安全に行うための十分な面積の踏み面を持ち，脚と水平面との角度が70度で止め金具が付いた丈夫な脚立を用いた。

【問題16】

事故発生時に適切な初動措置を行うために，作業現場において準備しておくこととして必要のないものはどれか。

(1) 産業医を選任しておくこと。

(2) 消防署，警察署，労働基準監督署等関係機関の所在地，電話番号等の確認をしておくこと。

(3) 応急手当，救急方法等の救護訓練を実施しておくこと。

(4) 緊急時における連絡体制を定めておくこと。

4 施工管理Ⅳ（安全管理） 解答と解説

【問題1】 **解答** (4)

(1) 脚立については，脚と水平面とのなす角度は75度以下とし，かつ，折りたたみ式のものにあっては，脚と水平面との角度を確実に保つための金具等を備えること。と規定されている。したがって，(1)の記述は適当でない。

(2) 単管足場の建地の間隔は，けた行方向で1.85m以下，はり間方向は1.5m以下とする。したがって，(2)の記述は適当でない。

(3) 3m以上の高所から物体を投下するときは，適当な投下設備を設け，監視人を置く等，労働者の危険を防止するための措置を講じなければならない。また，労働者はこの規定による措置が講じられていないときは，3m以上の高所から物体を投下してはならない。したがって，(3)の記述は適当でない。

(4) 高さ5mの位置で作業を行うために高所作業車を使用する際，作業員の墜落防止措置や高所作業車の転倒防止等の安全管理上の措置を講じて作業を行う。したがって，(4)の記述は適当である。

【問題2】 **解答** (1)

(1) 昇降用のはしごの上端が作業床から60cm以上突出するように設置する。したがって，(1)の記述は適当でない。

(2) はしごの転倒防止のための措置を講ずること。したがって，(2)の記述は適当である。

(3) はしごの踏み桟は，等間隔に設けられているものを使用する。したがって，(3)の記述は適当である。

(4) 高さ又は深さが1.5mを超える箇所で作業を行うときは，当該作業に従事する労働者が安全に昇降するための設備を設けなければならない。したがって，(4)の記述は適当である。

【問題3】 **解答** (2)

「高さ4mの作業場所となる体育館の外壁補修のため，本足場を設置することとした。足場板を2列に配置し，板の間のすき間を（3）cmとし，足場幅を（45）cm確保した。また，墜落の危険がある箇所に，高さ（85）cmの丈夫な手すりを設けた。」(注) Bの数値は40cm以上であればよい。

したがって，(2)の数値が正しい。

① 架設通路の墜落防止措置

　　従来の高さ75cm以上の手すりではなく，高さ85cm以上の手すりに加えて「中さん等」を設置する。

② わく組足場の場合の墜落防止措置

　　従来の高さ75cm以上の手すりではなく，高さ85cm以上の手すりに加えて「中さん等」を設置する。

　　交差筋かい下部のすき間からの墜落防止のため，交差筋かいに加えて「高さ15cm以上40cm以下の場所に下さん」又は「高さ15cm以上の幅木」（下さん等）の設置，あるいは「手すりわく」の設置を行う。

③ 物体落下防止措置

　　足場には高さ10cm以上の幅木，メッシュシート又は防網を新たに設ける。

④ 作業構台の墜落防止措置

　　従来の高さ75cm以上の手すりではなく，高さ85cm以上の手すりに加えて「中さん等」を設置する。

⑤ 足場及び作業構台の点検

　　当日の作業開始前に墜落防止設備の取外しの有無等の点検をし，異常を認めた時は直ちに補修する。悪天候（中震以上の地震含む）後（足場では，組立て・一部解体・変更の後も含む）は，墜落防止設備及び落下防止設備の取外しの有無等の点検をし，異常を認めた時は直ちに補修する。その点検結果等は記録し，作業が終了するまで保存する。

※ 「中さん等」とは，次に該当するものをいう。

① 高さ35cm以上50cm以下のさん

② 高さ35cm以上の防音パネル，ネットフレーム，金網

【問題4】　解答　(4)

(イ) 建設機械と作業員との混在作業となる場所においては，作業区域をロープ柵，赤旗等で表示するとともに，作業範囲への作業員の立入りを禁止すること。また，作業員に危険の生ずるおそれのある時は，監視員を配置し危険箇所へ作業員が立ち入らないように監視すること。したがって，(イ)の記述は適当でない。

(ロ) 掘削機械，積込み機械，運搬機械が，作業員の作業区域に後進して接近する時，または転落のおそれのある時は，誘導員を配置し，その者に当該建設

4 施工管理Ⅳ（安全管理）

機械の誘導をさせること。したがって，(ロ)の記述は適当でない。

(ハ)　掘削面の高さが2m以上となる地山の掘削作業を行うときは，地山の掘削作業主任者技能講習を修了した者のうちから，「地山の掘削作業主任者」を選任する。したがって，(ハ)の記述は適当でない。

　　よって，(4)が適当でないものをすべて示したものである。

※　地山の掘削及び土止め支保工作業主任者技能講習は，制度改正により統合新設されている。統合前の地山の掘削作業主任者講習，または土止め支保工作業主任者技能講習の片方しか修了していない者は，新制度下においても当該片方の作業主任者への就任しか認められない（もう片方の資格を得るには新制度下の差分講習を修了する必要がある）。

【問題5】　**解答**　(3)

(3)　移動はしごは，原則として継いで用いてはならない。やむを得ず継いで用いる場合は，9m以下とすること。また圧縮材は突合せ継手とする。重ね合せ継手ではない。したがって，(3)の記述は適当でない。

(1)，(2)，(4)の記述は適当である。

【問題6】　**解答**　(4)

(4)　3m以上の高所から物体を投下するときは，適当な投下設備を設け，監視人を置く等，危険を防止するための措置を講ずる。

(イ)　立入り禁止区域を設定し，監視員を配置すること。

(ロ)　投下設備は，ゴミ投下用シュートまたは木製によるダストシュート等，周囲に投下物が飛散しない構造であること。

(ハ)①　投下設備先端と地上との間隔は，投下物が飛散しないように，投下設備の長さ，勾配を考慮した設備とすること。

　　②　物体が落下することにより，作業員に危険が及ぶおそれがあるときは，防網の設備を設け，立入り区域を設定する等，危険を防止するための措置を講ずること。

　　③　物体が飛来することにより，作業員に危険が及ぶおそれがあるときは，飛来防止の設備を設け，保護具を使用する等，危険を防止するための措置を講ずること。したがって，(4)の記述は適当でない。

【問題7】　**解答**　(3)

(イ)　施工体制台帳を作成するのは，建設工事の適正な施工を確保するために，発注者から直接工事を請け負った特定建設業者が，直接の契約関係にあたる下請業者のみならず，その工事の施工にあたるすべての建設業者を監督しつつ工事全体の施工を管理するために整備するものである。産業医については，常時50人以上の労働者を使用する事業場に選任するものである。したがって，事故発生時に適切な初動措置を行うために作業現場に必ず準備しておくこととは直接関係がない。

(ロ)　緊急連絡表を作成し，関係連絡先，担当者及び電話番号を記入し，事務所，詰所等の見易い場所に標示しておくこと。

(ハ)　通報責任者を定めるとともに，安全訓練等を実施しておくこと。

　(ロ)，(ハ)は事故発生時に適切な初動措置を行うために作業現場に必ず準備しておくことである。したがって，(3)の組合せが正しい。

【問題8】　**解答**　(1)

　(イ)，(ハ)，(ニ)の記述は，事故発生時に適切な初動措置を行うために作業現場に準備しておくことであり，適当である。

　(ロ)の記述の「産業医を選任しておくこと。」については，労働者の健康診断など健康管理，健康の保持増進の措置などの職務を行い，事業者，総括安全衛生管理者，衛生管理者に対し，勧告，助言，指導等を行う者として選任が義務付けられている。選任しなければならない事業場は，常時50人以上の労働者を使用するすべての事業場である（**個々の事業場単位の安全衛生管理組織であって，建設現場全体（混在作業）の組織に選任する者ではない**）。したがって，**事故発生時に適切な初動措置を行うために作業現場に準備しておくこととして必要のないものである。**

　よって，(1)の１個が正しい。

【問題9】　**解答**　(3)

(3)　手すりの高さは，85cm以上である。また，「中さん」を35cm以上，50cm以下の所に設ける。

【問題10】　**解答**　(4)

(ニ)　工事用設備，機械器具等については，それぞれに点検責任者を定め点検させることはもちろんであるが，その他に，あらかじめ点検者を指名して，現

4 施工管理Ⅳ（安全管理）

場を巡回させ，施設，作業方法等をよく点検させ，不安全な状態や動作を見つけたときは改善するか，自分の権限外のことは上司に報告させる。したがって，(ニ)の記述は適当でない。

よって，(4)の(イ)，(ロ)，(ハ)が適当なものをすべて示している。

【問題11】 **解答** (4)

(4) 「パーゴラ補修のため，本足場を設置することとした。作業床は幅（$\overset{A}{40}$）cmとし，また，作業床から高さ（$\overset{B}{90}$）cmの手摺りを取りつけた。」

したがって，(4)の数値の組合せが正しい。

【問題12】 **解答** (1)

(1) 安全衛生推進者は，安全管理者及び衛生管理者の選任を要する事業場以外の事業場で，安全衛生に係る業務を担当する者として選任が義務付けられている。

常時10人以上50人未満の事業場において，安全衛生に係る業務を担当する者として，選任しなければならない。したがって，(1)が正しい。

【問題13】 **解答** (3)

(3) 建設機械と作業員との混在作業となる場所においては，**作業区域をロープ柵，赤旗等で表示するとともに，作業範囲への作業員の立入りを禁止すること。また，作業員に危険の生ずるおそれのある時は，監視員を配置し危険箇所へ作業員が立ち入らないように監視すること**。したがって，(3)の記述は誤っている。

(1)，(2)，(4)の記述は適当である。

【問題14】 **解答** (3)

(3) 作業床の幅は，40cm以上とし，床材間のすき間は３cm以下であればよい。また，手すりの高さは85cm以上とする。

したがって，(3)の組合せが規定をクリアしている。

【問題15】 **解答** (3)

(3) **「架設通路において，墜落の危険性があったので，高さ85cm以上で「中さん等」を設けた丈夫な手すりを設置した。」**が適当な記述になる。したがって，(3)の記述は適当でない。

【問題16】 解答 ⑴

【問題7】と【問題8】との類似問題である。⑴の産業医の選任は，事故発生時に適切な初動措置を行うために，作業現場において準備をする必要のないものである。

※ 悪天候や大雨により作業に危険が予想される場合は，**作業を中止する**。

※ 足場の解体作業における足場材の取り外し，受渡し等の作業には，**幅40cm以上の足場板を設け，作業員には要求性能墜落制止用器具（安全帯）を使用**させる。

同じような問題が目白押しです。
この出題範囲で覚えましょう。

※ 埋設物に近接して作業をするときは，原則として**埋設物管理者の立会いのもとに作業を実施する**。

※ 作業員に危険を及ぼすおそれのあるときは，防護措置を行い，危険を回避した後でなければ作業を継続してはならない。さらに機械掘削を中止し，埋設物を損傷しないよう**手掘りによる作業**を行う。

******************* advice *******************
車両系建設機械の安全管理に関する問題は，造園工事の機械
化施工がすすんでいるため必須問題です。労働災害，公衆災
害を防ぐためにも知識を確実なものにしておきましょう。
****

※ 車両系建設機械は，原則として主たる用途以外の用途に使用してはならない。

ただし，パワーショベル等による荷の吊り上げ作業を行う場合で，下記の(イ)，(ロ)及び(ハ)のすべてに該当するときは，この適用を除外する。

(イ) 作業の性質上やむを得ないとき，または安全な作業の遂行上必要なとき。

(ロ) アーム，バケット等の作業装置に下記の条件を満足するフック，シャックル等の吊り上げ用金具を取付けて使用するとき。

① 十分な強度を持った，吊り上げ用の金具等を用いるとき。

② 外れ止めの使用等，吊り荷等が落下しない措置が講じてあること。

③ 作業装置から外れるおそれのないこと。

(ハ) アーム，バケット等の作業装置に作用する荷重は，車両系建設機械の構造及び材料に応じて定められた最大の負荷荷重を超えないこと。

参考事項

① 高さ又は深さが1.5mを超える箇所には，昇降設備を設置する。

② はしご道は，丈夫な構造とし，踏さんは25〜35cmの間隔に設け，最上端は手がかりとなるよう床から60cm以上突出させる。

③ 脚立は，脚と水平面との角度を75°以下とする。

④ 登り桟橋は，勾配を30°以下とし，15°を超えるものは踏さんその他の滑り止めを設ける。

⑤ 作業床の幅は40cm以上とし，床材間のすき間は3cm以下とする。

⑥ つり足場の場合は，作業床の幅は40cm以上とし，すき間を設けてはならない。

⑦ 足場の組立，解体時等に，歩み板（足場板）を長手方向に重ねるときは支点上で重ね，その重ねた部分の長さは20cm以上とする。

⑧ 床材と建地とのすき間は12cm以下とする。

合格への目安　5問中3問以上正解すること。目標時間15分。

【問題1】 出るヨ

移動式クレーンの作業に関する記述のうち，「クレーン等安全規則」上，適当でないものはどれか。

(1) 吊り上げ荷重が1t未満の移動式クレーンの吊り上げ作業を，当該作業に関する安全のための特別の教育を受けた者に行わせた。

(2) 移動式クレーンを用いる作業において，移動式クレーンの運転について一定の合図を定め，あらかじめ指名した者に合図を行わせた。

(3) 移動式クレーンでハッカーを用いて玉掛けをした荷を吊り上げている作業中は，合図者を除いて，吊り荷の下への作業員の立ち入りを禁止した。

(4) 吊り上げ荷重が1t以上の移動式クレーンの玉掛け業務を，玉掛け技能講習を修了した者に行わせた。

【問題2】 出るヨ

移動式クレーンの作業に関する記述のうち，「クレーン等安全規則」上，適当でないものはどれか。

(1) 移動式クレーンの運転者に単独で作業を行わせる場合を除き，移動式クレーンの運転について一定の合図を定め，合図を行う者を指名して，その者に合図を行わせなければならない。

(2) 吊り上げ荷重1t未満の移動式クレーンを用いた作業は，当該作業に関する安全のための特別の教育を受けたものが行うことができる。

(3) 作業の性質上やむを得ない場合は，移動式クレーンの吊り具に専用のとう乗設備を設け，墜落防止のための措置を講じた上で，当該とう乗設備に労働者を乗せることができる。

(4) 移動式クレーンによる吊り上げ作業において，強風により作業の危険が予想されたため，クレーンのジブの位置を固定させて転倒を防止した上で作業を行うことができる。

5 移動式クレーン

【問題3】

「クレーン等安全規則」に関する次の記述の(A)，(B)に当てはまる語句の組合せとして，正しいものはどれか。

「吊り上げ荷重が（　A　）の移動式クレーンの運転は，小型移動式クレーン運転技能講習を修了した作業員であれば運転することができる。また，吊り上げ荷重が（　B　）以上の移動式クレーンの玉掛け作業は，玉掛け技能講習を修了した作業員が行う必要がある。」

	(A)	(B)
(1)	1t以上5t未満	0.5t
(2)	1t以上5t未満	1t
(3)	5t以上10t未満	0.5t
(4)	5t以上10t未満	1t

【問題4】

移動式クレーンを用いた作業に関する記述のうち，「クレーン等安全規則」上，誤っているものはどれか。

(1) 運転者は，安全が確認できる場合以外は，荷を吊ったままの状態で運転席を離れてはならない。

(2) 作業中は，吊り荷の移動範囲内に人を立ち入らせてはならない。

(3) 作業開始前には，警報装置，ブレーキ等について点検・確認しなければならない。

(4) 吊り上げ荷重1t以上の玉掛け作業は，玉掛け技能講習修了者が行わなければならない。

【問題5】

造園工事において移動式クレーンを用いた作業に関する記述のうち，「クレーン等安全規則」上誤っているものはどれか。

(1) 移動式クレーンによる吊り上げ作業において，地盤が軟弱で転倒するおそれがあったので，転倒を防止するため必要な広さ及び強度を持つ鉄板を敷設し，その上に移動式クレーンを設置し作業を実施した。

(2) 移動式クレーンによる吊り上げ作業において，強風により作業の危険が予

想されたため，クレーンのジブの位置を固定させて転倒を防止したうえで作業を実施した。

⑶　小型移動式クレーン運転技能講習修了者に吊り上げ荷重4.9トンのクレーンを使用させ，吊り上げ作業を行った。

⑷　作業上やむを得なかったので，移動式クレーンに専用の搭乗設備を設け，墜落防止のための措置を講じたうえで，労働者を運搬した。

フック
(1) 半掛け

(2) あだ巻掛け

(3) 目掛け（アイ掛け）

フックへのロープの掛け方式（3態）

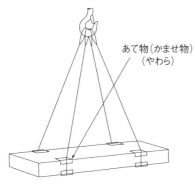

あて物（かませ物）
（やわら）

(1) 半掛け吊り

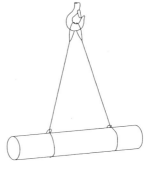

(2) 目通し吊り

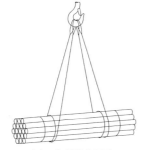

(3) あだ巻き吊り

(4) はかま

荷の吊り形態（4態）

【問題1】 　解答 　(3)

(3) 合図者は，吊り荷が良く見え，オペレータからも良く見える位置で，か
つ，**作業範囲外に位置して合図を行うこと（合図者であっても作業範囲外で
行うこと）**。やむを得ずオペレータから見えない位置で合図する場合は，無
線等で確実に合図が伝わる方法をとること（移動式クレーンの運転について
一定の合図を定め，合図を行う者を指名して，その者に合図を行わせるこ
と。ただし，運転者に単独で作業を行わせる時は，この限りではない）。

　「移動式クレーンによる作業中は，吊り荷の直下および吊り荷の移動範囲
内で吊り荷の落下のおそれのある場所へは，作業員を立ち入らせないこと。」

　「移動式クレーンの上部旋回体と接触するおそれのある箇所に，作業員を
立ち入らせないこと。」

　「立入りを禁止した場所には，看板，標識等を設置するとともに，作業員
に周知させること。」等が規定されている。

　したがって，(3)の記述は適当でない。

(1) **移動式クレーンの運転は，吊り上げ荷重により，下記の資格を有する者が
行うこと。**

　(イ) 吊り上げ荷重が1t未満の移動式クレーン

　　① 特別教育受講済の者

　　② 小型移動式クレーン運転技能講習の修了者

　　③ 移動式クレーン運転士免許取得者

　(ロ) 吊り上げ荷重が1t以上5t未満の移動式クレーン

　　① 小型移動式クレーン運転技能講習の修了者

　　② 移動式クレーン運転士免許取得者

　(ハ) 吊り上げ荷重が5t以上の移動式クレーン

　　① 移動式クレーン運転士免許取得者

　　したがって，(1)の記述は適当である。

(2) の記述は適当である。

(4) 吊り上げ荷重が1t以上の移動式クレーンの玉掛け作業には，玉掛け技能
講習を修了した者が，吊り上げ荷重が1t未満の移動式クレーンの玉掛け作
業には玉掛け技能講習を修了した者または特別教育を受講した者がそれぞれ
就くこと。と規定されている。したがって，(4)の記述は適当である。

※ 移動式クレーンでないクレーンの場合は，吊り上げ荷重が5t未満ではク
レーンの運転業務の特別教育受講済の者が就くことができるので，注意が必

5　移動式クレーン

要である。

【問題2】　解答　(4)

(4)　強風のため危険が予想されるときは，作業を中止すること。

　　　強風のため作業を中止する時は，移動式クレーンの転倒を防止するため，ジブの位置を固定させる等の措置を講ずること。したがって，(4)の記述は適当でない。

(3)　移動式クレーンにより，作業員を運搬し，または作業員を吊り上げて作業をさせてはならない。ただし，作業の性質上やむを得ない場合または安全な作業の遂行上必要な場合は，移動式クレーンの吊り具に専用の搭乗設備を設けて作業員を乗せることができる。この場合，下記の措置を講じなければならない。

①　搭乗設備の転位及び脱落を防止する措置を講ずること。

②　作業員に要求性能墜落制止用器具（安全帯）その他の命綱を使用させること。

③　搭乗設備と搭乗者との総重量の1.3倍に500kgを加えた値が，当該移動式クレーンの定格荷重を超えないこと。

④　搭乗設備を下降させるときは，動力下降の方法によること。

　　　したがって，(3)の記述は適当である。

【問題3】　解答　(2)

(2)　【問題1】の(1)，(4)の類似問題である。

　　　移動式クレーンの運転は，吊り上げ荷重により，下記の資格を有する者が行うこと。

　(イ)　吊り上げ荷重が1t未満の移動式クレーン

　　①　特別教育受講済の者

　　②　小型移動式クレーン運転技能講習の修了者

　　③　移動式クレーン運転士免許取得者

　(ロ)　吊り上げ荷重が1t以上5t未満の移動式クレーン

　　①　小型移動式クレーン運転技能講習の修了者

　　②　移動式クレーン運転士免許取得者

　(ハ)　吊り上げ荷重が5t以上の移動式クレーン

　　①　移動式クレーン運転士免許取得者

　　吊り上げ荷重が1t以上の移動式クレーンの玉掛け作業には，玉掛け技能

講習を修了した者が，吊り上げ荷重が1t未満の移動式クレーンの玉掛け作業には玉掛け技能講習を修了した者または特別教育を受講した者がそれぞれ就くこと。と規定されている。したがって，(2)の語句の組合せが適当である。

【問題4】 　解答　(1)

(1)　オペレータは，安全を確認できる場合でも，荷を吊り上げたままで運転席を離れないこと。と規定されている。したがって，(1)の記述は適当でない。

(2)の記述は適当である。

(3)　始業前点検は，その日の作業を開始する前に，巻過防止装置・過負荷警報装置その他の警報装置・ブレーキ・クラッチ及びコントローラーの機能について点検すること。したがって，(3)の記述は適当である。

(4)の記述は適当である。

【問題5】 　解答　(2)

(1)　移動式クレーンが転倒するおそれのある場所（地盤が軟弱である場所，埋設物その他地下に存する工作物が損壊するおそれのある場所等）においては，移動式クレーンを用いて作業を行ってはならない。ただし，地盤が軟弱である場所，埋設物その他地下に存する工作物を損壊するおそれのある場所等移動式クレーンが転倒するおそれのある場所において，転倒を防止するため，必要な広さ及び強度を有する鉄板の敷設，地盤改良等により補強し，その上に移動式クレーンを設置した場合は，この限りではない。この場合，アウトリガーを使用するときは，当該アウトリガーを当該鉄板または地盤改良をした上等転倒するおそれのない位置に設置すること。したがって，(1)の記述は適当である。

(2)　強風のため危険が予想されるときは，作業を中止すること。

　　強風のため作業を中止する時は，移動式クレーンの転倒を防止するため，ジブの位置を固定させる等の措置を講ずること。したがって，(2)の記述は適当でない。

(3)　吊り上げ荷重が4.9tの移動式クレーンの場合は，5t未満であるため，小型移動式クレーン運転技能講習修了者が就くことができる。したがって，(3)の記述は適当である。

(4)　移動式クレーンにより，作業員を運搬し，または作業員を吊り上げて作業をさせてはならない。ただし，作業の性質上やむを得ない場合または安全な作業の遂行上必要な場合は，移動式クレーンの吊り具に専用の搭乗設備を設

5　移動式クレーン

けて作業員を乗せることができる。したがって，(4)の記述は適当である。

※　移動式クレーンの点検には，
①　**年点検**：移動式クレーンを設置した後，1年以内毎に1回，定期に当該移動式クレーンについて自主検査を行うこと。
②　**月点検**：移動式クレーンを設置した後，1月以内毎に1回，定期に，下記項目について自主検査を行うこと。
　　イ）巻過防止装置その他の安全装置・過負荷警報装置その他の警報装置・ブレーキ・クラッチの異常の有無
　　ロ）ワイヤロープ・吊りチェーンの損傷の有無
　　ハ）フック・グラブバケット等の吊り具の損傷の有無
　　ニ）配線・配電盤・コントローラーの異常の有無
③　**始業点検**：移動式クレーンを用いて作業を行うときは，その日の作業の開始する前に，巻過防止装置・過負荷警報装置その他の警報装置・ブレーキ・クラッチ及びコントローラーの機能について点検すること。
④　**玉掛け作業**を行うときは，その日の作業を開始する前に，玉掛け用ワイヤロープ・吊りチェーン・繊維ロープ・繊維ベルト・フック・シャックル等の異常の有無について点検を行うこと。
⑤　**自主検査・始業前点検**において，異常を認めたときは，直ちに補修すること。
⑥　**自主検査の結果を記録し，3年間保存すること**。と規定されている。
※　**アウトリガーは，原則として最大限に張り出さなければならない**。ただし，最大限に張り出すことができない場合にあっては，移動式クレーンにかける荷重が，当該アウトリガーの張出し幅に応じた定格荷重を下回ることが確実に見込まれる時は，この限りではない。
※　**移動式クレーンにその定格荷重を超える荷重をかけて使用してはならない**。
※　**移動式クレーンを1ヶ月間にわたり継続して使用する作業において，その日の作業を開始する前に，巻過防止装置，過負荷警報装置その他の警報装置，ブレーキ，クラッチ及びコントローラーの機能について点検**を行わなければならない。

ハッカー
　ハッカーを使用するときは，メーカーの指定する用途以外には使用しないこ

と，また，取扱説明書をよく理解したうえで使用すること。

　許容板厚の範囲で使用する。

　吊り角度は60度以内とする。

　原則として複数個で玉掛けする。

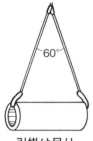

引掛け吊り

しぼり吊り

第9章II

施工管理法

　この分野は，最近の試験では3問出ています。
　全問正解をねらいますと非常に労力が必要です。新しい傾向の問題も多く出ていますので，既往問題を中心に，知識を広げ正解するようにしてください。
　「公共用緑化樹木等品質寸法規格基準（案）」は，第2次検定にも関連する分野ですから，確実なものにしてください。合格ノートを作って何回も記述して下さい。

| 合格への目安 | 5問中3問以上正解すること。目標時間15分。 |

【問題1】

下図に示すある材料に係るヒストグラム(A)，(B)の判断に関する次の記述の正誤の組合せとして，適当なものはどれか。

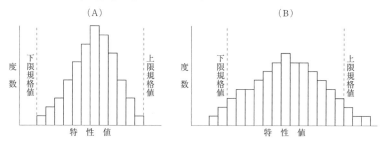

(イ) (A)は将来，少しの変動でも規格を外れるものが出る可能性があり，注意が必要である。

(ロ) (B)は上限規格値と下限規格値にゆとりがあって良い。

　　　　(イ)　　　　(ロ)

(1)　正 ―― 正

(2)　正 ―― 誤

(3)　誤 ―― 正

(4)　誤 ―― 誤

【問題2】

ヒストグラムに関する次の記述の(A)，(B)に当てはまる語句の組合せとして，適当なものはどれか。

「ヒストグラムは，（　A　）を判断することができないが，（　B　）を判断することは可能である。」

　　　　　　　(A)　　　　　　　　　　　　　　(B)

(1)　飛び離れているデータの有無 ―― どんな値のまわりにデータが分布しているか

(2)　個々のデータの時間的変化 ―― どんな値のまわりにデータが分布しているか

1 施工管理Ⅴ（品質管理①ヒストグラム）

(3) 飛び離れているデータの有無 ── データがばらついている具体的な原因
(4) 個々のデータの時間的変化 ── データがばらついている具体的な原因

【問題3】

ヒストグラムから読み取れる内容として，適当でないものはどれか。

(1) 規格値の上限や下限から外れているデータがないか。
(2) 飛び離れて分布しているデータがないか。
(3) データが時間を追ってどのように変化しているか。
(4) データがどのような値のまわりに分布しているか。

【問題4】

下図に示すヒストグラムの判断に関する記述のうち，最も適当なものはどれか。

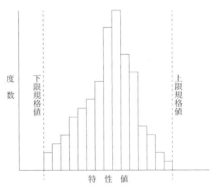

(1) 将来，少しの変動でも規格を外れるものが出る可能性があり，注意が必要である。
(2) 上限規格値及び下限規格値を外れており，何らかの対処が必要である。
(3) 上限規格値を外れるものがあり，平均値を小さい方にずらす必要がある。
(4) 規格値に対するゆとりもあり，また，平均値が規格の中央付近にあり，良好である。

【問題5】

次の図のヒストグラムの判定に関する記述のうち，最も適当なものはどれ

か。

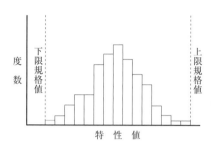

(1) 将来少しの変動でも規格値を外れるものが出る可能性があるので，注意を要する。

(2) 下限規格値を外れるものがあり，平均値を大きい方にずらす処置が必要である。

(3) 上限規格値及び下限規格値を外れており，何らかの処置が必要である。

(4) 規格値に対するゆとりもあり，また，平均値が規格の中央付近にあり，良好である。

1 施工管理Ⅴ(品質管理①ヒストグラム)　解答と解説

【問題1】 **解答** (2)

(イ) (A)は将来，少しの変動でも規格を外れるものが出る可能性があり，注意が必要である。したがって，(イ)は正である。

(ロ) (B)は上限規格値と下限規格値も外れており，何らかの処置が必要である。すなわち現状の技術レベル又は作業標準等に問題がないか検討を要する。したがって，(ロ)は誤である。

　　よって，(2)の正誤の組合せが適当である。

【問題2】 **解答** (2)

「ヒストグラムは，(個々のデータの時間的変化)を判断することができないが，(どんな値のまわりにデータが分布しているか)を判断することは可能である。」したがって，(2)の語句の組合せが適当である。

【問題3】 **解答** (3)

(3) ヒストグラムでは，個々のデータの時間的変化や変動の様子はわからない。したがって，(3)の記述は適当でない。

【問題4】 **解答** (1)

(1) 図のヒストグラムの判定は，将来，少しの変動でも規格を外れるものが出る可能性があり，注意が必要である。したがって，(1)の記述が適当である。

【問題5】 **解答** (1)

　【問題4】の類似問題である。したがって，(1)の記述が適当である。

※　ヒストグラムは，データのバラツキ状態を知るために多く用いられる統計的手法である。

※　横軸にデータの存在する範囲をいくつかの区間に分け，それぞれの区間に入るデータの数を度数として縦軸にとった図のことで，柱状になっていることから柱状図とも呼ばれる。通常，品質管理においては，ヒストグラムの中に品質管理の基準となる規格値の位置を記入し，ヒストグラムの分布の中心値（目標値）と規格値を比較するなどして，規則性，工程の状態を把握することができる。

※　ヒストグラムからわかることは次のとおりである。

① 分布の形状
② 分布の中心（中心値と分布状況）
③ 分布の広がり
④ 飛び離れたデータの有無
⑤ 規格値との関係

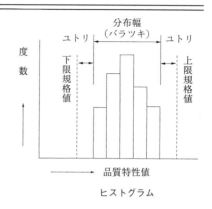

ヒストグラム

ヒストグラムの見方

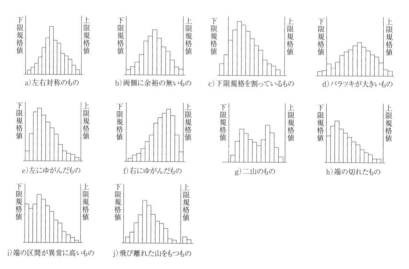

a）最も一般的に現れる形であり，ある規格値を目標にして品質管理した場合に目標値の周辺にデータが分布するものである。

b）規格値の範囲内であるが，わずかな工程の変化によって規格値を割るものが出るので，バラツキをもっと小さくするよう品質管理する必要がある。

c）分布全体が左に寄りすぎ，下限の規格値を割っている。平均値を大きい方にずらすか，バラツキを小さくするよう処置する必要がある。

d）上・下限の規格値とも割っており，応急措置が必要である。バラツキを小さくするための要因（現状の技術レベルまたは作業標準）を解析し，根本的な対策を採ることが必要である。

1 施工管理V（品質管理①ヒストグラム）

e），f）上限または下限が規格値などで抑えられた場合で，特定の値以下または以上の値をとることが許されない場合によく現れる形状である。

g）一つの製品の製作に2つの異なる工程（2台の機械や2種類の原材料）を用いた場合に現れやすい分布であり，平均値の異なる2つの分布が混在しているものである。

h）規格値以下のものを工程の途中で全数取り除いた場合に現れるものである。

i）規格値以下のものを手直ししたり，データを偽って報告した場合に現れる。

j）測定に誤りがあったり，工程に時折異常があった場合に現れるものである。

　品質管理とヒストグラムの関係に関するこのような知識を基本に，ヒストグラムを見る場合は，以下の点に留意する必要がある。
① 規格値を満足しているかどうか。
② 分布の位置は適当か。
③ 分布の幅はどうか。
④ 離れ島のように飛び離れたデータはないか。
⑤ 分布の右か左かが絶壁型となっていないか。
⑥ 分布の山が2つ以上ないか。

　なお，ヒストグラムにより品質管理の判定を行う際には，規格値に対するユトリがどの程度あるかを統計手法により計算して確認しておくとよい。

※ 品質管理においては，このようにしてヒストグラムを見ながら，品質全体の傾向や規則性をつかみ，不良原因や問題点を追究するとともに，速やかに改善などの是正措置をとる必要がある。さらには，このような品質管理を積み重ねることによって，技術上の新しい課題やその改善方法が見出され，施工技術が向上してゆくものであることを明記する必要がある。

※ 統計量の計算
　　具体的な統計量としては，一般にデータ全体を代表する位置を表す平均値やメディアンが用いられ，バラツキの尺度としては範囲，標準偏差，分散などが用いられる。

※ データの中心位置の表し方

①　平均値（$\overline{\text{X}}$：エックスバー）

②　メディアン（中央値）（$\tilde{\text{X}}$ または Me）

③　モード（最多値）（mode または Mo）

※　データのバラツキ（幅）の表し方

①　範囲（R：レンジ）

②　平方和（S：残差平方和）

③　分散（s^2）

④　不偏分散（V）

⑤　標準偏差（S または δ）

⑥　変動係数（v）

2 施工管理V(品質管理②公共用 緑化樹木等品質寸法規格基準(案)) 問 題

合格への目安 14問中8問以上正解すること。目標時間42分。

【問題1】

「公共用緑化樹木等品質寸法規格基準（案）」に関する次の記述の(A)，(B)に当てはまる語句の組合せとして，適当なものはどれか。

「幹周は，その測定部分で枝が分岐しているときには，その （ A ）の周長を測定する。また，ウメなどのように樹木の根元付近から幹が分岐しているものは，生産苗畑で幹が土と接している根元部分の周長を測定するが，この場合の根元周を，特に （ B ）という。」

	(A)		(B)
(1)	上部	——	根上がり
(2)	下部	——	芝付き
(3)	上部	——	芝付き
(4)	下部	——	根上がり

【問題2】

「公共用緑化樹木等品質寸法規格基準（案）」における樹木の搬入時の品質寸法規格の判定に関する記述のうち，適当でないものはどれか。

(1) 根系の発達が良く，根鉢範囲に多数の細根が発生していたが，根鉢が乾燥していたため，不合格とした。

(2) 葉に虫害の発生の跡が見られたが，被害が軽微で，搬入時には害虫が付着していなかったため，合格とした。

(3) 樹皮の形姿はおおむね良好であったが，その一部に裂け目があり変色していたため，不合格とした。

(4) 枝の一部に徒長があったが，それにより枝張りの寸法規格を満たしており，また，片枝でなかったため，合格とした。

【問題3】

「公共用緑化樹木等品質寸法規格基準（案）」の寸法規格に関する記述のうち，適当でないものはどれか。

(1) 幹が，2本以上の樹木の場合においては，おのおのの周長の総和の70%を

もって幹周とする。

⑵　株立物の樹高は，3本立の場合，過半数は所要の樹高に達しており，他は所要の樹高の70%以上に達していること。

⑶　枝張とは，樹木等の四方面に伸長した枝の幅をいう。測定方向により幅に長短がある場合は，最長と最短の平均値とする。なお，一部の突出した枝は含まない。

⑷　幹周とは，樹木の幹の周長をいい，根鉢の上端より1.2m上りの位置を測定する。この部分に，枝が分岐しているときは，その直下部を測定する。

【問題4】

「公共用緑化樹木等品質寸法規格基準（案）」における，次に示す寸法規格表（案）の(A)，(B)に当てはまる語句の組合せとして，適当なものはどれか。

（単位：m）

樹種	樹高	（　B　）	枝張
	H	C	W
（　A　）	3.0	0.10	0.8
	3.0	0.12	1.0
	3.5	0.15	1.2
	4.0	0.18	1.2
	4.5	0.21	1.5
	5.0	0.25	2.0

	(A)	(B)
⑴	クロマツ	幹径
⑵	スズカケノキ（プラタナス）	幹周
⑶	オトメツバキ	幹径
⑷	クスノキ	幹周

【問題5】

次の図に示す3本立指定の樹木の幹周の寸法値として，「公共用緑化樹木等品質寸法規格基準（案）」に照らし，正しいものはどれか。

ただし，各々の周長は以下のとおりとする。

① 0.09m
② 0.11m
③ 0.10m

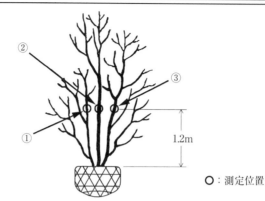

○：測定位置

(1)　0.10m
(2)　0.11m
(3)　0.20m
(4)　0.21m

【問題6】

「公共用緑化樹木等品質寸法規格基準（案）」における樹木の品質規格に関する記述のうち，適当でないものはどれか。

(1)　「枝葉の配分」は，樹種の特性に応じて節間が詰まり，枝葉密度が良好であること。

(2)　「根」は，根系の発達が良く，四方に均等に配分され，根鉢範囲に細根が多く，乾燥していないこと。

(3)　「枝」は，樹種の特性に応じた枝を保ち，徒長枝，枯損枝，枝折れ等の処理及び必要に応じ適切な剪定が行われていること。

(4)　「下枝の位置」は，樹冠を形成する一番下の枝の高さが，適正な位置にあること。

【問題7】

次の図に示す樹木の「樹高（H）」及び「幹周（C）」について，「公共用緑化樹木等品質寸法規格基準（案）」に基づく判定として，正しいものはどれか。

ただし設計値は，H＝3.0m，C＝0.15m（3本立）とする。

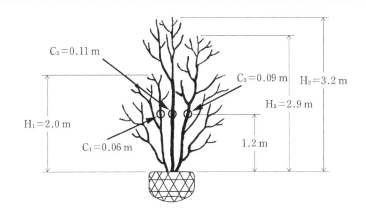

⑴ 「樹高」と「幹周」ともに基準を満たしている。

⑵ 「樹高」は基準を満たしているが，「幹周」は基準を満たしていない。

⑶ 「幹周」は基準を満たしているが，「樹高」は基準を満たしていない。

⑷ 「樹高」と「幹周」ともに基準を満たしていない。

【問題8】

次の(イ)～(ニ)のうち，「公共用緑化樹木等品質寸法規格基準（案）」におけるシバ類の品質規格に関する記述として，適当なものの個数はどれか。

(イ) 雑草については，その混入がわずかであること。

(ロ) 根は，平均にみずみずしく張っており，乾燥したり，土くずれのないもの。

(ハ) ほふく茎は，四方に均等に配分され，節間が長く十分に伸長していること。

(ニ) 病虫害については，病害（病斑）がなく，害虫がいないこと。

⑴ 1個

⑵ 2個

⑶ 3個

⑷ 4個

【問題9】

次の図の樹木について「公共用緑化樹木等品質寸法規格基準（案）」における，「H」，「C」，「W」を測定する箇所の組合せとして，正しいものはどれか。

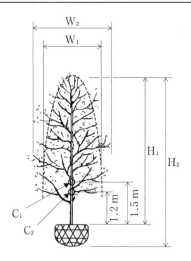

	(H)		(C)		(W)
(1)	H_1	——	C_1	——	W_2
(2)	H_2	——	C_1	——	W_1
(3)	H_1	——	C_2	——	W_1
(4)	H_2	——	C_2	——	W_2

【問題10】

「公共用緑化樹木等品質寸法規格基準（案）」における，樹木の搬入時の品質基準に関する記述のうち，適当なものはどれか。

(1)　枝葉の配分が片枝であったが，枝張は設計の規格値を満たしていたため，合格とした。

(2)　一部に過去の病虫害発生の跡が見受けられたが，発生が軽微で，その痕跡がほとんど認められないよう育成されていたので，合格とした。

(3)　根が乾燥していたが，根系の発達が良く，根鉢範囲に多数の細根が発生していたため，合格とした。

(4)　樹皮の一部が大きく裂け変色していたが，うろにはなっていなかったので，合格とした。

2 施工管理Ⅴ(品質管理②公共用緑化樹木等品質寸法規格基準(案))

【問題11】

「公共用緑化樹木等品質寸法規格基準（案)」において，下図の3本立ちの株立樹木の幹周として，正しいものはどれか。

ただし，おのおのの周長は以下のとおりとする。

① 8cm
② 10cm
③ 12cm

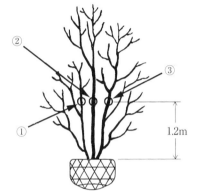

1.2m

○：測定位置

(1) 10cm
(2) 12cm
(3) 21cm
(4) 30cm

【問題12】

「公共用緑化樹木等品質寸法規格基準（案)」におけるシバ類の品質規格に関する記述のうち，適当でないものはどれか。
(1) 根は，土崩れがなく，十分に乾燥させたものであること。
(2) 葉は，萎縮や蒸れがなく，全体に均一に密生していること。
(3) ほふく茎は，生気ある状態で密生していること。
(4) 石が混じったり，雑草，異品種等が混入していないこと。

【問題13】

「公共用緑化樹木等品質寸法規格基準（案)」の寸法規格に関する記述のうち，適当なものはどれか。

⑴　株立の樹木の樹高は，おのおのの幹の樹高の平均値とする。

⑵　幹周は，樹木の幹の周長をいい，根鉢の上端より1.2m上りの位置を測定する。

⑶　枝張は，樹木の四方面に伸長した枝の幅をいい，測定方向により幅に長短がある場合は，最長の値とする。

⑷　株立の樹木の幹周は，おのおのの幹周の総和をもって幹周とする。

【問題14】

「公共用緑化樹木等品質寸法規格基準（案）」の品質規格に関する記述のうち，適当なものはどれか。

⑴　枝は，徒長枝を多く残し自然樹形を保っているもの。

⑵　根鉢は，十分乾燥し，鉢くずれがないよう根巻等で固定されていること。

⑶　枝葉の密度は，節間が詰まり，枝と枝が絡み合うことがない状態になっていること。

⑷　根は，四方に均等に配分され，根鉢範囲内に細根が少ないこと。

2 施工管理V（品質管理②公共用緑化樹木等品質寸法規格基準（案）） 解答と解説

【問題1】 **解答** (3)

「幹周は，その測定部分で枝が分岐しているときには，その（上部）の周長 A を測定する。また，ウメなどのように樹木の根元付近から幹が分岐しているものは，生産苗畑で幹が土と接している根元部分の周長を測定するが，この場合の根元周を，特に（芝付き）という。」したがって，(3)の語句の組合せが適当 B である。

【問題2】 **解答** (4)

(1) 根鉢が乾燥していれば不合格である。樹種の特徴に応じた適正な根鉢，根株をもち，鉢くずれのないよう根巻きやコンテナ等により固定され，乾燥していないこと。ふるい掘りでは，特に根部の養生を十分にするなど（乾きすぎていないこと），根の健全さが保たれ，損傷がないことが合格の条件である。したがって，(1)の記述は適当である。

(2) 虫害の被害が軽微で，その痕跡がほとんど認められないよう育成されたものであること。また，害虫が付着していなければ合格である。したがって，(2)の記述は適当である。

(3) 樹皮の一部に裂け目があり変色していれば不合格である。損傷，その痕跡がほとんど目立たず，正常な状態を保っていることが合格の条件である。したがって，(3)の記述は適当である。

(4) 測定方向により幅に長短がある場合は，最長と最短の平均値とする。ただし，枝の一部の徒長（突出した枝は含まない）は，枝張りの寸法規格に入れないため，合格としたことは適当でない。したがって，(4)の記述は適当でない。

【問題3】 **解答** (4)

(4) 幹周：樹木の周長をいい，**根鉢の上端より1.2m上りの位置を測定する**。この部分に枝が分岐しているときは，その上部を測定する。幹が2本以上の樹木の場合においては，おのおのの周長の総和の70％をもって幹周とする。なお，根元周と特記する場合は，幹の根元の周長をいう。したがって，(4)の記述は適当でない。

(1)，(2)，(3)の記述は適当である。

【問題4】 解答 (2)

(1)　クロマツの場合は，樹高0.5m～4.0m の表示であり，3.0m で幹周0.18m，枝張1.5m になる。

(2)　スズカケノキ（プラタナス）——幹周　の語句の組合せが適当である。

(3)　オトメツバキの場合は，幹周の表示はなく，樹高も1.2m～2.0m である。

(4)　クスノキの場合は，樹高0.5～7.0m の表示であり，3.0m で幹周は0.15m，枝張は0.8m である。

【問題5】 解答 (4)

幹周：樹木の周長をいい，**根鉢の上端より1.2m 上りの位置を測定する**。この部分に枝が分岐しているときは，その上部を測定する。幹が2本以上の樹木の場合においては，おのおのの周長の総和の70%をもって幹周とする。

(4)　$\{0.09(m)+0.11(m)+0.10(m)\}×0.7=0.21(m)$ となる。

【問題6】 解答 (1)

(1)　枝葉の配分は，配分が四方に均等であること。設問の記述は，枝葉の密度についての記述である（枝葉の密度：節間が詰まり，枝葉密度が良好であること）。したがって，(1)の記述は適当でない。

(2)，(3)，(4)の記述は適当である。

【問題7】 解答 (3)

(3)　幹周は，$(0.06+0.11+0.09)×0.7=0.182>0.15$　であり，基準を満たしている。

　　　3本立……指定株立数について，過半数は所要の樹高に達しており，他は所要の樹高の70%以上に達していること。

　樹高は，過半数が3.0m に達しておらず，他の樹高も2.0m のため70%以上に達していない。したがって，(3)の判定が正しい。

2 施工管理V(品質管理②公共用緑化樹木等品質寸法規格基準(案))

【問題8】 **解答** (2)

シバ類の品質規格表（案）

項　目	規　　　格
葉	正常な葉形，葉色を保ち，萎縮，徒長，蒸れがなく，生き生きとしていること。全体に均一に密生し，一定の高さに刈込んであること。
ほふく茎	ほふく茎が，生気ある状態で密生していること。
根	根が平均にみずみずしく張っており，乾燥や，土くずれのないもの。
病虫害	病害（病斑）がなく，害虫がいないこと。
雑草等	石が混じったり，雑草，異品種等が混入していないこと。また，根際に刈りカスや枯れ葉が堆積していないこと。

(イ)，(ハ)の記述は適当でない。

(ロ)，(ニ)の記述は適当である。

したがって，(2)の2個が適当である。

【問題9】 **解答** (3)

(3)の測定する箇所の組合せが正しい。

【問題10】 **解答** (2)

(1)　枝葉の配分が片枝では，合格にならない。

(2)の記述は適当である。

(3)　根は乾燥していると合格にはならない。

(4)　樹皮の一部が大きく裂け変色していれば「うろ」になっていなくても，合格にはならない。損傷，その痕跡がほとんど目立たず，正常な状態を保っていること。が合格の条件である。

【問題11】 **解答** (3)

(3)　幹周は，（8＋10＋12）×0.7＝21(cm)　である。したがって，(3)が幹周として正しい。

【問題12】 **解答** (1)

(1)　根が平均にみずみずしく張っており，乾燥や，土くずれのないもの。したがって，(1)の記述は適当でない。

(2)，(3)，(4)の記述は適当である。

【問題13】 解答 (2)

(1) 樹冠の頂端から根鉢の上端までの垂直高をいい，一部の突出した枝は含まない。平均値ではない。したがって，(1)の記述は適当でない。

(2)の記述は適当である。

(3) 枝張は樹木の四方面に伸長した枝（葉）の幅をいう。測定方向により幅に長短がある場合は，最長と最短の平均値とする。なお，一部の突出した枝は含まない。葉張とは低木の場合についていう。したがって，(3)の記述は適当でない。

(4) 幹が2本以上の樹木の場合においては，おのおのの周長の総和の70%をもって幹周とする。したがって，(4)の記述は適当でない。

【問題14】 解答 (3)

項　目	規　　格
生　育	充実し，生気ある生育をしていること。
根	根系の発達が良く，四方に均等に配分され，根鉢範囲に細根が多く，乾燥していないこと。
根　鉢	樹種の特性に応じた適正な根鉢，根株をもち，鉢くずれのないよう根巻やコンテナ等により固定され，乾燥していないこと。 ふるい掘りでは，特に根部の養生を十分にするなど（乾き過ぎていないこと）根の健全さが保たれ，損傷がないこと。
葉	正常な葉形，葉色，密度（着葉）を保ち，しおれ（変色・変形）や軟弱葉がなく，生き生きしていること。
樹皮	損傷，その痕跡がほとんど目立たず，正常な状態を保っていること。
枝	徒長枝が無く，樹種の特性に応じた枝の姿を保ち，枯損枝，枝折れ等の処理及び必要に応じ適正な剪定が行われていること。
病虫害	発生がないもの，過去に発生したことのあるものにあっては，発生が軽微で，その痕跡がほとんど認められないよう育成されたものであること。

(1)，(2)，(4)の記述は適当でない。

(3)の記述は適当である。

※ ヤシ類，シュロなどの特殊樹においては，樹高の頂端を当年枝葉の着生部までとし，一般に「幹高」と呼ぶ（沖縄ではこの位置をヤシの生長点とし，「幹高」のことを「生長点高」と呼んでいる）。カナリーヤシの幼樹などの主幹の短いものは，葉先から根鉢の上端までの寸法「葉尺」を樹高とする。

※ 樹木の品質規格のうち，「樹姿」の表示項目は「樹形，幹，枝葉の配分，

2 施工管理Ⅴ（品質管理②公共用緑化樹木等品質寸法規格基準（案））

枝葉の密度，下枝の位置」である。

※　樹木の品質規格のうち，「樹勢」の表示項目は「生育，根，根鉢，葉，樹皮（肌），枝，病虫害」である。

※　最低株立数を指定した場合（○○本立以上）には，株立全数を測定し，その総和の70％の値を幹周とする。なお，測定する株の判定にあたっては，所定樹高の70％に満たないものは対象外とする。ただし，株立数を指定した場合（○○本立）は太い順に指定株立数のおのおのの周長の総和の70％の値をもって幹周とする。

重要ポイント

幹周：樹木の周長をいい，根鉢の上端より1.2m上りの位置を測定する。この部分に枝が分岐しているときは，その上部を測定する。幹が2本以上の樹木の場合においては，おのおのの周長の総和の70％をもって幹周とする。なお，根元周と特記する場合は，幹の根元の周長をいう。

株立数：株立（物）の根元近くから分岐している幹（枝）の数をいう。樹高と株立数の関係については以下のように定める。

2本立……1本は所要の樹高に達しており，他は所要の樹高の70％以上に達していること。

3本立……指定株立数について，過半数は所要の樹高に達しており，他は所要の樹高の70％以上に達していること。

枝張（葉張）：樹木の四方面に伸長した枝（葉）の幅をいう。測定方向により幅に長短がある場合は，最長と最短の平均値とする。なお，一部の突出した枝は含まない。葉張とは低木の場合についていう。

第2次検定にも良く出題される内容です。重要ポイントの理解と計算が必要になりますので，実際の第1次検定では，このような問題は後回しにして，余裕を持って解答するようにしましょう。

このような問題は，何回もチャレンジして慣れるようにして下さい。

公共用緑化樹木等品質寸法規格基準（案）

（適用の範囲）
1）この規格は，主として都市緑化の用に供される公共用緑化樹木に適用し，**樹木の搬入（納品）時の規格とする。**

用　　語	定　　　　　義
公共用緑化樹　　木	主として公園緑地，道路，公共施設等の公共緑化に用いられる樹木材料をいう。
樹　　形	樹木の特性，年数，手入れの状態によって生ずる幹と樹冠によって構成される固有の形をいう。なお樹種特有の形を基本として育成された樹形を「自然樹形」という。
樹　　高（略称：H）	**樹木の樹冠の頂端から根鉢の上端までの垂直高をいい，一部の突出した枝は含まない。**なお，ヤシ類など特殊樹にあって「幹高」と特記する場合は幹部の垂直高をいう。
幹　　周（略称：C）	樹木の幹の周長をいい，**根鉢の上端より1.2m上りの位置を測定する。**この部分に枝が分岐しているときは，その上部を測定する。幹が2本以上の樹木の場合においては，**おのおのの周長の総和の70％をもって幹周とする。**なお，「根元周」と特記する場合は，幹の根元の周長をいう。
枝張（葉張）（略称：W）	樹木の四方面に伸長した枝（葉）の幅をいう。測定方向により幅に長短がある場合は，**最長と最短の平均値とする。**なお，一部の突出した枝は含まない。葉張とは低木の場合についていう。
株立（物）	樹木の幹が根元近くから分岐して，そう状を呈したものをいう。なお株物とは低木でそう状を呈したものをいう。
株立数（略称：B.H）	株立（物）の根元近くから分岐している幹（枝）の数をいう。樹高と株立数の関係については以下のように定める。 2本立……**1本は所要の樹高に達しており，他は所要の樹高の70％以上に達していること。** 3本立……**指定株立数について，過半数は所要の樹高に達しており，他は所要の樹高の70％以上に達していること。**
単　　幹	幹が根元近くから分岐せず1本であるもの。
根　　鉢	樹木の移植に際し掘り上げられる根系を含んだ土のまとまりをいう。
ふるい掘り	樹木の移植に際し土のまとまりをつけず掘り上げること。ふるい根，素掘りともいう。
根　　巻	樹木の移動に際し，土を着けたままで鉢を掘り，土を落とさないよう，鉢の表面を縄その他の材料で十分締め付けて掘り上げること。

2 施工管理Ⅴ（品質管理②公共用緑化樹木等品質寸法規格基準(案)）

コンテナ	樹木等を植え付ける栽培容器をいう。
仕立物	樹木の自然な生育にまかせるのではなく，その樹木が本来持っている自然樹形とは異なり，人工的に樹形を作って育成したもの。
寄せ株育成物	数本の樹木を根際で寄せて，この部分を一体化させて株立状に育成したもの。
接ぎ木物	樹木の全体あるいは部分を他の木に接着して育成したもの。

（品質の表示項目）

　樹木の品質は樹姿と樹勢に大別して定めるものとし，次の項目により表示する。

樹姿：樹形（全形），幹（高木のみ適用），枝葉の配分，枝葉の密度，下枝の位置

樹勢：生育，根，根鉢，葉，樹皮（肌），枝，病虫害

（寸法の表示項目）

　樹木の寸法は，必要に応じ樹高（H），幹周（C），枝張〈葉張〉（W），株立数（B.N）等を用いる。

1．樹　姿

項　目	規　格
樹　形	樹種の特性に応じた自然樹形で，樹形が整っていること。
幹（高木にのみ適用）	幹がほぼまっすぐで，単幹であること（ただし，自然樹形で幹が斜上するもの及び株立物はこの限りでない）。
枝葉の配分	配分が四方に均等であること。
枝葉の密度	節間が詰まり，枝葉密度が良好であること。
下枝の位置	樹冠を形成する一番下の枝の高さが適正な位置にあること。

2．樹　勢

項　目	規　格
生　育	充実し，生気ある生育をしていること。
根	根系の発達が良く，四方に均等に配分され，根鉢範囲に細根が多く，乾燥していないこと。
根　鉢	樹種の特性に応じた適正な根鉢，根株をもち，鉢くずれのないよう根巻やコンテナ等により固定され，乾燥していないこと。 ふるい掘りでは，特に根部の養生を十分にするなど（乾き過ぎていないこと）根の健全さが保たれ，損傷がないこと。
葉	正常な葉形，葉色，密度（着葉）を保ち，しおれ（変色・変形）や軟弱葉がなく，生き生きしていること。
樹　皮	損傷，その痕跡がほとんど目立たず，正常な状態を保っていること。

枝	徒長枝が無く，樹種の特性に応じた枝の姿を保ち，枯損枝，枝折れ等の処理及び必要に応じ適正な剪定が行われていること。
病虫害	発生がないもの，過去に発生したことのあるものにあっては，発生が軽微で，その痕跡がほとんど認められないよう育成されたものであること。

※　「品質規格」を表す表示項目は（**樹勢**）と（**樹姿**）に大別され，（**樹勢**）には「根鉢」が含まれ，（**樹姿**）には「枝葉の配分」が含まれる。寸法規格は，（**搬入（納品）時**）に適用される。

シバ類の品質規格表（案）

項　目	規　　　格
葉	正常な葉形，葉色を保ち，萎縮，徒長，蒸れがなく，生き生きとしていること。全体に，均一に密生し，一定の高さに刈込んであること。
ほふく茎	ほふく茎が，生気ある状態で密生していること。
根	根が平均にみずみずしく張っており，乾燥や土くずれのないもの。
病虫害	病害（病斑）がなく，害虫がいないこと。
雑草等	石が混じったり，雑草，異品種等が混入していないこと。また，根際に刈りカスや枯れ葉が堆積していないこと。

その他地被類の品質規格表（案）

項　目	規　　　格
形　態	植物の特性に応じた形態であること。
葉	正常な葉形，葉色，密度（着葉）を保ち，しおれ（変色，変形）や軟弱葉がなく，生き生きしていること。
根	根系の発達が良く，細根が多く，乾燥していないこと。
病虫害	発生がないもの。過去に発生したことのあるものについては，発生が軽微で，その痕跡がほとんど認められないよう育成されたものであること。

※　シバ類の品質は，葉，（**ほふく茎**），根，病虫害，（**雑草等**）の項目により表示される。また，その他の地被類の品質は，（**形態**），葉，根，病虫害の項目により表示される。

※　品質規格は，（**樹勢**）と（**樹姿**）に大別され，根鉢は（**樹勢**）に含まれ，枝葉の密度は（**樹姿**）に含まれる。寸法規格で定める寸法値は，（**最低値**）を示している。

2 施工管理Ⅴ(品質管理②公共用緑化樹木等品質寸法規格基準(案))

※ 公共用緑化樹木等品質寸法規格基準（案）は，主として都市緑化の用に供される公共用緑化樹木について，品質と寸法を定めたものであり，樹木等の**(搬入（納品）)** 時に適用すべきものである。高木の寸法は，「樹高」，「幹周」，「枝張」の３つの寸法表示が用いられるが，「樹高」については樹木の**(樹冠の頂端)** から根鉢の**(上端)** までの垂直高をいう。

※ 樹木の検収は，**樹木搬入（納品）時**であり，工事現場に持込む前の生産苗畑では行わない。

※ 樹木の寸法値の判定は，**定められた寸法値以上を有する必要があり，それぞれの規格を上回る必要がある。**

※ 樹高（略称：H）とは根鉢の上端からの高さをいい，ふるい掘りの場合は，生産時に地面に接していた時の幹との接地部を基準として測定する。

※ 樹木の品質は，**樹形，幹，枝葉の密度などの「樹姿」と生育，根鉢，樹皮などの「樹勢」の２つ**の表示項目に大別して定められている。

※ その他地被類の品質は，**形態，葉，根，病虫害等**の項目について表示する。

※ つる性類は，草丈が表記され，常落別，広針，陰陽度，生長度，耐煙性，耐潮性，乾湿性，土壌，移植難易，機能的・美的特性，繁殖法，植栽密度等も表記される。

※ 病虫害は，**発生がないもの**。過去に発生したことのあるものについては，発生が軽微で，その痕跡がほとんど認められないよう育成されたものであること。

※ その他地被類は，**立性，這性，つる性**等その植物の特性に応じた形態をしていることが必要である。

※ 樹木寸法は，**現地持込み時か，苗圃内検査時に規格を合格していれば良く，剪定後における規格ではない。**

No.	樹　　種	樹高 (H)	幹周 (C)	枝張 (W)	株立数 (B.N)	備　　考
9	ク　ロ　マ　ツ	0.5	—			
		1.0	—	0.2		
		1.5	—	0.4		
		2.0	—	0.9		
		2.5	0.12	1.2		
		2.5	0.15	1.5		
		3.0	0.18	1.5		
		3.0	0.21	1.8		
		3.5	0.25	2.0		
		4.0	0.30	2.0		
23	オ　ト　メ　ツ　バ　キ	1.2	—	0.3		必ずしも単幹とは限らない
		1.5	—	0.5		
		1.8	—	0.6		
		2.0	—	0.8		
26	ク　ス　ノ　キ	0.5	—	—		
		1.0	—	0.2		
		1.5	—	0.3		
		2.0	—	0.5		
		2.5	—	0.7		
		3.0	0.15	0.8		
		3.0	0.18	0.8		
		3.0	0.21	0.9		
		3.5	0.25	1.0		
		3.5	0.30	1.0		
		4.0	0.40	1.2		
		4.5	0.50	1.8		
		5.0	0.60	2.0		
		6.0	0.70	2.5		
		7.0	0.80	3.0		
73	ス　ズ　カ　ケ　ノ　キ （　プ　ラ　タ　ナ　ス　）	3.0	0.10	0.8		特記のない場合スズカケノキ，アメリカスズカケノキ，モミジバスズカケノキを含む。
		3.0	0.12	1.0		
		3.5	0.15	1.2		
		4.0	0.18	1.2		
		4.0	0.21	1.5		
		4.5	0.25	2.0		

合格への目安 5問中3問以上正解すること。目標時間15分。

【問題1】

セメントの貯蔵に関する次の記述の(A)，(B)に当てはまる語句の組合せとして，適当なものはどれか。

「セメントは貯蔵中に空気に触れると，空気中の水分を吸って軽微な水和反応を起こし，同時に空気中の炭酸ガスと反応して固化する。これをセメントの（ A ）という。セメントが（ A ）すると，凝結は（ B ）。」

	(A)		(B)
(1)	風化	──	速まる
(2)	硬化	──	遅れる
(3)	風化	──	遅れる
(4)	硬化	──	速まる

【問題2】

レディーミクストコンクリート（JIS A 5308）の品質管理に関する記述のうち，適当でないものはどれか。

(1) 強度に関して，3回の試験結果の平均値は，購入者が指定した呼び強度の強度値の85%以上でなければならない。

(2) 荷卸し地点での空気量の許容差は，±1.5%とする。

(3) 塩化物含有量を調べるためには，そのコンクリート中の水の塩化物イオン濃度を測定する。

(4) スランプは，スランプコーンを抜き取ったあとのコンクリートの中央部における下がりを測定する。

【問題3】

レディーミクストコンクリート（JIS A 5308）において「スランプ」を8cm，「空気量」を4.5%とした場合の規格を満足する測定値の組合せとして，適当なものはどれか。ただし，スランプの許容差は±2.5cm，空気量の許容差は±1.5%とする。

（スランプ（cm））　　（空気量（%））
(1)　3.5 ─────── 2.5
(2)　5.0 ─────── 3.5
(3)　7.5 ─────── 5.5
(4)　10.0 ─────── 6.5

【問題4】

コンクリートの品質特性として，適当でないものはどれか。
(1)　空気量
(2)　最適含水比
(3)　スランプ
(4)　圧縮強度

【問題5】

コンクリートの骨材の品質特性として，適当なものはどれか。
(1)　支持力
(2)　粒度
(3)　塑性限界
(4)　針入度

【問題1】 **解答** (3)

「セメントは貯蔵中に空気に触れると，空気中の水分を吸って軽微な水和反応を起こし，同時に空気中の炭酸ガスと反応して固化する。これをセメントの（風化）という。セメントが（風化）すると，凝結は（遅れる）。」したがって，(3)の語句の組合せが適当である。

【問題2】 **解答** (1)

(1) 強度に関して，3回の試験結果の平均値は，購入者が指定した呼び強度の値以上でなければならない。また，1回の試験結果は，購入者が指定した呼び強度の値の85％以上である。ここで，1回の試験結果とは，任意の1運搬車から採取した試料でつくった3個の供試体の圧縮強度の平均値である。したがって，(1)の記述は適当でない。

(2)，(3)，(4)の記述は適当である。

【問題3】 **解答** (3)

(3) スランプの許容差は，プラスマイナス（±）2.5cmであるから，8cmのプラス側は10.5cm，マイナス側は5.5cmになる。

8±2.5＝10.5cm〜5.5cmの範囲内で規格を満足する。

また，空気量についても4.5±1.5＝6％〜3％の範囲内で規格を満足する。したがって，(3)の測定値が適当である。

【問題4】 **解答** (2)

(2)の最適含水比は，土工の材料における品質特性である。したがって，(2)は適当でない。

【問題5】 **解答** (2)

(1) 支持力は，土工，路盤工の施工の品質特性になる。

(2) 粒度は，コンクリート工の細骨材・粗骨材の品質特性である。

(3) 塑性限界は，土工材料の品質特性である。

(4) 針入度は，アスファルト舗装工の材料の品質特性である。

したがって，(2)が適当である。

合格への目安 5問中3問以上正解すること。目標時間15分。

【問題1】

「工種」，「品質特性」，「試験方法」の組合せを示した下表の(A)～(C)に当てはまる語句の組合せとして，適当なものはどれか。

	工　種	品質特性	試験方法
イ	土　工	（ A ）	土の密度試験
ロ	路盤工	支持力	（ B ）
ハ	（ C ）	圧縮強度	圧縮強度試験

	(A)	(B)	(C)
(1)	CBR	平板載荷試験	アスファルト舗装工
(2)	締固め度	平板載荷試験	コンクリート工
(3)	締固め度	締固め試験	アスファルト舗装工
(4)	CBR	締固め試験	コンクリート工

【問題2】

「品質特性」とその「試験方法」に関する記述のうち，適当なものはどれか。

(1) コンクリートの骨材の粒度を調べるために，すりへり試験を行った。

(2) アスファルト舗装の安定度を調べるために，CBR試験を行った。

(3) 地盤の支持力値を調べるために，平板載荷試験を行った。

(4) 路盤の締固め度を調べるために，針入度試験を行った。

【問題3】

土工における「品質特性」と「試験方法」の組合せとして，適当でないものはどれか。

	（品質特性）	（試験方法）
(1)	締固め度	土の密度試験
(2)	平坦性	平板載荷試験
(3)	自然含水比	含水比試験
(4)	CBR	現場CBR試験

4 施工管理Ⅴ（品質管理④品質特性・土工）

【問題 4】

土工の品質特性として，適当でないものはどれか。

(1) たわみ量

(2) 締固め度

(3) 貫入指数

(4) 平坦性

【問題 5】

盛土の品質管理に用いられる CBR 試験（JIS A 1211）によって得られる品質特性として，適当なものはどれか。

(1) 含水比

(2) 粒度

(3) 支持力

(4) pH 値

【問題1】 解答 (2)

(A) 土工の品質特性は締固め度であり，試験方法は土の密度試験（現場密度の測定）により確認する。

(B) 路盤工の支持力を確認するには，平板載荷試験を行う。

(C) コンクリート工の品質特性である圧縮強度は，圧縮強度試験により確認する。

したがって，(2)の語句の組合せが適当である。

【問題2】 解答 (3)

(1) コンクリートの骨材の粒度を調べるには，ふるい分け試験を行う。

(2) アスファルト舗装の安定度を調べるには，マーシャル安定度試験を行う。

(3) 地盤の支持力値を調べるには，平板載荷試験を行う。

(4) 路盤の締固め度を調べるためには，現場密度の測定を行う。

したがって，(3)の記述が適当である。

【問題3】 解答 (2)

(1) 締固め度 ─── 土の密度試験（現場密度の測定）

　土工，路盤工の施工の品質特性に締固め度があり，土の密度試験（現場密度の測定）により測定する。この組合せは適当である。

(2) 平坦性 ─── 平坦性試験

　アスファルト舗装工の舗設現場の品質特性に平坦性があり，平坦性試験により測定する。

　平板載荷試験は，土工，路盤工の施工において支持力値を測定するために実施するものである。この組合せは適当でない。

(3) 自然含水比 ── 含水比試験

　土工材料の品質特性に自然含水比があり，含水比試験により測定する。この組合せは適当である。

(4) CBR ─── 現場 CBR 試験

　土工施工の品質特性に CBR があり，現場 CBR 試験により測定する。また，路盤工の材料及び施工における品質特性 CBR・支持力については，室内で実施する CBR 試験がある。この組合せは適当である。

4 施工管理Ⅴ（品質管理④品質特性・土工）

【問題4】 **解答** ⑷

⑴，⑵，⑶は土工・施工の品質特性に該当する。

⑷ 平坦性については，アスファルト舗装工の舗設現場における品質特性に該当し，平坦性試験により測定する。したがって，⑷は適当でない。

【問題5】 **解答** ⑶

⑴ 含水比については，含水比試験によって得られる品質特性である。

⑵ 粒度については，粒度試験によって得られる品質特性である。

⑶ 支持力については，CBR試験によって得られる品質特性であり，平板載荷試験によっても支持力が得られる。したがって，⑶が適当である。

⑷ pH値については，pH試験紙又はpHメーターによって得られる品質特性である。

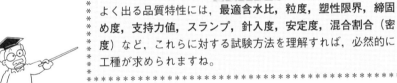

**************** **advice** ****************
よく出る品質特性には，**最適含水比，粒度，塑性限界，締固め度，支持力値，スランプ，針入度，安定度，混合割合（密度）**など，これらに対する試験方法を理解すれば，必然的に工種が求められますね。
****

※ 品質管理の手順は，品質特性の選定，特性に関する品質標準の設定，品質標準を守るための作業標準の決定である。

※ 品質特性を決める場合には，最終品質（設計品質）に影響を及ぼすと考えられるもののうち，できるだけ工程（過程）の初期で測定できるもの，また，すぐ結果が得られるものがよい。

※ ヒストグラムにより，規格を満足しているかを判定し，管理図により，ヒストグラムでは分からない測定値の時間的順序の変化を加味し，工程が安定していることを判定する。

※ 管理図では，点が限界線の内側に入っていて，点の並び方にくせがなければ工程は正常な状態，つまり安定状態であると考える。周期的な変動を示している状態は正常とはいえない。例えば限界線の内側にあっても，中心から偏って片方の側にばかりある場合は異常な状態である。

※ 標準貫入試験は，原位置における土の硬軟，締まり具合等を判定するため

の試験方法で，N値を求める。地盤反力係数（K値）は，平板載荷試験により求める。

品質特性を決める場合の条件

① 工程（過程又は作業）の状態を総合的に表すものであること。

② 設計品質に重要な影響を及ぼすものであること。

③ 代用特性（求めたい真の特性と密接な関係があり，真の特性の代りに用いる特性）又は，工程要因を品質特性とする場合は，真の特性との関係が明らかなものであること。

④ 測定し易い特性であること。

⑤ 工程に対して処置のとり易い特性であること。

品質管理の一般的な手順は，

---

① 品質特性の決定（選定）

② 品質標準の決定（設定）

③ 作業標準（作業方法）の決定

④ データの測定（採取）

⑤ ヒストグラム，管理図等の作成（分析確認）（品質規格のゆとり）（満足度）の確認や，工程（過程）の安定を確認する。

⑥ 異常があればその原因を追求する。（作業方法の見直し）

⑦ 作業の継続

品質特性を決める場合の一般的な条件です。同じ傾向の問題がよく出題されます。

品質管理の効果

(ア) 品質が信頼される。

(イ) 原価が下がる。

(ウ) 品質が向上する，不良品が減少する，クレームが減少する。

(エ) 品質が均一化される。

(オ) 無駄な作業がなくなり，手直しが減少する。

(カ) 研究が効果的になり，しかも効果があがる。

4 施工管理Ⅴ（品質管理④品質特性・土工）

(キ) 生産過程等における問題点が把握できるとともに改善の方法を発見できる。

品質管理の目標

1）構造物が規格を満足していること。

2）工程（品質が作り出される過程をいう。例えば，原材料，設備，作業者，作業方法など，品質管理における測定値がでてきた源）が安定していること。

この2つの条件を同時に満足することが必要である。

※ 土工の材料としての品質特性に「圧密係数」はあるが，試験方法は「圧密試験」である。

※ 路盤工の材料の品質特性に「最適含水比」があり，試験方法は，室内試験での締固め試験である。この試験は，土の含水比を変化させて，ある一定の方法で突き固めたときの乾燥密度と含水比の関係（締固め曲線）を知り，最大乾燥密度，最適含水比を求め，締固めの施工管理に際しての締固め度や施工含水比の管理基準として利用する。

「突き固めによる土の締固め試験」と同じ試験である。

※ 品質特性に「混合割合」があるのはコンクリート工，アスファルト舗装工であるが，アスファルト舗装工の品質特性「混合割合」を求める試験方法は，「コア採取による測定」になる。

一方，コンクリート工の品質特性「混合割合」を求める試験方法は，「洗い分析試験」になる。

※ 路盤の支持力を求める試験には，「平板載荷試験」もあるが，CBRは路床・路盤の支持力を表す指数で，直径5cmの貫入ピストンを供試体表面から貫入させたとき，所定の貫入量における試験荷重強さと標準荷重強さとの比で，百分率で表す。通常，貫入量2.5mmにおける値をとる。

※ 工種が土工で，試験方法が「土の締固め試験」であれば品質特性は「最適含水比・最大乾燥密度」となる。

品質特性「塑性指数」を求めるには，液性限界・塑性限界試験を行う。

ちょっと複雑ですが，よく問題として問われる品質特性，試験方法を理解する必要がありますね。

※　土工の締固め度は，土の締固め程度を確認する値で，「**現場密度試験（単位体積質量試験）**」を実施する。

　　現地で行う現場密度の測定には，**砂置換法，コアカッター法，RI（ラジオアイソトープ）計器**による方法がある。

　　また，現場の土を採取して，土の力学的性質を求める締固め試験（突き固めによる試験）を行い，最大乾燥密度，最適含水比により，締固めの施工管理に際して締固め度や施工含水比の管理基準として利用する場合もある。

※　路盤工の支持力を確認する方法として，**平板載荷試験，CBR 試験**がある。

※　土工の締固め度を確認する方法としては，**現場密度の測定**がある。

　　平板載荷試験は，支持力を確認するために行う。

※　コンクリート工の粒度とは，骨材が関係する。骨材には細骨材，粗骨材があり，ふるいにより「**ふるい分け試験**」を行い測定する。

　　「**スランプ試験**」は，コンクリートの軟らかさを判断する場合に用いる。

※　アスファルト舗装工の密度は，**コア採取による密度試験（締固め度）**を行い測定する。

※　針入度試験は，アスファルト材料としての硬さを求める試験である。

　　針入度は，アスファルト材料の品質特性であるが，**試験方法は，針入度試験**による。(針入度指数は，アスファルトの軟化点と25℃における針入度から計算によって求められる値で，**数値が大きいほど，広い温度範囲**において軟化あるいは硬化が起こりにくいアスファルトである。)

※　マーシャル安定度試験はアスファルト混合物の配合を決定するために行う。

　　直径約10.2cm，高さ約6.3cmの円筒形供試体を使用し，円筒をねかせた状態で荷重をかけ，供試体が破壊するまでに示した最大荷重（マーシャル安定度）とその時の変形量（フロー値）を求める。

【問題1】

アスファルト舗装の品質管理に関する試験方法として，適当でないものはどれか。

⑴　針入度試験
⑵　骨材のふるい分け試験
⑶　マーシャル安定度試験
⑷　圧縮強度試験

【問題2】

石材（JIS A 5003）における間知石の規格に関する次の記述の（　）に当てはまる語句の組合せとして，正しいものはどれか。

「面が原則としてほぼ方形に近いもので，控えは（　A　）とし，面に直角に測った控えの長さは，面の最小辺の（　B　）以上であること。」

　　　　　（A）　　　　　　　（B）
⑴　二方落とし —— 1.0倍
⑵　四方落とし —— 1.0倍
⑶　二方落とし —— 1.5倍
⑷　四方落とし —— 1.5倍

【問題3】

石材（JIS A 5003）の規格に関する次の記述の(A)に当てはまる語句として，正しいものはどれか。

「（　A　）は，面が原則としてほぼ方形に近いもので，控えは二方落としとし，面に直角に測った控えの長さは，面の最小辺の1.2倍以上であること。」

⑴　間知石
⑵　割石
⑶　角石
⑷　板石

5 施工管理Ⅴ（品質管理⑤アスファルト舗装・石材・その他）

【問題4】

造園工事における品質管理の意義に関する次の記述の(A), (B)に当てはまる語句の組合せとして，適当なものはどれか。

「建設工事における品質管理とは，目的物を得るために，設計・仕様の規格を満足する構造物を最も（　A　）につくるための管理体系である。特に造園工事では，樹木や石といった不定形な素材を扱いながら，地表面に演出する平面的，立体的調和というような面に対する（　B　）を要求される。」

	(A)		(B)
(1)	高品質	——	くずし
(2)	高品質	——	おさまり
(3)	経済的	——	くずし
(4)	経済的	——	おさまり

【問題5】

次の(イ)〜(ニ)のうち，設計寸法に対する出来形寸法として，規格値を満足しているものの個数はどれか。

設計寸法（mm）	規格値（mm）	出来形寸法（mm）
(イ) 1,000 ——	−50 ——	995
(ロ) 1,500 ——	±30 ——	1,550
(ハ) 2,500 ——	−30 ——	2,550
(ニ) 4,000 ——	±50 ——	4,025

(1)　1 個
(2)　2 個
(3)　3 個
(4)　4 個

【問題6】

次のデータは，品質管理上のある試験における7回の測定値である。この場合の統計量として，正しいものはどれか。

データ：56，54，52，56，54，54，59

第9章Ⅱ　施工管理法

⑴　レ ン ジ （範囲）　　　： 7
⑵　メディアン（中央値）　：55
⑶　エックスバー（平均値）：54
⑷　モ ー ド （最多値）　　：59

5 施工管理Ⅴ（品質管理⑤アスファルト舗装・石材・その他） 解答と解説

【問題1】 **解答** (4)

(1) 針入度試験は，アスファルト舗装工における材料の品質特性，針入度を測定するものである。

(2) 骨材のふるい分け試験は，アスファルト舗装工における材料の品質特性，粒度を測定するものである。

(3) マーシャル安定度試験は，アスファルト舗装工における舗設現場の品質特性，安定度を測定するものである。

(4) 圧縮強度試験は，コンクリート工の品質特性，圧縮強度を測定するために実施するものである。したがって，(4)は適当でない。

【問題2】 **解答** (4)

間知石の問題である。

「面が原則としてほぼ方形に近いもので，控えは（四方落とし）とし，面に直角に測った控えの長さは，面の最小辺の（1.5倍）以上であること。」

したがって，(4)の語句の組合せが正しい。

【問題3】 **解答** (2)

「（割石）は，面が原則としてほぼ方形に近いもので，控えは二方落としとし，面に直角に測った控えの長さは，面の最小辺の1.2倍以上であること。」

したがって，(2)が正しい。

【問題4】 **解答** (4)

「建設工事における品質管理とは，目的物を得るために，設計・仕様の規格を満足する構造物を最も（経済的）につくるための管理体系である。特に造園工事では，樹木や石といった不定形な素材を扱いながら，地表面に演出する平面的，立体的調和というような面に対する（おさまり）を要求される。」

したがって，(4)の語句の組合せが適当である。

【問題5】 **解答** (3)

(イ)，(ハ)，(ニ)は，設計寸法に対する出来形寸法が規格値を満足している。

(ロ) 設計寸法1,500（mm）に対する±30（mm）であるため，1,470（mm）〜1,530（mm）でなければならない。1,550（mm）は規格値を満足していない。したがって，(3)の3個が適当である。

【問題6】　**解答**　(1)

(1)　レンジ（範囲）は，測定値の最大値と最小値の差をいい，59−52＝7である。したがって，(1)は正しい。

(2)　メディアン（中央値）は，小さい順に並べると，52，54，54，54，56，56，59となり，データが奇数であるため，54が中央値である。データが偶数の場合は中央値の平均になる。したがって，(2)は誤っている。

(3)　エックスバー（平均値）は，52＋54＋54＋54＋56＋56＋59／7 ＝55である。したがって，(3)は誤っている。

(4)　モード（最多値）は，7回の測定中，54が3回測定されているので最多値になる。したがって，(4)は誤っている。

第10章

法　規

＊近年の工事費の上昇を踏まえ，金額要件の見直しにより，請負金額および下請け代金の金額が変更されました。ここではすでに変更されています。(p.323参照)

- １．法規（都市公園法）
- ２．法規（建設業法）
- ３．法規（労働基準法）
- ４．その他の法規（建築基準法・労働安全衛生法・都市計画法・その他）
- ５．建設副産物（建設リサイクル法）

　　この分野は，造園施工管理技士に関連する法規で，第１次検定の後半に出題されます。例年各法規から１問ずつ５問出題されています。

　　類似問題が多く，基本的な部分を問うものがほとんどです。

　　ここで実力をつけますと，他の分野のとりこぼし分をリカバリーできますから，より一層合格が確実なものになります。

　　この法規に慣れますと，他の国家試験を受験する場合にも活かすことができます。

【問題1】

「都市公園法」に関する記述のうち，**誤っている**ものはどれか。

(1) 公園施設とは，都市公園の効用を全うするため設けられる施設である。

(2) 競技会，集会，展示会等の催しのため都市公園に仮設工作物を設ける場合，公園管理者の許可が必要である。

(3) 地方公共団体以外の者は，都市公園に公園施設を設け，又は管理することができない。

(4) 都市公園の占用の許可を受けた者は，占用期間が満了したときには原則として，ただちに都市公園を原状に回復しなければならない。

【問題2】

「都市公園法」に関する記述のうち，**誤っている**ものはどれか。

(1) 都市公園の種類は，国の設置する公園と都道府県の設置する公園の2種類である。

(2) 診療所は，都市公園の占用が認められていない。

(3) 植物園，体験学習施設，遊戯用電車は，いずれも公園施設として都市公園に設けることできる。

(4) 公園管理者は，民間事業者に対し，公園施設の設置を10年を超えない範囲で許可することができる。

【問題3】

「都市公園法」に関する記述のうち，**正しい**ものはどれか。

(1) 水族館，動物園，図書館，消防署は，いずれも都市公園に設けられる公園施設である。

(2) 占用物件の外観及び配置は，できる限り都市公園の風致及び美観その他都市公園としての機能を害しないものとしなければならない。

(3) 公園施設を管理することができるのは，国及び地方公共団体に限られる。

(4) 一の都市公園に設ける運動施設の敷地面積の総計は，当該都市公園の敷地面積の百分の二を超えてはならない。

1 法規（都市公園法）

【問題4】

「都市公園法」上，都市公園の占用が認められないものはどれか。

(1) 郵便局

(2) 電柱

(3) 地下に設けられる公共駐車場

(4) 高架の道路

【問題5】

「都市公園法」に関する記述のうち，正しいものはどれか。

(1) 都市公園の種類は，国立公園，国定公園，都道府県立自然公園である。

(2) 野球場，水泳プール，売店は，いずれも都市公園に設けられる公園施設である。

(3) 地方公共団体以外の者は，都市公園に設けられる公園施設を管理することができない。

(4) 都市公園に設けることができる建築物である公園施設の建築面積は，当該都市公園の敷地面積の2分の1が上限とされている。

【問題1】 解答 (3)

⑴　公園施設とは，都市公園の効用を全うするため設けられる施設である。したがって，⑴の記述は適当である。

⑵　競技会，集会，展示会等の催しのため都市公園に仮設工作物を設ける場合，公園管理者の許可が必要である。したがって，⑵の記述は適当である。

⑶　公園施設を設置又は管理する主体は，**原則として公園管理者であるが**，公園管理者による設置又は管理が不適当又は困難であると認められる公園施設については，公園管理者以外の者が**公園管理者の許可を受けて設置又は管理することができる。地方公共団体以外の者でも，公園管理者の許可を受けて設置又は管理することができる。**

　　例えば，売店，遊戯施設，野球場，植物園等のように，公園管理者が自ら設置又は管理することが不適当又は困難な場合等がこれにあたる。したがって，⑶の記述は適当でない。

⑷　都市公園の占用の許可を受けた者は，占用期間が満了したときには原則として，直ちに都市公園を原状に回復しなければならない。したがって，⑷の記述は適当である。

【問題2】 解答 (1)

⑴　都市公園の種類には，住区基幹公園，都市基幹公園，大規模公園，国営公園，緩衝緑地等がある。したがって，⑴の記述は適当でない。

⑵　診療所は，都市公園の占用が認められていない。

⑶　植物園，体験学習施設，遊戯用電車は，いずれも都市公園に設けることができる。

⑷　公園管理者は，民間事業者に対し，公園施設の設置は10年を超えない範囲で許可することができる。

【問題3】 解答 (2)

⑴　**水族館，動物園，図書館**は公園施設に該当するが，**消防署**は特許使用（占用）物件として法律で定められていないため，設置することができない。公園管理者の許可を受けることもできない。したがって，⑴の記述は適当でない。

> **公園施設の定義**　「公園施設」は，都市公園の効用を全うするため当該都市公園に設けられる次の①〜⑨の施設をいうものとされている。

① 園路及び広場

② 植栽，花壇，噴水，その他の修景施設であり政令で定めるもの

③ 休憩所，ベンチその他の休養施設であり政令で定めるもの

④ ブランコ，すべり台，砂場その他の遊戯施設であり政令で定めるもの

⑤ 野球場，陸上競技場，水泳プールその他の運動施設であり政令で定めるもの

⑥ 植物園，動物園，野外劇場その他の教養施設であり政令で定めるもの

⑦ 売店，駐車場，便所その他の便益施設であり政令で定めるもの

⑧ 門，さく，管理事務所その他の管理施設であり政令で定めるもの

⑨ その他都市公園の効用を全うする施設であり政令で定めるもの

(2) 占用物件の外観及び配置は，できる限り都市公園の風致及び美観その他都市公園としての機能を害しないものとしなければならない。したがって，(2)の記述は適当である。

(3) 【問題1】の(3)の類似問題です。公園施設を設置又は管理する主体は，**原則として公園管理者であるが**，公園管理者による設置又は管理が不適当又は困難であると認められる公園施設については，公園管理者以外の者が**公園管理者の許可を受けて設置又は管理することができる**。

例えば，売店，遊戯施設，野球場，植物園等のように，公園管理者が自ら設置又は管理することが不適当又は困難な場合等がこれにあたる。したがって，(3)の記述は適当でない。

(4) 一の都市公園に設ける**運動施設の敷地面積の総計は，当該都市公園の敷地面積の50％を超えてはならない。**と制限が設けられている。したがって，(4)の記述は適当でない。

【問題4】　**解答**　(1)

(1) 【問題3】の(1)の類似問題である。**郵便局**は，特許使用（占用）物件として法律で定められていないため，設置することができない。公園管理者の許可を受けることもできない。したがって，(1)の郵便局は都市公園の占用が認められていないものである。

(2) 電柱，(3) 地下に設けられる公共駐車場，(4) 高架の道路等は，都市公園の占用が認められている。

【問題5】　解答　(2)

(1)は，【問題2】(1)の類似問題である。

　　都市公園の種類には，**住区基幹公園，都市基幹公園，大規模公園，国営公園，緩衝緑地等**がある。したがって，(1)は適当でない。

(2)　**野球場，水泳プール，売店**は，いずれも都市公園に設けられる公園施設に該当する。したがって，(2)は正しい。

(3)　は，【問題1】(3)，【問題3】(3)の類似問題である。

　　公園施設を設置又は管理する主体は，**原則として公園管理者**であるが，公園管理者による設置又は管理が不適当又は困難であると認められる公園施設については，公園管理者以外の者が**公園管理者の許可を受けて設置又は管理**することができる。

　　例えば，売店，遊戯施設，野球場，植物園等のように，公園管理者が自ら設置又は管理することが不適当又は困難な場合等がこれにあたる。したがって，(3)は適当でない。

(4)　公園施設として設けられる建築物の建築面積の総計は，**都市公園の敷地面積の100分の2以下が原則**であるが，景観法の景観重要建造物として指定された建築物については，100分の20を限度としてこれを超えることができる。したがって，(4)は適当でない。

※　幼稚園については，特許使用（占用）物件として法律で定められていないため，設置することができない。公園管理者の許可を受けることもできない。

※　都市公園の設置及び管理は国又は地方公共団体が行う。

※　公園施設を設置又は管理する主体は，**原則として公園管理者**であるが，公園管理者による設置又は管理が不適当又は困難であると認められる公園施設については，公園管理者以外の者が**公園管理者の許可を受けて設置又は管理**することができる。

　　例えば，売店，遊戯施設，野球場，植物園等のように，公園管理者が自ら設置又は管理することが不適当又は困難な場合等がこれにあたる。

※　**休憩所，売店は公園施設**であるが，**警察署の派出所**は，都市公園の占用が公衆の都市公園利用に著しい支障を及ぼさず，かつ，必要やむを得ないと認められる**占用物件に該当する**。

※　**公園施設**は，都市公園の効用を全うするため当該都市公園に設けられる施

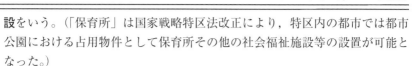

設をいう。（「保育所」は国家戦略特区法改正により，特区内の都市では都市公園における占用物件として保育所その他の社会福祉施設等の設置が可能となった。）

※ 一の都市公園に設ける**運動施設の敷地面積の総計は，当該都市公園の敷地面積の50％を超えてはならない。**と制限が設けられている。

> 都市公園法の目的 都市公園法は，都市公園の設置及び管理に関する基準を定めて，都市公園の健全な発達を図り，もって公共の福祉の増進に資することを目的とする。（法第1条）（都市公園の設置及び管理に関する基本的な事項を法律で定め，その確保を図っている。）

 point

> 都市公園の設置及び管理は国又は地方公共団体が行う。この地方公共団体には，特別地方公共団体も含まれ，地方公共団体が都市計画区域内に設置するものであるならば，**都市計画事業として施行されたか否かは問わない。**

※ 電気事業者が都市公園の地下に電線を埋設する行為は，**特許使用（占用）に該当する。**法第6条に，「**都市公園に公園施設以外の工作物その他の物件又は施設を設けて都市公園を占用しようとするときは，公園管理者の許可を受けなければならない。**」という規定がある。

※ 都市公園の地下には，政令で定めるものとして，国土交通省令で定める水道施設，下水道施設，河川管理施設及び変電所で地下に設けるものがある。**放水路とは，洪水時の治水対策として河川の途中から分岐する新しい川を掘り，海や他の河川等に放流する人工水路のことをいう。分水路とも呼ばれる。河川管理施設に該当するため，設けることができる。**

※ 都市公園に売店を設けることは，**便益施設を設けることになり，原則として当該都市公園の敷地面積の2％を超えてはならないものである。**

※ 休養施設，運動施設，教養施設を設ける場合においては，その**建築物の建築面積は，敷地面積の10％を限度としている。**（休養施設，教養施設で文化財保護法，景観法に基づき，特例として100分の20という規定もある。）

※ **水族館，野鳥観察所，図書館は，教養施設に該当する。**したがって，都市公園に設けられる公園施設である。

※ 5ヘクタール（ha）以上の敷地面積を有する都市公園でなければ，利用

料金をとるメリーゴーランド，遊戯電車等の遊戯施設を設けることができない。

※　都市公園に設けられる**運動施設の敷地面積の総計**は，当該都市公園の敷地面積の**50％（100分の50）を超えてはならない。**

※　占用物件として法律で定められているものに，**競技会，集会，展示会，博覧会その他これらに類する催しのために設けられる仮設工作物**があり，仮設のものであっても，**公園管理者の許可を受けなければならない。**

※　占用物件として，県が公共駐車場を設置する場合でも，**市営の都市公園の設置及び管理主体は（普通地方公共団体の長は市長）市長であるため，市長の許可が必要になる。**

※　占用物件として，政令に定められているものに，**工事用板囲，足場，詰所その他の工事用施設**がある。

※　公園施設の設置・管理の許可又は都市公園の占用の許可を受けた者は，その期間が満了したとき，又は公園施設の設置・管理若しくは占用を廃止したときは，**直ちに都市公園を原状に回復しなければならない。**

　　ただし，原状に回復することが不適当な場合には例外的に原状回復の措置を取らなくてもよい。これらの場合について，公園管理者は必要な指示をすることができるとされている。

問題を解いてみて，どうでしたか？　比較的簡単に正解がとれましたか？適当なもの，適当でないものを簡単に見破ることができましたか。太字の所を覚えるようにして下さい。必ず実行して下さい。そうすれば本試験でも，非常においしい問題になりますよ。
Let's Dream.　くり返し解くことも，一つの方法ですよ。

| 合格への目安 | 14問中8問以上正解すること。目標時間42分。 |

【問題1】

建設業の許可に関する次の記述の(A)，(B)に当てはまる語句の組合せとして，「建設業法」上，正しいものはどれか。

「二以上の都道府県の区域内に（　A　）を設けて建設業を営もうとする場合にあっては，（　B　）の許可を受けなければならない。」

	(A)		(B)
(1)	営業所	———	国土交通大臣
(2)	営業所	———	都道府県知事
(3)	現場事務所	———	都道府県知事
(4)	現場事務所	———	国土交通大臣

【問題2】

建設業における技術者に関する記述のうち，「建設業法」上，誤っているものはどれか。

(1)　主任技術者は，一定の資格又は一定の実務経験を有する者でなければならない。

(2)　造園工事に係る実務の経験が10年以上ある者は，造園工事に限り主任技術者となることができる。

(3)　主任技術者は，請負契約の履行を確保するため，請負人に代わって工事の施工に関する一切の事項を処理することができる。

(4)　主任技術者及び監理技術者は，工事現場における建設工事の施工の技術上の管理をつかさどる。

【問題3】

「建設業法」で定める，建設業者が建設工事の現場に掲げる必要のある標識の記載事項として，関係のないものはどれか。

(1)　許可年月日，許可番号及び許可を受けた建設業

(2)　一般建設業又は特定建設業の別

(3)　主任技術者又は監理技術者の氏名

⑷　許可した国土交通大臣又は都道府県知事の氏名

【問題 4 】

建設工事の工事現場に置かれる主任技術者の職務として「建設業法」上，規定されていないものはどれか。

⑴　建設工事の施工計画を作成すること
⑵　建設工事の品質管理を行うこと
⑶　建設工事の請負代金額の変更を行うこと
⑷　建設工事の施工に従事する者の技術上の指導監督を行うこと

【問題 5 】

建設業の許可に関する記述のうち，「建設業法」上，正しいものはどれか。

⑴　一般建設業の許可を受けた者は，当該許可に係る建設業について特定建設業の許可を受けることはできない。
⑵　造園工事業に関し都道府県知事の許可を受けている建設業者は，当該都道府県以外での工事を行うことはできない。
⑶　建設業の許可は，許可を受けてから一年以内に営業を開始しなかった場合は，取り消される。
⑷　建設業の許可に有効期間の定めはなく，廃業の届出をしない限り有効である。

【問題 6 】

建設工事の請負契約の当事者は，契約の締結に際して必要な事項を書面に記載し，署名又は記名押印をして相互に交付しなければならないとされているが，その際「建設業法」上，必要のない事項はどれか。

⑴　工事着手の時期及び工事完成の時期
⑵　注文者が工事の全額又は一部の完成を確認するための検査の時期及び方法並びに引渡しの時期
⑶　工事完成後における請負代金の支払いの時期及び方法
⑷　工事を担当する技術者の氏名及び資格

【問題7】

建設工事の請負契約に関する記述のうち，「建設業法」上，適当でないものはどれか。

(1)　注文者は，建設工事の施工につき著しく不適当と認められる下請負人があるときは，その変更を請求することができる。

(2)　主任技術者は，請負契約の履行に関することを確認するため，請負人に代わって一切の権限を行使することができる。

(3)　建設業者は，注文者の書面による承諾を得ずにその請け負った建設工事を一括して他人に請け負わせてはならない。

(4)　請負契約書には，工事内容，請負代金の額，工事着手の時期及び工事完成の時期などを記載しなければならない。

【問題8】

次の(イ)～(ニ)のうち，建設工事における主任技術者の職務として，「建設業法」上，規定されているものの個数はどれか。

(イ)　工事見積書を作成すること。

(ロ)　施工計画書を作成すること。

(ハ)　工事数量統括表を作成すること。

(ニ)　施工に従事する者の技術上の指導監督を行うこと。

(1)　1個

(2)　2個

(3)　3個

(4)　4個

【問題9】

建設業における主任技術者及び監理技術者に関する記述のうち，「建設業法」上，正しいものはどれか。

(1)　建設業者は，下請負人として造園工事の一部を施工する場合には，主任技術者を置く必要はない。

(2)　国，地方公共団体が発注する公共工事の場合，建設業者は主任技術者ではなく常に監理技術者を置かなければならない。

(3) 請負契約の履行を確認するため，請負人に代わって工事の施工に関する一切の事項を処理するのは，主任技術者である。

(4) 造園工事の実務経験が10年以上ある者は，造園工事に限り主任技術者となることができる。

【問題10】

建設工事の請負契約の当事者が，契約の締結に際して必要な事項を書面に記載し，署名又は記名押印をして相互に交付しなければならないが，「建設業法」上，必要のない事項はどれか。

(1) 工事着手の時期及び工事完成の時期

(2) 工事完成後における請負代金の支払の時期及び方法

(3) 請負者が受けている建設業の許可の種類及び許可年月日

(4) 契約に関する紛争の解決方法

【問題11】

次の(イ)及び(ロ)の営業形態で造園工事業を営もうとする場合の建設業の許可として，「建設業法」上，正しいものはどれか。

(イ) A県内のみに本店と支店を設け，営業しようとする営業形態

(ロ) 発注者から直接請け負った造園工事を施工する場合，常に下請代金の総額が政令で定める金額未満の額で下請契約を締結して施工しようとする営業形態

(1) 国土交通大臣許可の特定建設業

(2) 国土交通大臣許可の一般建設業

(3) A県知事許可の特定建設業

(4) A県知事許可の一般建設業

【問題12】

建設業の許可に関する次の記述の（　　）に当てはまる語句の組合せとして，「建設業法」上，正しいものはどれか。

「発注者から直接造園工事を請け負い，下請契約に係る下請代金の額の総額が（　A　）となる造園工事を施工しようとする元請負人は，（　B　）の許可を取得していなければならない。」

	(A)		(B)
(1)	2,000万円	——	指定建設業
(2)	2,000万円	——	特定建設業
(3)	4,500万円	——	指定建設業
(4)	4,500万円	——	特定建設業

【問題13】

　建設業の許可に関する記述のうち，「建設業法」上，誤っているものはどれか。

(1)　国土交通大臣の許可は，二以上の都道府県の区域内に営業所を設けて建設業を営もうとする者が受けるものである。

(2)　建設業の許可は，引き続いて営業を1年以上休止した場合でも，取り消されることはない。

(3)　一般建設業の許可を受けた場合，請負代金の額にかかわらず工事現場には必ず主任技術者を置かなければならない。

(4)　建設業の許可は，5年ごとにその更新を受けなければ，その期間の経過によって，その効力を失う。

【問題14】

　建設業の許可に関する次の記述の(A)，(B)に当てはまる語句の組合せとして，「建設業法」上，正しいものはどれか。

　二以上の都道府県の区域内に（　A　）を設けて建設業を営もうとする場合にあっては，（　B　）の許可を受けなければならない。

	(A)		(B)
(1)	営業所	——————	国土交通大臣
(2)	営業所	——————	所在する都道府県の各知事
(3)	現場事務所	————	所在する都道府県の各知事
(4)	現場事務所	————	国土交通大臣

2 法規（建設業法）　解答と解説

【問題1】　解答　(1)

「二以上の都道府県の区域内に（営業所）[A]を設けて建設業を営もうとする場合にあっては，（国土交通大臣）[B]の許可を受けなければならない。」

したがって，(1)の語句の組合せが正しい。

【問題2】　解答　(3)

(1)　主任技術者は，一定の資格又は一定の実務経験を有する者でなければならない。したがって，(1)の記述は適当である。

(2)　造園工事に係る実務の経験が10年以上ある者は，造園工事に限り主任技術者となることができる。したがって，(2)の記述は適当である。

(3)　主任技術者の職務は，工事現場における建設工事を適正に実施するため，当該建設工事の施工計画の作成，工程管理，品質管理その他の技術上の管理及び当該建設工事の施工に従事する者の技術上の指導監督の職務を誠実に行わなければならない。よって，請負人に代わって工事の施工に関する一切の事項を処理することはできない。したがって，(3)の記述は適当でない。

(4)　主任技術者及び監理技術者は，工事現場における建設工事の施工の技術上の管理をつかさどる。したがって，(4)の記述は適当である。

【問題3】　解答　(4)

(1)　許可年月日，許可番号及び許可を受けた建設業は，標識の記載事項である。

(2)　一般建設業又は特定建設業の別は，標識の記載事項である。

(3)　主任技術者又は監理技術者の氏名は，標識の記載事項である。

(4)　許可した国土交通大臣又は都道府県知事の氏名は，標識の記載事項ではない。したがって，(4)の記述は標識の記載事項として関係のないものである。

【問題4】　解答　(3)

建設工事の請負代金額の変更は主任技術者の職務には規定されていません。

【問題5】　解答　(3)

(1)　工事の受注・施工体制の違いにより，一般建設業の許可と特定建設業の許可に区分されている。

①　特定建設業の許可：発注者から直接請け負う1件の建設工事につき，その工事の全部または一部を，下請代金の額（下請契約が2以上あるとき

は，下請代金の額の総額）が4,500万円（建築工事業については7,000万円）以上となる下請契約を締結して施工しようとする者が受けるもの

②　一般建設業の許可：上記①以外の者が受けるもの

よって，一般建設業の許可を受けた者であっても，特定建設業の許可要件を満たせば，特定建設業の許可を受けることができる。したがって，(1)の記述は適当でない。

(2)　都道府県知事の許可を受けた建設業であっても，営業地域や施工場所を限定するものではなく，**他の都道府県で営業活動を行ったり，工事を請け負って施工すること**ができる。したがって，(2)の記述は適当でない。

(3)　建設業の許可は，許可を受けてから一年以内に営業を開始しなかった場合は，許可を取り消される。したがって，(3)の記述は適当である。

(4)　建設業の許可の有効期間は，5年で，5年毎に更新する必要がある。したがって，(4)の記述は適当でない。

【問題6】　解答　(4)

(4)　工事を担当する技術者の氏名及び資格については，請負契約書に必要のない事項である。

【問題7】　解答　(2)

(1)，(3)，(4)の記述は適当である。

(2)　主任技術者は，建設業者である限り，「その請け負った建設工事を施工するときは，当該工事現場における**建設工事の技術上の管理をつかさどる者として**，一定の実務の経験を有する主任技術者を置かなければならない。」とされている。

よって，請負契約の履行に関することを確認するため，請負人に代わって一切の権限を行使する者ではない。したがって，(2)の記述は適当でない。

【問題8】　解答　(2)

主任技術者及び監理技術者の職務は，工事現場における建設工事を適正に実施するため，**施工計画の作成，工程管理，品質管理その他の技術上の管理及び施工に従事する者の技術上の指導監督の職務**を誠実に行わなければならない。

(ロ)　施工計画書を作成すること。

(ニ)　施工に従事する者の技術上の指導監督を行うこと。が該当する。

したがって，(2)の2個が正しい。

2 法規（建設業法）

【問題9】 解答 (4)

⑴ 建設業者は，元請，下請にかかわらず，必ず主任技術者を置かなければならない。また，一般建設業では，監理技術者を置くことはない。したがって，⑴の記述は適当でない。

⑵ 国，地方公共団体が発注する公共工事であっても，一般建設業者であれば主任技術者を置く必要がある。特定建設業者であって，造園工事などの下請契約による下請代金額が4,500万円以上の場合には，主任技術者にかえて監理技術者をおく必要がある。したがって，⑵の記述は適当でない。

⑶ 主任技術者及び監理技術者の職務は，工事現場における建設工事を適正に実施するため，施工計画の作成，工程管理，品質管理その他の技術上の管理及び施工に従事する者の技術上の指導監督の職務を誠実に行わなければならないが，請負代金額の変更等の契約関係業務は，事業者が行うもので，職務には当たらない。したがって，⑶の記述は適当でない。

⑷ 造園工事の実務経験が10年以上ある者は，造園工事に限り主任技術者になることができる。したがって，⑷の記述は適当である。

【問題10】 解答 (3)

⑶ 請負契約書には，請負者が受けている建設業の許可の種類及び許可年月日は，必要のない事項である。したがって，⑶の記述は適当でない。

　⑴，⑵，⑷の記述は必要な事項である。

【問題11】 解答 (4)

㋑の条件により，A県の知事の許可が必要になります。
㋺の条件により，一般建設業の許可が必要になります。

【問題12】 解答 (4)

　「発注者から直接造園工事を請け負い，下請契約に係わる下請代金の額の総額が(**4,500万円**)となる造園工事を施工しようとする元請負人は，(**特定建設業**)の許可を取得していなければならない。」

　したがって，⑷の語句の組合せが正しい。

【問題13】 解答 (2)

　⑴，⑶，⑷の記述は適当である。

⑵ 建設業の許可は，引き続いて営業を1年以上休止した場合は，取り消され

る。したがって，(2)の記述は適当でない。

【問題14】 **解答** (1)

「二以上の都道府県の地域内に（A．営業所）を設けて建設業を営もうとする場合にあっては，（B．国土交通大臣）の許可を受けなければならない。」と規程定されています。

※　地方公共団体が発注者である造園工事において，下請負人として4,500万円の当該工事を施工する建設業者は，**専任の監理技術者ではなく，専任の主任技術者を置かなければならない（監理技術者を置くのは，発注者から直接仕事を請け負った元請業者である）**。

※　建設業の許可を受けようとする者は，**営業所ごとに一定の要件を満たした者で専任の技術者を置かなければならない。**

※　**工事の受注・施工体制の違いにより，一般建設業の許可と特定建設業の許可に区分されている。**許可を受ける際に，営業所の名称及び所在地，許可を受けようとする建設業等を記載する。この段階で，一事業所（本社又は本店単位）の建設業の許可が決まる。したがって，**同一業種では，営業所ごとに一般建設業の許可と特定建設業の許可を分けて受けることができない。**

　　（例えば，本店が特定建設業で造園工事の許可業者である場合は，A営業所は，特定建設業で造園工事の許可業者である。どの営業所も特定建設業の許可を受ける必要があり，営業所ごとの専任技術者は，1級造園施工管理技士等を営業所ごとに設置することになる。）

※　**営業所に置く専任の技術者に，許可を受けようとする建設業ごとの，複数の資格があれば，別々の者でなくても兼ねることができる。**

※　**都道府県知事の許可を受けた建設業であっても，**営業地域や施工場所を限定するものではなく，他の都道府県で営業活動を行ったり，工事を請け負って施工することができる。

※　建設業の許可を受けるためには，**営業所ごとに一定の資格又は実務経験を有する専任の者を置かなければならない。**

※　**一般建設業の許可を受けた者でも，**営業地域や施工場所を限定するものではなく，他の都道府県で営業活動を行ったり，工事を請け負って施工することができる。

サーッと読んでしまうと，間違いを起こしますね。少し骨のある問題でした。

※　許可を受けた建設業の建設工事を請け負う場合，**本体工事に附帯する工事**については，請け負うことができる。

※　発注者から直接請け負った一般建設業者が造園工事を施工する場合，**一件の工事につき下請代金の額（総額）が4,500万円以上**となる下請契約を締結して施工してはならない（例えば，A社に2,000万円，B社に1,500万円，C社に1,000万円と分けた場合でも，総額が4,500万円以上となるため下請契約を締結することができない。**特定建設業の許可が必要**になる）。

比較的わかりやすい素直な設問です。正解を確実にとりましょう。

法改正情報

※　近年の工事費の上昇を踏まえ，金額要件の見直しにより，下記の金額が変更されました。

（建設業法施行令の一部を改正する政令　令和5年1月1日施行）

	改正前	改正後
特定建設業の許可・監理技術者の配置・施工体制台帳の作成を要する下請代金額の下限	4,000万円 （6,000万円）	4,500万円 （7,000万円）
主任技術者及び監理技術者の専任を要する請負代金額の下限	3,500万円 （7,000万円）	4,000万円 （8,000万円）
特定専門工事の下請代金額の上限	3,500万円	4,000万円

（　）建築一式工事

第10章　法規

point

　主任技術者は，建設業者である限り，「その請け負った建設工事を施工するときは，当該工事現場に置ける建設工事の技術上の管理をつかさどる者として，一定の実務の経験を有する主任技術者を置かなければならない。」とされている。

　請負金額に関係なく，例え100円の工事でも（ありえませんが），必ず現場に主任技術者を置くことになる。

　ただし，建設業者でない，許可を取っていない業者の場合は，置く必要はありません。例えば軽微な工事のみ（工事１件の請負代金：500万円未満）をしている業者は，置く必要はありません。

※　建設業者はその店舗や，建設工事現場ごとに，公衆の見やすい場所に，それぞれ国土交通省令で定められている一定の様式（店舗用のものと工事現場用のものと２種類ある）に，商号または名称，代表者の氏名，一般建設業または特定建設業の別，許可を受けた建設業の業種，許可番号及び許可年月日を，さらに工事現場用には，主任技術者または監理技術者の氏名等を記入した標識を掲げなければならない。」と，法第四十条に規定されている。

　これに違反した場合は，「十万円以下の過料に処する。」と法第五十五条に罰則が規定されている。

※　特定建設業では，次の場合に主任技術者を置かなければならない。

① 発注者から直接請け負った工事を，下請代金の合計が**4,500万円未満**の下請契約を締結して施工する場合

② **下請として施工する場合**（一部の特定専門工事では緩和措置あり）

③ **全部自社施工する場合**

point

　建設業の許可業者であれば，500万円未満（金額に関係なく，例え，1万円の請負契約である場合でも，主任技術者を置く）の工事であっても，主任技術者を置く必要があります。一方，建設業許可業者でない場合は，業法の適用がなく，主任技術者を置く必要がないという解釈になります（主任技術者を置けるなら，建設業の許可を取得すると思われます）。

※　建設業の許可制度は，(1)営業所の置き方により，大臣許可と知事許可に分

かれる。この「営業所」とは本店・支店または常時，請負契約を締結する事務所のことをいう。

　例外として，政令で定める軽微な建設工事のみを請け負うことを営業とする者は，建設業の許可を受けなくても営業を行うことができる。

　この「**軽微な建設工事**」とは，次の場合をいう。

　工事１件の請負代金：**500万円未満（建築一式工事以外の工事であるから，造園工事は該当する。）**

　建築一式工事の場合：１件の請負代金が1,500万円未満または延べ面積150㎡未満の木造住宅工事（造園工事には関係がないが，建築一式工事で14,999,999円までの請負代金であること，木造住宅で延べ面積149.99999…㎡ということになる。）

　元請・下請にかかわらず，１件500万円未満の工事のみを請け負う場合は，許可は不要である。

　１件500万円以上の工事を請け負うことがある場合は，許可が必要になる。

　重要事項　許可業者である場合は，必ず建設業法の適用を受ける。したがって，上記の請負金額にかかわらず，工事現場には，必ず主任技術者を置くことになる（一部特定専門工事の下請負人を除く）。許可業者でない場合は，建設業法の適用を受けないので，主任技術者の設置は必要ない。

　重要事項　工事の受注・施工体制の違いにより，一般建設業の許可と特定建設業の許可に区分されている。

①　特定建設業の許可：発注者から直接請け負う１件の建設工事につき，その工事の全部または一部を，下請代金の額（下請契約が２以上あるときは，下請代金の額の総額）が4,500万円（建築工事業については7,000万円）以上となる下請契約を締結して施工しようとする者が受けるもの

②　一般建設業の許可：上記①以外の者が受けるもの

以上，クドクドと述べましたが，許可制度と，主任技術者の設置等とを混同（ごっちゃ混ぜに）して覚えている受験生がタクサンおられると思い，再確認のために，スペースをとりました。

※　二以上の都道府県の区域内で工事を行おうとする場合であっても，各々の都道府県知事の許可を受けなくても工事ができる。**大臣許可，知事許可の許**

可区分は，営業地域や施工場所を限定するものではなく，ある県の知事許可であっても，他の都道府県で営業活動を行ったり，工事を請け負って施工することができる。

※　建設業者は，営もうとする建設工事の種類ごとに許可を受けなければならないのが原則である。一般建設業の許可または特定建設業の許可を問わず，29の建設工事の種類ごとに，それぞれ対応する建設業の種類ごとに受けることとされており，許可を受けていない建設業の建設工事は請け負うことができない。

※　許可を受けた建設業の建設工事を請け負う場合，本体工事に附帯する工事について，請け負うことができる。

※　二以上の営業所を有する建設業者は，営業所ごとに一定の資格または実務を有する技術者を専任で置く必要がある。

※　「公園工事」であるため，専任の主任技術者を置く場合の請負金額は，「4,000万円以上」である。また，下請契約の総額が「4,500万円以上」となれば，主任技術者にかえて監理技術者を置く必要がある。

※　建設業の許可は，営業について地域的制限はなく，知事の許可をもって全国で営業活動や建設工事の施工をすることができる。
　　したがって，各々の都道府県知事の許可を受ける必要はない。

※　建設業の許可を受けた後1年以内に営業を開始しなかったり，1年以上営業を休止した場合は，建設業の許可を取り消される。

【問題1】 出るヨ

「労働基準法」に関する記述のうち，誤っているものはどれか。

(1) 使用者は，原則として，10日前にその予告をして労働者を解雇することができる。

(2) 休憩時間は，原則として，一斉に与えなければならない。

(3) 使用者は，労働時間が8時間を超える場合においては少なくとも1時間の休憩時間をその途中に与えなければならない。

(4) 賃金は，臨時の賃金等を除き，毎月1回以上，一定の期日を定めて支払わなければならない。

【問題2】 出るヨ

「労働基準法」に関する記述のうち，誤っているものはどれか。

(1) 親権者又は後見人は，未成年者の賃金を代わって受け取ることができる。

(2) 労働者が労働時間中に選挙権を行使するために必要な時間を請求した場合，使用者は，原則として拒んではならない。

(3) 建設業においては，使用者は，児童が満15歳に達した日以後の最初の3月31日が終了するまで，これを使用してはならない。

(4) 使用者は，労働契約の不履行について違約金を定め，又は損害賠償を予定する契約をしてはならない。

【問題3】 出るヨ

「労働基準法」に関する記述のうち，誤っているものはどれか。

(1) 使用者の責に帰すべき事由による休業の場合においては，使用者は，休業期間中当該労働者に，その平均賃金の百分の六十以上の手当を支払わなければならない。

(2) 労働基準法に定める基準に達しない労働条件を定める労働契約は，その部分だけでなく労働契約全体が無効になる。

(3) 労働者は，労働契約の締結の際に明示された労働時間が事実と相違する場合においては，その事実を知った時から即時に労働契約を解除することがで

きる。

(4)　使用者は，妊娠中の女性が請求した場合においては，他の軽易な業務に転換させなければならない。

【問題4】

「労働基準法」に関する記述のうち，誤っているものはどれか。

(1)　使用者は，労働者の国籍，信条，社会的身分を理由として，賃金，労働時間その他の労働条件について，差別的取扱いをしてはならない。

(2)　使用者は，就業規則で定めた場合においては，労働者に対して休憩時間の自由な利用を制限することができる。

(3)　出来高払制で使用する労働者については，使用者は，労働時間に応じ一定額の賃金の保障をしなければならない。

(4)　未成年者の親権者又は後見人は，未成年者に代って労働契約を締結してはならない。

【問題5】

「労働基準法」に関する記述のうち，誤っているものはどれか。

(1)　未成年者の親権者は，未成年者に代って当該未成年者の賃金を受け取ることができる。

(2)　労働条件は，労働者と使用者が，対等の立場において決定すべきものである。

(3)　労働基準法は，同居の親族のみを使用する事業については適用されない。

(4)　土木又は建築の事業においては，使用者は，満15歳に達した日以後の最初の3月31日が終了するまでの児童を労働者として使用してはならない。

【問題6】

「労働基準法」に関する次の記述の（　　　）に当てはまる語句の組合せとして，正しいものはどれか。

「使用者は，労働時間が6時間を超える場合においては少なくとも（　A　），8時間を超える場合においては少なくとも（　B　）の休憩時間を労働時間の途中に与えなければならない。」

	(A)		(B)
(1)	15分	──	30分
(2)	30分	──	45分
(3)	45分	──	1時間
(4)	1時間	──	1時間30分

3 法規（労働基準法）　解答と解説

【問題1】 **解答** (1)

(1)　使用者は，労働者を解雇しようとする場合においては，**少なくとも30日前にその予告をしなければならない**。したがって，(1)の記述は適当でない。

(2)　休憩時間は，原則として，一斉に与えなければならない。

(3)　使用者は，労働時間が8時間を超える場合においては少なくとも1時間の休憩時間をその途中に与えなければならない。

(4)　賃金は，臨時の賃金等を除き，毎月1回以上，一定の期日を定めて支払わなければならない。

【問題2】 **解答** (1)

(1)　**親権者又は後見人は，未成年者に代わって賃金を受け取ってはならない。**ただし，労働者の使者として賃金を受け取り労働者に手渡すことができる。したがって，(1)の記述は適当でない。

(2)　労働者が労働時間中に選挙権を行使するために必要な時間を請求した場合，使用者は，原則として拒んではならない。したがって，(2)の記述は適当である。

(3)　建設業においては，使用者は，児童が満15歳に達した日以後の最初の3月31日が終了するまで，これを使用してはならない。したがって，(3)の記述は適当である。

(4)　使用者は，労働契約の不履行について違約金を定め，又は損害賠償を予定する契約をしてはならない。したがって，(4)の記述は適当である。

【問題3】 **解答** (2)

(1)　使用者の責に帰すべき事由による休業の場合においては，使用者は，休業期間中当該労働者に，その平均賃金の百分の六十以上の手当を支払わなければならない。したがって，(1)の記述は適当である。

(2)　**労働基準法に定める基準に達しない労働条件を定める労働契約は，その部分のみ無効となり，この場合において，無効となった部分はこの法律で定める基準による。**したがって，(2)の記述は適当でない。

(3)　労働者は，労働契約の締結の際に明示された労働時間が事実と相違する場合においては，その事実を知った時から即時に労働契約を解除することができる。したがって，(3)の記述は適当である。

(4)　使用者は，妊娠中の女性が請求した場合においては，他の軽易な業務に転換させなければならない。したがって，(4)の記述は適当である。

【問題4】　解答　(2)

(1) 使用者は，労働者の国籍，信条，社会的身分を理由として，賃金，労働時間その他の労働条件について，差別的取扱いをしてはならない。したがって，(1)の記述は適当である。

(2) **使用者は，休憩時間を自由に利用させなければならない。** したがって，(2)の記述は適当でない。

(3) 出来高払制で使用する労働者については，使用者は，労働時間に応じて一定額の賃金の保障をしなければならない。したがって，(3)の記述は適当である。

(4) 未成年者の親権者又は後見人は，未成年者に代わって労働契約を締結してはならない。したがって，(4)の記述は適当である。

【問題5】　解答　(1)

(1) **親権者又は後見人は，未成年者に代わって賃金を受け取ってはならない。**
　　ただし，労働者の使者として賃金を受け取り労働者に手渡すことができる。したがって，(1)の記述は適当でない。

(2) 労働条件は，労働者と使用者が，対等の立場において決定すべきものである。したがって，(2)の記述は適当である。

(3) 労働基準法は，同居の親族のみを使用する事業については適用されない。したがって，(3)の記述は適当である。

(4) 土木又は建築の事業においては，使用者は，満15歳に達した日以後の最初の3月31日が終了するまでの児童を労働者として使用してはならない。したがって，(4)の記述は適当である。

【問題6】　解答　(3)

「使用者は，労働時間が6時間を超える場合においては少なくとも (**45分**)，8時間を超える場合においては少なくとも (**1時間**) の休憩時間を労働時間の途中に与えなければならない。」したがって，(3)の語句の組合せが正しい。

※ 使用者は，労働者名簿，賃金台帳及び雇入，解雇，災害補償，賃金その他労働関係に関する**重要な書類を3年間保存**しなければならない。

※ 「**賃金**」とは，賃金，給料，手当，賞与その他の名称の如何を問わず，労働の対償として使用者が労働者に支払うすべてのものをいい，「**賃金は，通貨で，直接労働者にその全額を支払わなければならない。また，賃金は毎月1回以上，一定の期日を定めて支払わなければならない。**」と規定され，「直

接」とは，一括して世話役等に手渡して，その者から労働者に分配させるような方法を禁じたものであり，また，労働者の親権者や後見人に支払うことは禁じられている。

ただし，これらの者で，労働者の使者として賃金を受け取り労働者に手渡すことはできる。

※ 使用者は，労働者に対して，毎週少なくとも1回の休日を与えなければならない。または，4週間を通じ4日以上の休日を与えなければならない。

※ 労働者が業務上負傷し，又は疾病にかかった場合において，療養のため労働ができないために賃金を受けない場合においては，使用者は，労働者の療養中平均賃金の100分の60の休業補償を行わなければならない。

※ この法律で「労働者」とは，職業の種類を問わず，事業又は事務所に使用される者で，賃金を支払われる者をいう。

※ 使用者は，労働者が労働時間中に，選挙権その他公民としての権利を行使し，又は公の職務を執行するために必要な時間を請求した場合においては，拒んではならない。

ただし，権利の行使又は公の職務の執行に妨げがない限り，請求された時刻を変更することができる。

※ 常時10人以上の労働者を使用する使用者は，次に掲げる事項について就業規則を作成し，行政官庁に届出なければならない。次に掲げる事項を変更した場合においても，同様とする。

　一　始業及び終業の時刻，休憩時間，休日，休暇並びに労働者を2組以上に分けて交替に就業させる場合においては就業時転換に関する事項
　二　賃金（臨時の賃金等を除く。以下この号において同じ）の決定，計算及び支払の方法，賃金の締切り及び支払の時期並びに昇給に関する事項
　三　退職に関する事項（解雇の事由を含む）　……・・
　　等が各号に規定されている。

※ 労働者が業務上負傷し，又は疾病にかかった場合においては，使用者は，その費用で必要な療養を行い，又は必要な療養の費用を負担しなければならない。

※ 解雇の予告は，労働者の責に帰すべき事由に基づき解雇する場合は，30日前にその予告をする必要はない。

※ 使用者は，労働者が出産，疾病，災害その他厚生労働省令で定める非常の場合の費用に充てるために請求する場合においては，支払期日前であっても，既往の労働に対する賃金を支払わなければならない。

第10章　法規

※　労働基準法は，工業，建設業，商業，農業等全ての産業において，**会社，個人等を問わず他人を1人でも使っている事業**，事務所に適用される。

　　ただし，国家公務員法，地方公務員法，船員法等の適用を受ける一般職の公務員，船員及びお手伝いさん等の家事使用人と同居の親族のみを使用する場合には，原則として適用されない。

※　**労働時間は，休憩時間を除き1週間について40時間，1週間の各日について8時間を超えてはならない。ただし，就業規則その他により日時を特定し，変形8時間または変形40時間制を認めている。**なお，天災等による非常災害の場合及び労使協定に基づく場合で労働基準監督署長に届け出ることにより，その協定の定めるところによって時間外労働，休日労働をさせることができる。ただし，**坑内労働その他の健康上特に有害な業務の時間延長は2時間までとされている。**

【問題1】

「労働安全衛生法」上，作業主任者を選任する必要のある作業の正誤の組合せとして，適当なものはどれか。

(イ) 掘削面の高さが3mの地山の掘削作業

(ロ) 高さが5mの構造の足場の組立て作業

(1) 正 ── 正

(2) 正 ── 誤

(3) 誤 ── 正

(4) 誤 ── 誤

【問題2】

「労働安全衛生法」上，事業者が安全又は衛生のための教育を行う必要がないものはどれか。

(1) 労働者の作業内容を変更したとき。

(2) 労働者が1週間以上の連続した休暇をとった後に業務に就くとき。

(3) 建設業の事業場で，新たに職長その他作業中の労働者を直接指導又は監督する者を配置するとき。

(4) 同一業種で5年以上経験を有する労働者を，同業種の事業者が新たに雇い入れたとき。

【問題3】

「労働安全衛生法」上，作業主任者を選任する必要がある作業はどれか。

(1) 掘削面の高さが3mの地山の掘削

(2) 高さが3mの足場の組立・解体・変更

(3) 高さが3mのコンクリート造の工作物の解体・破壊

(4) 高さが3mの建築物の鉄骨等の組立・解体・変更

4 その他の法規(建築基準法・労働安全衛生法・都市計画法・その他)

【問題 4】

「建築基準法」に基づき，建築工事の際に工事の施工者が当該工事現場に表示すべき氏名又は名称として，誤っているものはどれか。

(1) 工事の現場管理者

(2) 工事施工者

(3) 土地所有者

(4) 建築主

【問題 5】

次の(イ)～(ニ)のうち，都市公園において公園施設を新設，増設又は改築する時，「高齢者，障害者等の移動等の円滑化の促進に関する法律」に基づく都市公園移動等円滑化基準に適合させる必要がある施設として，正しいものの個数はどれか。

(イ) 休憩所

(ロ) 便所

(ハ) 標識

(ニ) 水飲場

(1) 1 個

(2) 2 個

(3) 3 個

(4) 4 個

【問題 6】

「法律の名称」とその法律に基づく「地区又は地域の名称」の組合せとして，正しいものはどれか。

　　　　(法律の名称)　　　(地区又は地域の名称)

(1) 生産緑地法 ──── 景観地区

(2) 自然環境保全法 ── 風致地区

(3) 自然公園法 ──── 特別緑地保全地区

(4) 都市緑地法 ──── 緑化地域

【問題 7】

都市計画に定められる地域地区として，正しいものはどれか。

(1) 自然公園法に基づく国定公園の特別保護地区
(2) 鳥獣の保護及び狩猟の適正化に関する法律に基づく鳥獣保護区
(3) 農業振興地域の整備に関する法律に基づく農用地区域
(4) 都市緑地法に基づく緑化地域

【問題 8】

「自然公園法」上，国立公園の普通地域内において環境大臣への届出を行う必要のない行為は次のうちどれか。

(1) 樹木の植栽
(2) 土地の形状の変更
(3) 高さ20m の建築物の新築
(4) 土石の採取

【問題 9】

「生産緑地法」に基づく生産緑地地区内で，「生産緑地法」上，制限が掛けられていない行為はどれか。

(1) 建築物の新築
(2) 宅地の造成
(3) 動物の捕獲
(4) 水面の埋立て又は干拓

【問題10】

「都市計画法」に定める市街化区域に関する記述のうち，正しいものはどれか。

(1) 市街化区域とは，将来における都市としての整備，開発及び保全に支障が生じるおそれがあると認められる区域である。
(2) 市街化区域とは，すでに市街地を形成している区域及びおおむね10年以内に優先的かつ計画的に市街化を図るべき区域である。

⑶　市街化区域とは，市街化を抑制すべき区域である。

⑷　市街化区域とは，地域の特性にふさわしい業務の利便の増進を図りつつ，これと調和した住居の環境を保護すべき区域である。

労働安全衛生法

【問題 1】 **解答** (1)

(イ) 掘削面が 2 m 以上の地山の掘削の作業は、地山の掘削及び土止め支保工作業主任者技能講習を修了した者（地山の掘削作業主任者）を選任する。

(ロ) つり足場、張出し足場又は高さが 5 m 以上の構造の足場の組立て、解体又は変更の作業は、足場の組立て等作業主任者技能講習を修了した者（足場の組立て等作業主任者）を選任する。したがって、(1)の組合せが適当である。

【問題 2】 **解答** (2)

(2) 労働者が 1 週間以上の連続した休暇をとった後に業務に就くときについては、安全又は衛生のための教育を行う必要がない。したがって、(2)の記述は適当でない。

(1), (3), (4)の記述は適当である。

【問題 3】 **解答** (1)

(1) 掘削面の高さが 2 m 以上となる地山の掘削の作業は、地山の掘削及び土止め支保工作業主任者技能講習を修了した者（統合されている）が、地山の掘削作業主任者として就く。したがって、(1)の作業は作業主任者を選任する必要がある。

(2) 高さが 3 m ではなく、高さが 5 m 以上の構造の足場の組立て、解体又は変更の作業又は吊り足場、張出し足場の場合には、足場の組立て等作業主任者を選任する。

(3) 高さが 3 m ではなく、5 m 以上のコンクリート造の工作物の解体・破壊の作業の場合には、コンクリート造の工作物の解体等作業主任者を選任する。

(4) 高さが 3 m ではなく、5 m 以上の建築物の骨組み、又は塔であって、金属製の部材により構成されるものの組立て、解体又は変更の作業には、建築物等の鉄骨の組立て等作業主任者を選任する。

※ 事業者は、足場における高さ 2 メートル以上の作業場所には、次に定めるところにより、作業床を設けなければならない。「第一項第二号 吊り足場の場合を除き、幅は 40 センチメートル以上とし、床材間のすき間は 3 センチメートル以下とすること。」と規定されている。

※ 足場材の緊結、取りはずし、受渡し等の作業にあっては、幅 40 センチメートル以上の足場板を設け、労働者に要求性能墜落制止用器具（安全帯）を使用させるなど労働者の墜落による危険を防止するための措置を講ずること。

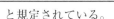

と規定されている。

※ 墜落により労働者に危険を及ぼすおそれのある箇所には，次に定めるところにより，**手すり等を設けること**。ただし，作業の性質上手すり等を設けることが著しく困難な場合又は作業の必要上臨時に手すり等を取りはずす場合において，**防網を張り，労働者に要求性能墜落制止用器具（安全帯）を使用させる**など墜落による労働者の危険を防止するための措置を講じたときは，この限りでない。

イ　丈夫な構造とすること

ロ　材料は，著しい損傷，腐食等がないものとすること。

ハ　高さは，**85センチメートル以上**で「中さん等」を設置すること。と規定されている。

※ 事業者は，架設通路については，次に定めるところに適合したものでなければ使用してはならない。

一　丈夫な構造とすること

二　勾配は，**30度以下**とすること。ただし，階段を設けたもの又は高さが2メートル未満で丈夫な手掛を設けたものはこの限りでない。

三　勾配が**15度を超える**ものには，踏さんその他の滑止めを設けること。……」と規定されている。

　　 作業主任者の選任 は，労働災害を防止するための管理を必要とするコンクリート破砕器を用いて行う破砕作業，掘削面の高さが2m以上となる地山の掘削の作業，土止め支保工の切ばり又は腹起しの取付け又は取外しの作業，型わく支保工の組立て又は解体の作業，吊り足場，張出し足場又は高さが5メートル以上の構造の足場の組立て，解体又は変更の作業等，安衛令第6条に規定する一定の作業について規定されている。

　　 また，事業者は，作業主任者を選任したときは，当該作業主任者の氏名及びその者に行わせる事項を作業場の見やすい場所に掲示する等により関係労働者に周知させなければならない。

　　 作業主任者の職務 は，当該作業に従事する労働者の指揮をするほか，作業を安全かつ衛生的に遂行するため各作業主任者ごとに各規則に定められている事項を行う。

※ 総括安全衛生管理者の選任は，建設業においては，事業場の規模（常時使用する労働者の数）を**100人以上**と規定され，「総括安全衛生管理者の資格は，事業場においてその事業の実施を総括管理する者をもって充てなければならない。」とされている。

※　事業者は，高さ5m以上の構造の足場の組立作業については，作業主任者を選任しなければならない。

※　産業医を選任しなければならない事業場は，常時50人以上の労働者を使用するすべての事業場である。

※　コンクリート造の工作物の解体又は破壊の作業は，その高さが5m以上であるものに限ると規定されている。

※　吊り上げ荷重が5トン以上のクレーンの運転の業務は，クレーン運転士免許を受けた者，移動式クレーン運転士免許を受けた者（移動式クレーンの場合は，吊り上げ荷重が1トン以上の場合に免許を受けた者が就く）等，一定の資格を有するものでなければ行うことができない。

※　足場板を長手方向に支点上で重ね，重ねる部分の長さは20cm以上とする。

※　建設業においては，常時，労働者数が100人以上の場合，総括安全衛生管理者を選任しなければならない。

　　総括安全衛生管理者は，事業場の安全管理者，衛生管理者を指揮するとともに，災害防止活動を統括管理しなければならない。

建築基準法

【問題4】　解答　(3)

(3)　土地所有者は，工事現場に表示すべき氏名又は名称に該当しない。したがって，(3)の記述は適当でない。

※　公園工事の施工のための仮設事務所の設置は，建築確認を必要としない。

※　徒渉池の設置は，建築確認を必要としない。

※　高さ3mの記念塔の設置は，建築確認を必要としない。高さ4mを超える場合は，建築確認が必要である。

※　擁壁は，高さ2mを超えるものは建築確認が必要である。

　　（煙突は6mを超えるもの，鉄筋コンクリート柱，鉄柱，木柱等は15mを超えるもの，広告塔，広告板，装飾塔は4mを超えるもの，高架水槽，サイロ，物見塔等は8mを超えるもの，以上の工作物は建築確認が必要である。）

※　建築物の建築等に関する申請及び確認に関するもの。

　　これは，工事着手に先立って，計画の建築物が建築基準関係規定に適合しているか否かをチェックすることを定めたもので，確認申請者は建築主（施主の代理で建築士が確認申請する）で，その申請先は建築主事または指定確

認検査機関である。

「建築確認」は，極めて客観的なチェック（確認）であって，許認可とは異なることから「建築確認」と呼んでいる。事前に一定資格を有する者（建築主事など）のチェックを受けることを義務付け，工事後に違反とわかり，適法なものに修正するにはあまりにも費用の無駄が多くなるためである。

また，確認済証の交付を受けた後でなければ工事をすることができない。

確認済証の交付を受けずに建築物の建築がなされた場合にあっては，特定行政庁は，建築主等に対し，当該建築物の除去等を命じることができる。

重要事項

① 特定行政庁とは，建築主事を置く市町村の区域については当該市町村の長，その他の市町村の区域については都道府県知事になる。

② 特定行政庁は，違反建築物に対する措置，既存不適格建築物に対する措置，許認可（道路内建築物，アーケード等の建築許可），確認，検査業務以外には権限をもたない。

③ 建築主事は，都道府県，市町村の建築行政担当課に置かれ，建築確認，検査等の行政事務を行う建築基準法独自の機関である。

④ 指定確認検査機関は，国土交通大臣または都道府県知事の指定により，建築主事に代って建築確認または検査を行うことのできる民間機関である。交付される確認済証，検査済証及び中間検査済証は建築主事が交付したものとみなされる。

⑤ 一定の工作物（煙突，広告塔（4mを超えるもの），高架水槽，擁壁（2mを超えるもの），ジェットコースター（工事種別が築造）等），建築設備（エレベーター，エスカレーター（工事種別が設置）等）も準用規定により，確認申請が必要となる（なお，準用とは適用のようにすべてが適合しなければならないという意味ではなく，対象とされる建築物または工作物に合致する条文のみ適用される）。

⑥ 確認済証の交付を受けた後でなければ，工事をすることができない。違反は建築主に建築物の除去等が命じられ，工事施工者に罰則がある。

⑦ 防火地域及び準防火地域外では，建築物の増築，改築，移転の場合にはその部分の床面積の合計が10㎡以内のときは適用しない。

⑧ 防火地域及び準防火地域内と，両地域外でも新築の場合には，10㎡以内も適用されるので特に注意を要する。

第10章　法規

※　建築基準法第89条　工事現場における確認の表示等

　　確認を要する建築，大規模の修繕または大規模の模様替の工事施工者は，当該工事現場の見やすい場所に，国土交通省令で定める様式によって，建築主，設計者，工事施工者及び工事の現場管理者の氏名または名称ならびに当該工事に係わる確認があった旨を表示しなければならない。

　　また，工事施工者は，当該工事に係わる設計図書を当該工事現場に備えておかなければならない。

※　建築基準法第1条（目的）

　　「この法律は，建築物の（敷地，構造，設備及び用途）に関する（最低の基準）を定めて，（国民の生命，健康及び財産の保護）を図り，もって公共の福祉の増進に資することを目的とする。」

重要事項

①　「最低の基準」とは，敷地の基準，構造の基準，設備の基準及び用途の基準から成り立っている。決して設計上の推奨値ではない。

　　また，この基準を守ることによって国民の生命，健康及び財産の保護を図ることであるが，究極的な目的は公共の福祉の増進に資することである。たとえば，「住宅には必ず階段を設けなければならない」とか，「便所を必ずつけなさい」という規定まではしていないということである。

②　この法律は，公共の福祉の見地から，構造耐力上，防火上，衛生上等の安全性及び好ましい集団的建築環境の確保のための最低基準を定めたものであるので，建築物の設計，施工，維持管理等に関係する当事者が，指定基準に示された限界数値その他の定量的限界値そのものを拠るべき基準とすることは，望ましいことではなく，本質的な建築物の質の向上を図ることについて大いに気を配らなければならない。

※　確認済証の交付を受けた後でなければ工事をすることができない（違反は工事施工者に罰則）。

※　建築主は，工事を完了したときは，工事が完了してから四日以内に到達するように，検査の申請をしなければならない。検査の申請先は建築主事又は指定確認検査機関である。

※　特定行政庁は，建築基準法令の規定又はこの法律の規定に基づく許可に付した条件に違反した建築物または建築物の敷地については，当該建築物の建築主，当該建築物に関する工事の請負人（請負工事の下請負人を含む。）も

しくは現場管理者または当該建築物もしくは建築物の敷地の所有者，管理者もしくは占有者に対して，当該工事の施工の停止を命じ，または，相当の猶予期間を付けて，当該建築物の除却，移転，改築，増築，修繕，模様替，使用禁止，使用制限その他これらの規定または条件に対する違反を是正するために必要な措置をとることを命ずることができる。

建築物に関する完了検査

建築主 は，工事を完了したときは，工事が完了してから4日以内に到達するように，検査の申請をしなければならない。

検査の申請先は 建築主事または指定確認検査機関 である。

重要事項

① 建築主事が届出を受理した場合は，建築主事または委任を受けた当該市町村もしくは都道府県の吏員（りいん：公共団体の職員）は，その申請を受理した日から7日以内に，申請に係る建築物及びその敷地が建築基準関係規定に適合しているかどうかを検査しなければならない。

② 建築主事またはその委任を受けた当該市町村もしくは都道府県の吏員は，検査をした場合，当該建築物及び敷地が建築基準関係規定に適合していることを認めたときは，当該建築物の建築主に対して検査済証を交付しなければならない。

その他の法令

【問題5】 　解答　(4)

「この法律は，高齢者，障害者等の自立した日常生活及び社会生活を確保することの重要性にかんがみ，公共交通機関の旅客施設及び車両等，道路，路外駐車場，公園施設並びに建築物の構造及び設備を改善するための措置，一定の地区における旅客施設，建築物等及びこれらの間の経路を構成する道路，駅前広場，通路その他の施設の一体的な整備を推進するための措置その他の措置を講ずることにより，高齢者，障害者等の移動上及び施設の利用上の利便性及び安全性の向上の促進を図り，もって公共の福祉の増進に資することを目的とする。」

「高齢者，障害者等の移動等の円滑化の促進に関する法律」に基づく都市公園移動等円滑化基準に適合させる必要がある施設には，(イ)休憩所，(ロ)便所，(ハ)

標識, ㈡水飲場が該当する。したがって, ⑷の 4 個が正しい。

【問題 6 】　解答　⑷

⑴　生産緑地法 は, 生産緑地地区 に関する都市計画に関し必要な事項を定めることにより, 農林漁業との調整を図りつつ, 良好な都市環境の形成に資することを目的としている。

　　生産緑地地区内における行為の制限として, 次に掲げる行為は, **市町村長の許可を受けなければ, してはならない。**

　　ただし, 公共施設等の設定若しくは管理に係る行為, 当該生産緑地地区に関する都市計画が定められた際既に着手していた行為又は非常災害のため必要な応急措置として行う行為については, この限りではない。

一　建築物その他の工作物の新築, 改築又は増築

二　宅地の造成, 土石の採取その他の土地の形質の変更

三　水面の埋立て又は干拓が規制の対象になり, 木竹の伐採は規制の対象になっていない。

　　「景観法」の規定による「景観地区」がある。したがって, ⑴の組合せは適当でない。

⑵　自然環境保全法 には, 原生自然環境保全地域及び自然環境保全地域がある。

　　「都市計画法」における都市計画に定められる**地域地区**として, 「風致地区」がある。したがって, ⑵の組合せは適当でない。

⑶　自然公園法 には, 特別地域及び特別保護地区がある。

　　「都市緑地法」の規定による「緑地保全地域」「特別緑地保全地区又は緑化地域」がある。したがって, ⑶の組合せは適当でない。

⑷　都市緑地法 には緑化地域があり, この組合せが適当である。

【問題 7 】　解答　⑷

　地域地区は, 都市計画区域及び準都市計画区域において, 土地をどのような用途に利用すべきか, どの程度に利用すべきかなどを定め (都市計画の基本となる土地利用計画を定める。具体的には, 用途地域, 特別用途地区, 高層住居誘導地区, 高度地区, 高度利用地区, 防火地域又は準防火地域, 風致地区等がある), 建築物の用途, 容積, 構造等に関し一定の制限を加え, あるいは土地の区画形質の変更, 木竹の伐採等に制限を加えることにより, その適正な利用と保全を図るものである (地域地区の位置等は都市計画に定められるが, 各地

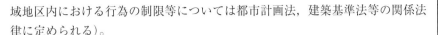

4 その他の法規(建築基準法・労働安全衛生法・都市計画法・その他)

域地区内における行為の制限等については都市計画法,建築基準法等の関係法律に定められる)。

⑴ 自然公園法に基づく国定公園の特別保護地区は,都道府県知事が当該公園の景観を維持するため,特に必要があるとき公園計画に基づいて,特別地域内に特別保護地区を指定することができる。よって,都市計画に定められる地域地区ではない。したがって,⑴の記述は適当でない。

⑵ 鳥獣保護事業として,鳥獣の保護及び狩猟の適正化に関する法律に基づき,鳥獣保護区がある。よって,都市計画に定められる地域地区ではない。したがって,⑵の記述は適当でない。

⑶ 農業振興地域の整備に関する法律の農業振興地域整備計画に基づき,農用地区域がある。よって,都市計画に定められる地域地区ではない。したがって,⑶の記述は適当でない。

⑷ 都市緑地法に基づく緑化地域は,都市計画に定められる地域地区である。したがって,⑷の記述は正しい。

【問題 8 】　**解答**　⑴

⑴ 樹木の植栽は,「自然公園法」上,国立公園の普通地域内において環境大臣への届出を行う必要のない行為である。したがって,⑴が該当する。

⑵ 土地の形状の変更,⑶ 高さ20m の建築物の新築,⑷ 土石の採取については,環境大臣に届け出る必要がある。

【問題 9 】　**解答**　⑶

⑶ 動物の捕獲については,生産緑地法に基づく生産緑地地区内で制限が掛けられていない行為である。

⑴ 建築物の新築,⑵ 宅地の造成,⑷ 水面の埋立て又は干拓は,「生産緑地法」に基づく生産緑地地区内で制限が掛けられている。

【問題10】　**解答**　⑵

⑵ 市街化区域とは,すでに市街地を形成している区域及びおおむね10年以内に優先的かつ計画的に市街化を図るべき区域である。したがって,⑵の記述が正しい。

「都市緑地保全法」は,平成16年 6 月18日法律109号により「都市緑地法」に改題されている。

都市緑地法の目的

　この法律は，都市における緑地の保全及び緑化の推進に関し必要な事項を定めることにより，都市公園法その他の都市における自然的環境の整備を目的とする法律と相まって，良好な都市環境を図り，もって健康で文化的な都市生活の確保に寄与することを目的とする。

定義

　この法律において「緑地」とは，樹林地，草地，水辺地，岩石地若しくはその状況がこれらに類する土地（農地であるものを含む）が，単独で若しくは一体となって，又はこれらに隣接している土地が，これらと一体となって，良好な自然的環境を形成しているものをいう。

　緑地保全地域内において，次に掲げる行為をしようとする者は，国土交通省令で定めるところにより，あらかじめ，**都道府県知事等にその旨を届け出**なければならない。

1．建築物その他の工作物の新築，改築又は増築
2．宅地の造成，土地の開墾，土石の採取，鉱物の採掘その他土地の形質の変更
3．木竹の伐採
4．水面の埋立て又は干拓
5．前各号に掲げるもののほか，当該緑地の保全に影響を及ぼすおそれのある行為で政令で定めるもの

　特別緑地保全地区内においては，次に掲げる行為は，**都道府県知事等の許可**を受けなければ，してはならない。ただし，公益性が特に高いと認められる事業の実施に係る行為のうち当該緑地の保全上著しい支障を及ぼすおそれがないと認められるもので政令で定めるもの，当該特別緑地保全地区に関する都市計画が定められた際既に着手していた行為又は非常災害のため必要な応急措置として行う行為については，この限りでない。

　上記の1．2．3．4．5と同じ行為。

　特別緑地保全地区については，都道府県知事等の許可が必要で，**緑地保全地域**では都道府県知事等への**届出**が必要となる。このように「許可」と「届出」の違いに注意！！！

緑地保全地域に関する都市計画

　都市計画区域又は準都市計画区域内の緑地で次の各号のいずれかに該当

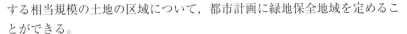

する相当規模の土地の区域について，都市計画に緑地保全地域を定めることができる。

1. 無秩序な市街地化の防止又は公害若しくは災害の防止のため適正に保全する必要があるもの
2. 地域住民の健全な生活環境を確保するため適正に保全する必要があるもの

※ 自然公園法 に基づく国立公園の普通地区内では，**木竹の伐採については**規制の対象になっていない。

※ 都市緑地法 の特別緑地保全地区においては，建築物その他の工作物の新築，改築又は増築，宅地の造成，土地の開墾，土石の採取，鉱物の採掘その他の土地の形質の変更，木竹の伐採，水面の埋立て又は干拓の行為は，**都道府県知事等の許可を受けなければならない。**

※ 景観法 の景観地区内における規制対象は，建築物，工作物の新築，増築，改築若しくは移転，外観を変更することとなる修繕若しくは模様替又は色彩の変更等を行う場合は，**景観行政団体（指定都市，都道府県等）の長に届け出なければならない。**

※ 緑地の保全及び緑化の推進に関する基本計画とは，市町村が，都市における緑地の適正な保全及び緑化の推進に関する措置で（**主として都市計画区域内**）において講じられるものを総合的かつ計画的に実施するため定められる計画で，（**緑地の保全及び緑化の目標**），緑地の保全及び緑化の推進のための施策に関する事項の他，必要に応じ，特別緑地保全地区内の緑地の保全に関する事項等が定められるものである。

法第4条に「市町村は，都市における緑地の適正な保全及び緑化の推進に関する措置で主として都市計画区域内において講じられるものを総合的かつ計画的に実施するため，当該市町村の緑地の保全及び緑化の推進に関する基本計画を定めることができる。」と規定されている。

法第4条第2項に，基本計画においては，次に掲げる事項を定めるものとしている。

一　緑地の保全及び緑化の目標

二　緑地の保全及び緑化の推進のための施策に関する事項

三　地方公共団体の設置に係る都市公園の整備及び管理の方針その他緑地の保全及び緑化の推進の方針に関する事項

四　特別緑地保全地区内の緑地の保全に関する事項で次に掲げるもの等

第10章　法規

※　古都における歴史的風土の保存に関する特別措置法に基づく歴史的風土特別保存地区内において，建築物の新築をしようとする場合には，原則として**都道府県知事の許可を受けなければならず，許可を受けることができないとき**は，同法に基づき土地の買い入れを求めることができる。」と規定されている。

※　歴史的風土**特別**保存地区内では，原則として，一定の行為は**府県知事の許可を受けなければならない。**

一	建築物その他の工作物の新築，改築又は増築
二	宅地の造成，土地の開墾その他の土地の形質の変更
三	木竹の伐採
四	土石の採取　　　　　　　　　　等である。

　行為の許可を受けることができないため，その土地の利用に著しい支障をきたすことにより土地の所有者から買い入れの申出があった場合には，府県はその土地を買い入れるものとされている。

　ただし，歴史的風土保存地区については，上記の行為を行う場合は，府県知事に届出を行うことになる。

※　自然公園法の国定公園の区域の普通地域内において，一定の行為をしようとする場合は，**都道府県知事に届け出**なければならない。

※　森林法で指定された保安林は，**都道府県知事の許可を受けなければ立木を伐採してはならない。**

※　生産緑地法の生産緑地地区内では，原則として一定の行為を行う場合は，**市町村長の許可を受けなければならない。**

※　「生産緑地法」に基づく生産緑地地区内において市町村長の許可が必要な一定の行為には，木竹の伐採は規定されていない。

※　国定公園の特別地域内において，土地の形状を変更する場合は，**都道府県知事に届け出**なければならない。国立公園の場合は，**環境大臣に届け出る。**

【問題1】

　建設副産物に関する記述のうち適当でないものはどれか。

(1)　建設副産物とは，建設工事に伴い副次的に得られたすべての物品をいう。

(2)　公園の管理工事で生じた剪定枝葉は，「廃棄物の処理及び清掃に関する法律」に規定する産業廃棄物である。

(3)　元請業者は，造成工事で生じた伐採木・伐根の再資源化等に努めなければならない。

(4)　建設工事で生じた建設発生土は，「廃棄物の処理及び清掃に関する法律」に規定する廃棄物に該当しない。

【問題2】

　建設副産物のうち，産業廃棄物に該当しないものはどれか。

(1)　街路樹の管理で生じる剪定枝葉

(2)　広場の造成で生じる抜根・伐採材

(3)　建物基礎の杭打ちで生じる汚泥

(4)　工作物の撤去で生じるれんが破片

【問題3】

　建設工事に係る資材の再資源化等に関する法律（建設リサイクル法）における，特定建設資材に該当しないものはどれか。

(1)　コンクリート

(2)　木材

(3)　アスファルト・コンクリート

(4)　汚泥

【問題4】

　請負工事における建設副産物のうち，産業廃棄物に該当しないものはどれか。

5　建設副産物（建設リサイクル法）

(1)　木くず

(2)　建設発生土

(3)　コンクリートの破片

(4)　汚泥

【問題1】　**解答**　(2)

(1)　建設副産物とは，建設工事に伴い副次的に得られたすべての物品をいう。したがって，(1)の記述は適当である。

(2)　公園の管理工事で生じた剪定枝葉は，「廃棄物の処理及び清掃に関する法律」に規定する一般廃棄物である。したがって，(2)の記述は適当でない。

(3)　元請業者は，造成工事で生じた伐採木・伐根の再資源化等に努めなければならない。したがって，(3)の記述は適当である。

(4)　建設工事で生じた建設発生土は，「廃棄物の処理及び清掃に関する法律」に規定する廃棄物に該当しない。したがって，(4)の記述は適当である。

【問題2】　**解答**　(1)

(1)　街路樹の管理で生じる剪定枝葉は，建設副産物のうち一般廃棄物に該当する。したがって，(1)は産業廃棄物に該当しない。

(2)，(3)，(4)は，産業廃棄物に該当する。

【問題3】　**解答**　(4)

建設リサイクル法における特定建設資材には，コンクリート（コンクリート塊），コンクリート及び鉄から成る建設資材（コンクリート塊），木材（建設発生木材），アスファルト・コンクリート（アスファルト・コンクリート塊）の4種類である。したがって，(4)の汚泥は該当しない。

【問題4】　**解答**　(2)

(2)　建設発生土は，再生資源であり，資源有効利用促進法に規定された「指定副産物」に該当し，産業廃棄物には該当しない。

建設副産物の問題は，基本的なところから出題されるケースが多く，比較的得点しやすい分野です。確実に理解するようにしましょう。

5　建設副産物(建設リサイクル法)

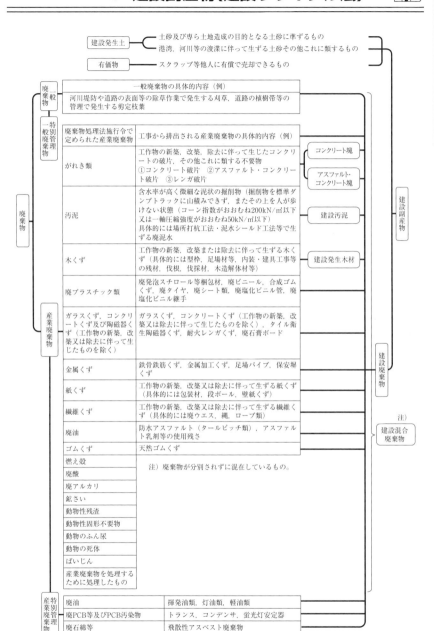

建設廃棄物の具体的な内容

第10章　法規

建設副産物の概説

　建設副産物とは，土砂，コンクリート塊，アスファルト・コンクリート塊，木材，建設汚泥，紙くず，金属くず，ガラスくず等をいい「資源の有効な利用の促進に関する法律」（以下「資源有効利用促進法」という。）において「建設工事に伴い副次的に得られた物品」とされているものである。

　建設副産物は，それらの価値の有無，再利用の可否とは関係がなく，工事現場から排出されたすべての物品が該当する。

　このうち，「有用なものであって，原材料として利用できるもの又はその可能性のあるもの」が「**再生資源**」であり，建設副産物に関しては土砂，コンクリートの塊，アスファルト・コンクリートの塊が再生資源に指定されている。さらに「その全部又は一部を再生資源として利用することを促進することが当該再生資源の有効な使用を図る上で特に必要なもの」として，以上の３つに木材を加えた４つが政令によって「**指定副産物**」に指定されている。

　特定の建設資材についての分別解体や再資源化の促進等を目的とする「建設工事に係る資材の再資源化等に関する法律」（以下「建設リサイクル法」という。）においては，上記４つのうち土砂を除く３つが「資源の有効な利用及び廃棄物の減量を図る上で特に必要である」として政令により「**特定建設資材廃棄物**」に指定されている。

　「廃棄物の処理及び清掃に関する法律」（以下「廃棄物処理法」という。）では，廃棄物を市町村が責任を負って処理する家庭ゴミのような一般廃棄物と，排出する事業者が自己責任によって処理する産業廃棄物とに分類されている。

　前頁の図によると，**建設副産物は土砂，有価物を除いて建設廃棄物に該当し**ている。

※　発注者が，建設工事に係る資材の再資源化等に関する法律に基づく**対象建設工事の着手７日前に，工事着手の時期，工程の概要，分別解体等の計画等**について，都道府県知事に届出を行う。

　元請業者は，発注者に対し書面を交付して説明しなければならない。

※　現場において分別できなかった混合廃棄物については，再生可能なものを選別するための選別設備等を有する**中間処理施設に運搬**する。

※　現場から搬出される土砂（建設発生土），コンクリートの塊，アスファルト・コンクリートの塊，木材（建設発生木材）は**指定副産物に該当し，**一定規模以上の指定副産物を工事現場から搬出する工事を施工する場合で，発注者から直接工事を請け負った建設工事事業者（元請業者）は，**再生資源利用**

促進計画を作成するとともに，実施状況を記録し，計画及び実施状況を当該工事完成後1年間保存しなければならない。

※ 元請業者は，一定規模以上の建設資材を搬入する工事を施工する場所において，再生資源利用計画を作成するとともに実施状況を記録し，計画及び実施状況を当該完成後1年間保存する。

※ 指定建設資材廃棄物（廃木材：木材が廃棄物となったもの）については，工事現場から最も近い再資源化施設までの距離が50kmを超える場合など，経済性等の制約が大きい場合には，再資源化に代えて縮減（焼却）を行うことができる。

　ただし，焼却する場合は，焼却設備を用いる必要があり，野焼きは禁止されている。

※ 産業廃棄物の排出事業者（建設工事においては元請業者）は，その廃棄物を自ら適正に処理しなければならないとされているが，その処理を他人に委託することもできる。

　委託にあたっては，廃棄物処理法による許可を得た収集運搬業者及び処分業者と書面によりそれぞれ個別に委託契約を行う。

※ 建設汚泥は産業廃棄物であり，排出事業者（元請業者）は，搬出量にかかわらず廃棄物の種類ごと，運搬先が2以上の場合には運搬先ごとに産業廃棄物管理票（マニフェスト）を処理業者に交付し，最終処分が終了したことを確認しなければならない。

※ 分別解体等に伴って生じた建設資材廃棄物について，資材又は原材料として利用すること（建設資材廃棄物をそのまま用いることを除く）ができる状態にすること。これを再資源化という。

類似問題が多いので，いったん理解してしまえば簡単に解けますね。今後の社会情勢においても必ず出題されますので，絶対に欠かせません。単純に覚えるようにしましょう。軽く覚えましょう。

※ 建設廃棄物の運搬については産業廃棄物収集運搬業者と，処分については産業廃棄物処分業者と，それぞれ個別に直接契約をしなければならない。

※ 建設発生木材については，チップ化を図り，木質ボード，堆肥，木質マルチング材等の原材料として再資源化を行う。

※ 「建設工事に係る資材の再資源化等に関する法律」（建設リサイクル法）の法第5条に「建築物等の設計及びこれに用いる建設資材の選択，建設工事の

施工方法等を工夫することにより，建設資材廃棄物の発生を抑制するとともに，分別解体等及び建設資材廃棄物の再資源化等に要する費用を低減するように努めなければならない。」と規定され，「建設資材廃棄物の再資源化により得られた建設資材を使用するように努めなければならない。」とされている。

※　仕様書に示されていない建設副産物について，現場内再利用が可能な場合は，発注者に申し出て，設計変更の協議を行い，積極的に現場内再利用を行う。

　　建設発生土についても，発生の抑制に努め，現場内で再利用する。

※　発注者から直接建設工事を請け負った建設工事事業者は，以下の①，②に該当する指定副産物を工事現場から搬出する建設工事を施工する場合において，あらかじめ**再生資源利用促進計画**を作成することとされ，その実施状況等の記録について当該建設工事の完成後**1年間**保存しておかなければならない。

①　体積が1,000立方メートル以上である建設発生土

②　コンクリート塊，アスファルト・コンクリート塊又は**建設発生木材**であって，これらの重量が合計200トン以上であるもの。

※　**CCA 処理木材**とは，木材の防腐・防蟻を目的として CCA（クロム，銅，ヒ素化合物系木材防腐剤）を木材内部に加圧注入処理したもので，昭和40年代初期から電柱や家屋の土台などに使用されている。

※　**CCA 処理木材**は，他の木材と分別して適正に焼却又は埋立を行う必要があり，有害な廃棄物は遮断型処分場にて埋立処分を行う。

付 録 1

検定制度改正後の問題と解説・解答

●検定制度改正後は試験内容では大きな変化はありませんが，以下
に注意して学習してください。

検定制度改正による新問題（問題37〜40まで）
[施工の管理を適確に行うために必要な基礎的な能力を問う問題]

令和3年度より，試験問題の最後に新しく加わった施工管理法の能力問
題です。

4肢択一［4つの選択肢から一つの正解を選ぶ］ではなく［4つの選択
肢の中から正解を全て選ぶ（正解数は不明)］新しい形式の問題です。

※各問題の解説に，関連のある問題の解説の参照頁を記入してあるところがあ
ります。知識の再確認のためにご活用下さい。

検定制度改正後の問題と解説・解答

【問題1】 日本庭園に関する次の記述の(A), (B)に当てはまる語句の組合せとして, 適当なものはどれか。

(A)時代に山県有朋が自らの構想により作庭させた(B)は, 疏水からの導水による水量豊かな流れと山の借景が特色である。

    (A)   (B)
(1) 明治 ── 無鄰庵庭園
(2) 明治 ── 縮景園
(3) 大正 ── 六義園
(4) 大正 ── 浜離宮庭園

解説 ••

（ A 明治 ）時代に山県有朋が自らの構想により作庭させた（ B 無鄰庵庭園 ）は, 疎水からの導水による水量豊かな流れと山の借景が特色である。

したがって, (1)の組合せが適当である。

(P.15 日本庭園の時代と代表的庭園及び様式 参照)

解答(1)

【問題2】 土壌 pH に関する記述のうち, 適当でないものはどれか。

(1) 降水量の多い日本では, 塩基が流されるため酸性土壌になりやすい。

(2) 土壌 pH は, 一般に中性ないしは弱酸性のものが, 植物の生育に適している。

(3) 酸性の強い土壌は, 一般にピートモスなどを混合し, 植栽土壌として pH を改良する。

(4) 腐植の含有が多い土壌は, 土壌 pH の急激な変化を和らげる。

解説 ••

ピートモスは酸性 (pH=4) であり, アルカリ性の強い土壌の改良に用いる。したがって, (3)は適当でない。

(P.28【問題10】【問題11】解説 参照)

解答(3)

【問題3】 土壌改良材に関する次の(イ), (ロ)の記述について, 正誤の組合せとして, 適当なものはどれか。

(イ) 黒曜石パーライトは，土壌の保肥力を改善する効果がある。

(ロ) 真珠岩パーライトは，土壌の保水性を改善する効果がある。

	(イ)	(ロ)
(1)	正	正
(2)	正	誤
(3)	誤	正
(4)	誤	誤

解説

(イ)黒曜石パーライトは，土壌の透水性を改善する効果がある。

保肥力ではない。したがって，誤である。

(ロ)は正である。

したがって，(3)の組合せが適当である。

(P.35【問題7】(2)解説 参照)

解答(3)

【問題4】「肥料」とその「欠乏により植物に現れる特徴的な症状」に関する組合せとして，適当なものはどれか。

(肥料)　　　　　　　　(欠乏により植物に現れる特徴的な症状)

(1) 窒素質肥料 —— 葉が植物の下位より黄変し，草丈が抑えられ植物が小型となる。

(2) 窒素質肥料 —— 花芽分化，開花，結実が悪くなり，実の成熟が遅くなる。

(3) カリ質肥料 —— 葉が植物の下位より黄変し，草丈が抑えられ植物が小型となる。

(4) カリ質肥料 —— 花芽分化，開花，結実が悪くなり，実の成熟が遅くなる。

解説

(1)の組合せが適当である。

(2)リン酸質肥料に該当する。リン酸は実肥，花肥ともいう。

・カリ質肥料の欠乏は，気孔や水分代謝の調節を欠き，吸収作用が盛んになると軟弱体になる。アントシアニン色素が増え幼葉は青緑色になる。葉脈の間に黄色の斑点ができ，枯れる。

・カルシウムの欠乏は，若葉が巻き上がり，根の生長が止る。芯ぐされにな

る。土が酸性となり，リン酸，マグネシウムなど欠乏する。

(P. 34【問題5】の解説 参照)

解答⑴

【問題5】 植物に対して次の記述の被害をもたらす昆虫として，適当なものはどれか。

　幼虫・成虫のどちらも植物の新芽，花芽，果実に針状の口を刺して吸汁し，被害を受けた箇所は萎縮したり奇形となって生育が抑制される。

⑴　カメムシ類
⑵　カミキリムシ類
⑶　ミノガ類
⑷　コガネムシ類

 解 説

　設問の被害をもたらす昆虫は，カメムシ類である。

(P. 122【問題6】の解説 参照)

解答⑴

【問題6】 造園樹木の花に関して，「白色の花」が咲く樹種と「黄色の花」が咲く樹種の組合せとして，適当なものはどれか。

　　　（白色の花）　　　　（黄色の花）
⑴　ユリノキ ——— サルスベリ
⑵　ジンチョウゲ —— サザンカ
⑶　コデマリ ——— サンシュユ
⑷　ビヨウヤナギ —— レンギョウ

解 説

　コデマリは白色の花を咲かせ，サンシュユは黄色の花を咲かせる。
　したがって，⑶の組合せが適当である。

(P. 61，62 表 参照)

解答⑶

【問題7】　花壇などに用いられる宿根草として，2種とも該当するものはどれか。

⑴　インパチェンス，ダリア
⑵　シバザクラ，マツバギク
⑶　ハボタン，ムスカリ
⑷　スイセン，スイートピー

解　説 ・・・

シバザクラ，マツバギクは，宿根草で2種とも該当する。

したがって，⑵が適当である。

（P.67 よく使われる草花 参照）

解答⑵

【問題8】　日本芝と西洋芝の一般的な性質に関する記述のうち，適当でないものはどれか。

⑴　日本芝は，西洋芝に比べて高温多湿に弱く，病害を受けやすい。
⑵　日本芝はほふく型で生育するが，西洋芝は叢生型（株立型）で生育するものが多い。
⑶　日本芝は，西洋芝に比べて踏圧に耐える力が大きい。
⑷　日本芝は日陰に弱く，西洋芝は日陰に耐えるものが多い。

解　説 ・・・

日本芝は，西洋芝に比べて高温多湿に強く，病害を受けにくい。

したがって，⑴は適当でない。

（P.40【問題1】解説 参照）

解答⑴

【問題9】　竹材に関する次の記述の(A)，(B)に当てはまる語句の組合せとして，適当なものはどれか。

マダケは，一般にモウソウチクに比べて，肉厚は(A)，材質は弾力性に(B)。

	(A)		(B)
(1)	厚く	──	富む
(2)	厚く	──	乏しい
(3)	薄く	──	富む
(4)	薄く	──	乏しい

解　説 ・・・

　マダケは，一般にモウソウチクに比べて，肉厚は（A　薄く），材質は弾力性に（B　富む）。

　したがって，(3)が適当である。

解答(3)

【問題10】　造園樹木の根回しに関する記述のうち，適当でないものはどれか。

(1)　根回しの時期は，根の発根が著しい春期が最も良く，梅雨期までに行うのが良い。

(2)　溝掘り式根回しの鉢径は，根元直径の3〜5倍の大きさとする。

(3)　溝掘り式の根回しでは，支持根として残した太根に幅5cm程度の環状はく皮を行う。

(4)　断根式の根回しでは，根元の周囲を掘り回し，側根だけを切断する。

解　説 ・・・

　溝掘り式の根回しでは，支持根として残した太根に幅15cmの環状はく皮を行う。

　5cmでは環状はく皮にはならず，すぐにつながってしまう。

　したがって，(3)は適当でない。

　(P.78 根回しの表 参照)

解答(3)

【問題11】　花木の剪定に関する次の記述の(A)，(B)に当てはまる樹種の組合せとして，適当なものはどれか。

　花木の剪定を行う際の適切な時期は，花芽の形成時期によって異なる。

　例えば，(A)は秋期に剪定しても翌年の開花に影響は少ないが，(B)は翌年の開花に影響が生じる。

	(A)		(B)
(1)	ハクモクレン	——	サルスベリ，ムクゲ
(2)	ハクモクレン	——	ハナミズキ，ヤブツバキ
(3)	キンモクセイ	——	サルスベリ，ムクゲ
(4)	キンモクセイ	——	ハナミズキ，ヤブツバキ

解説 ■■■

　花木の剪定を行う際の適切な時期は，花芽の形成時期によって異なる。

　例えば，（A　キンモクセイ）は秋期に剪定しても翌年の開花に影響は少ない
が，（B　ハナミズキ，ヤブツバキ）は翌年の開花に影響が生じる。

　したがって，(4)の組合せが適当である。

（P.110【問題2】の解説 参照）

解答(4)

【問題12】　下図（模式図）に示す張芝方法の名称として，適当なものはどれか。

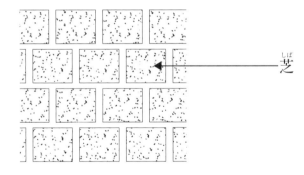

芝

(1)　筋張り
(2)　市松張り
(3)　目地張り
(4)　互の目張り

解説 ■■■

　問題文の植付け方法は目地張りである。したがって，(3)が正解である。

（P.145【問題4】解説 参照）

解答(3)

【問題13】　花壇の種類に関する記述のうち，適当なものはどれか。

(1)　舗石花壇は，塀や通路等に沿った細長い帯状の空間を利用してつくられる花壇である。

(2)　縁取り花壇（リボン花壇）は，園路等に沿って，前面に草丈の低い草花を，後方に行くに従って草丈の高い草花を配植してつくられる花壇である。

(3)　寄植え花壇は，開花期の同じ数種類の草花を組み合わせ，周囲から鑑賞できるように，中央部を高く周辺部になるほど低くなるように配植してつくられる花壇である。

(4)　境栽花壇（ボーダー花壇）は，周囲より地面を一段低く掘り下げ，斜面や掘り下げた面に張芝をしたり，草丈の低い草花や低木類を配植したりしてつくられる花壇である。

解説 ••

寄植え花壇の記述は適当である。

(1)舗石花壇は，レンガやコンクリート平版などの舗装材の一部を抜き取り，そこに草丈の低い草花や低木類などを配植した花壇である。

(2)縁取り花壇（リボン花壇）は，通路，建物などに沿って矮性の草本類，低木類を帯状に植栽した花壇である。

(4)境栽花壇（ボーダー花壇）は建物，塀，通路に沿って細長く設ける花壇である。前方を低く後方を高くなるように草花を立体的に配植したものである。

(P.68【問題6】解説 参照)

解答(3)

【問題14】　車いす使用者に配慮した公園の園路（通路）について，次の記述の(A)，(B)に当てはまる数値の組合せとして，適当なものはどれか。

ただし，地方公共団体が条例で都市公園移動等円滑化基準を定める際に参酌する国土交通省令の基準による。

園路は縦断勾配を(A)%以下とすること。また，公園の出入口に車止めを設ける場合は，当該車止めの相互の間隔のうち一つ以上は，(B)cm以上とすること。

　　　　(A)　　(B)
(1)　5 —— 75
(2)　5 —— 90

⑶　9 —— 75

⑷　9 —— 90

解　説 ••

⑵　5 —— 90　になります。

解答⑵

【問題15】　運動施設に関する記述のうち，適当でないものはどれか。

⑴　硬式テニスコートの長軸方向は，東西方向にとることが望ましい。

⑵　サッカー場のフィールドの長軸方向は，南北方向にとることが望ましい。

⑶　野球場は，競技者を主体とした場合，本塁を北側に，投手板を南側に配置することが望ましい。

⑷　陸上競技場のメインスタンドは，トラックの西側に配置することが望ましい。

解　説 ••

硬式テニスコートの長軸方向は，南北方向を基準に若干北西〜南東に振る。したがって，⑴が適当でない。

（P.104 表 参照）

解答⑴

【問題16】　垣を示した下図のうち，建仁寺垣はどれか。

⑴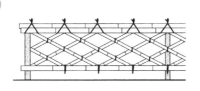

⑵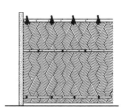

⑶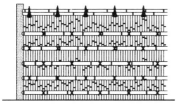

⑷

検定制度改正後の問題と解説・解答

（解）（説）• •

(3)は建仁寺垣である。(1)竜安寺垣　(2)沼津垣　(4)鉄砲垣である。

したがって，(3)が適当である。

(P.177【問題3】と P.179 の解説 参照)

解答(3)

【問題17】　2,700 m³の盛土（締固めた土量）をする場合，土取場で「掘削すべき土量（地山土量）」と現地へ「運搬すべき土量（ほぐし土量）」の組合せとして，正しいものはどれか。

ただし，土量変化率は，L＝1.20，C＝0.90とする。

　（掘削すべき土量）（運搬すべき土量）
(1)　3,000 m³ ——— 3,240 m³
(2)　3,000 m³ ——— 3,600 m³
(3)　3,240 m³ ——— 3,600 m³
(4)　3,240 m³ ——— 4,000 m³

（解）（説）• •

2,700 m³（盛土）（締固めた土量）から地山土量を求めるには，変化率 C＝0.9で割り算する。2,700 m³÷0.9＝3,000 m³（掘削すべき土量）（地山土量）である。この土量に変化率 L をかけると運搬すべき土量が求まる。

3,000 m³×1.20＝3,600 m³（運搬すべき土量）

したがって，(2)の組合せが適当である。

(P.128【問題1】の解説 参照)

解答(2)

【問題18】　コンクリートの施工に関する記述のうち，適当でないものはどれか。
(1)　コンクリートの運搬中に材料分離が生じた場合は，練り直しを行い均等質のものとしてから用いなければならない。
(2)　コンクリートを型枠の中に打ち込む前に，型枠などコンクリートと接する部分は，あらかじめよく乾燥させなければならない。
(3)　打ち込んだコンクリートを型枠内で横移動しないようにするため，目的の位置ごとにコンクリートを下ろして打ち込まなければならない。

(4) コンクリートの打込み中に表面にブリーディング水がたまった場合は，スポンジ等を用いて水を取り除いてからコンクリートを打ち込まなければならない。

解説 ・・・

　コンクリートを型枠の中に打ち込む前に，型枠などコンクリートと接する部分は，あらかじめ湿らせておく必要がある。乾燥させると，コンクリートの水分が吸収され配合が変わってしまうためである。したがって，(2)は適当でない。

（P.56【問題6】解説 参照）

解答(2)

【問題19】 開渠排水に関する記述のうち，適当でないものはどれか。

(1) 素掘り側溝は，一時的な水路として用いられることが多く，断面形状はU字型で，深掘りとするのが一般的である。

(2) コンクリートU型側溝は，野生生物の生育地に近接して設置する場合には，小動物などが落下しても側溝からはい上がれるようなスロープ付きの構造とすることなどが望ましい。

(3) 芝張り側溝は，側溝の底面の洗掘を防ぐために芝を張って補強したもので，断面形状は底の浅い曲面とすることが一般的であり，勾配が緩やかなところに適している。

(4) 石張り側溝は，玉石やごろた石などを張った側溝で，溝面に凹凸があることから水がたまりやすいので，排水勾配に留意する必要がある。

解説 ・・・

　素掘り側溝は，一時的な水路として用いられる場合が多く，形状は底の浅いV字形あるいは台形とするのが一般的である。

　したがって，(1)は適当でない。

（P.159 重要事項 参照）

解答(1)

検定制度改正後の問題と解説・解答

【問題20】 下図に示す木造建築物の和小屋組の(A)～(D)の部材のうち，垂木はどれか。

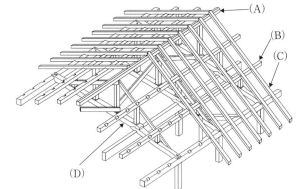

(A)
(B)
(C)
(D)

(1) (A)
(2) (B)
(3) (C)
(4) (D)

解 説 ••

(1) (A)は棟木である。
(2) (B)は母屋である。
(3) 垂木は(C)である。したがって，(3)は適当である。
(4) (D)は妻梁である。
(P.173 小屋組 参照)

解答(3)

【問題21】 公園内の電気工事に関する次の(イ)，(ロ)の記述について，正誤の組合せとして，適当なものはどれか。

(イ) 車両が通行する管理用園路の上部を横断して低圧架空引込線を設ける際，地表面から5.0mの高さに取り付けた。

(ロ) 車両が通行する管理用園路の地下に地中電線路を設ける際，地表から0.3mの深さに直接埋設した。

　　(イ)　　(ロ)
(1) 正 ── 正
(2) 正 ── 誤
(3) 誤 ── 正
(4) 誤 ── 誤

解説 ‥‥‥‥‥‥‥‥‥‥‥‥‥‥‥‥‥‥‥‥‥‥‥‥‥‥‥‥‥‥‥‥‥‥‥‥

　(イ)は正しい。(ロ)は車両が通行する管理用園路の地下に地中電線路を設ける際は，地表から1.2 m の深さに直接埋設する。したがって，誤である。

　(P. 166，P. 167【問題 8】の解説 参照)

解答(2)

【問題22】　給水工事に関する記述のうち，適当でないものはどれか。

(1)　電食のおそれがある場所に，硬質ポリ塩化ビニル管の給水管を布設した。

(2)　給水管を布設する際，他の埋設物が近接していたため，間隔を20cm離した。

(3)　車両が通行する管理用園路に給水管を布設する際，埋設深を1.3 m とした。

(4)　給水管を埋め戻す際，良質な土砂を用いタンパで十分締め固めた。

解説 ‥‥‥‥‥‥‥‥‥‥‥‥‥‥‥‥‥‥‥‥‥‥‥‥‥‥‥‥‥‥‥‥‥‥‥‥

　給水管を布設する際，他の埋設物が近接していた場合，間隔は30cm離さなければならない。したがって，(2)は適当でない。

　(P. 151【問題 3】の解説 参照)

解答(2)

【問題23】　「公共工事標準請負契約約款」に定める設計図書として，2つとも該当するものはどれか。

(1)　現場説明書，実施工程表

(2)　現場説明書，図面

(3)　現場組織表，実施工程表

(4)　現場組織表，図面

解説 ‥‥‥‥‥‥‥‥‥‥‥‥‥‥‥‥‥‥‥‥‥‥‥‥‥‥‥‥‥‥‥‥‥‥‥‥

　現場説明書，図面は設計図書である。したがって，(2)が該当する。

　(P. 194 約款 参照)

解答(2)

【問題24】　下図に示す，施工管理の一般的な手順を示したデミング・サークルにおいて，(A)で行う作業内容の解説として，適当なものはどれか。

— 371 —

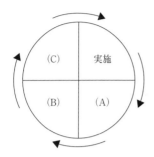

(1)　施工状態に関するデータを調査記録する。

(2)　強度などの目標値や基準を設定する。

(3)　調査記録したデータを計画と比較して検討する。

(4)　実績と計画のずれを確認し，適切な是正措置をとる。

解説 ━━━━━━━━━━━━━━━━━━━━━━━━━━━━━━

調査記録したデータを計画と比較して検討する。

したがって，(3)が適当である。

(P.206【問題6】の解説 参照)

解答(3)

【問題25】　次の(イ)〜(ニ)の建設副産物のうち，「廃棄物の処理及び清掃に関する法律」に規定する産業廃棄物に，該当するものを全て示したものはどれか。

　(イ)　広場の造成に伴い生じた建設発生土

　(ロ)　ケヤキ並木の管理に伴い生じた剪定枝葉

　(ハ)　雨水排水管の撤去に伴い生じた廃プラスチック

　(ニ)　花壇の撤去に伴い生じたれんがの破片

(1)　(イ)，(ロ)

(2)　(イ)，(ニ)

(3)　(ロ)，(ハ)

(4)　(ハ)，(ニ)

解説 ━━━━━━━━━━━━━━━━━━━━━━━━━━━━━━

(ハ)，(ニ)が産業廃棄物である。したがって，(4)が適当である。

(P.355 表 参照)

解答(4)

【問題26】 下図に示すネットワーク式工程表で表される工事におけるクリティ
カルパスの日数として，正しいものはどれか。

ただし，図中のイベント間の A〜I は作業内容を，日数は作業日数を表す。

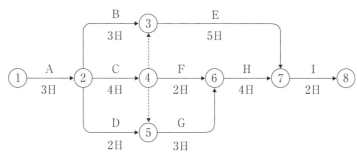

(1) 13日
(2) 14日
(3) 15日
(4) 16日

━━━━━━━━━━━━━━━━━━━━━━━━━━

クリティカルパスの日数は，16日である。したがって，(4)が正しい。

各イベントの最早開始時刻を計算し，アクティビティがぶつかったら大きい
値を取り，最長経路（クリティカルパス）を求める。

解答(4)

【問題27】 工事費と工期の関係に関する次の記述のうち，適当でないものはど
れか。

(1) 直接費には，労務費，材料費，機械運転費が含まれる。
(2) 直接費は，一般に作業速度を経済速度以上に速めると，減少する傾向がある。
(3) 間接費には，現場管理費，減価償却費，金利が含まれる。
(4) 間接費は，一般に工期の延長に伴って，ほぼ直線的に増加する傾向がある。

━━━━━━━━━━━━━━━━━━━━━━━━━━

直接費は，一般に作業速度を経済速度以上に速めると，増加する傾向がある。

したがって，⑵は適当でない。

(P.222 表 参照)

解答⑵

【問題28】 「公共用緑化樹木等品質寸法規格基準（案）」における寸法規格に関する記述のうち，適当でないものはどれか。

⑴ 枝張とは，四方面に伸長した枝の幅をいう。測定方向により幅に長短がある場合は，最長と最短の平均値とする。なお，一部の突出した枝は含まない。

⑵ 幹周とは，樹木の幹の周長をいい，根鉢の上端より1.2m上りの位置を測定する。この部分に枝が分岐しているときは，その下部を測定する。

⑶ 単幹とは，幹が根元近くから分岐せず1本であるものをいう。

⑷ 樹高とは，樹木の樹冠の頂端から根鉢の上端までの垂直高をいい，一部の突出した枝は含まない。

解 説 ••

幹周とは，樹木の幹の周長をいい，根鉢の上端より1.2m上りの位置を測定する。この部分に枝が分岐しているときは，その上部を測定する。

したがって，⑵は適当でない。

(P.281 重要ポイント 参照)

解答⑵

【問題29】 下表の(イ)～(ハ)はそれぞれ「工種」，「品質特性」，「試験方法」の組合せを示したものである。表の(A)～(C)に当てはまる語句の組合せとして，適当なものはどれか。

	工種	品質特性	試験方法
(イ)	土工	締固め度	(A)
(ロ)	路盤工	(B)	平板載荷試験
(ハ)	(C)	圧縮強度	圧縮強度試験

	(A)	(B)	(C)
⑴	土の密度試験	支持力	コンクリート工
⑵	土の密度試験	平坦性	アスファルト舗装工
⑶	透水試験	支持力	アスファルト舗装工

— 374 —

(4)　透水試験 ――― 平坦性 ―― コンクリート工

解　説 ▪▪▪

　(A)土の密度試験 ――― (B)支持力 ――― (C)コンクリート工である。
　(1)が適当である。
　(P.294【問題3】の解説 参照)

解答(1)

【問題30】　建設工事の現場における労働安全衛生管理に関する記述のうち，適
　当でないものはどれか。

(1)　熱中症予防対策のため，自覚症状の有無にかかわらず，作業中だけでなく
　作業前後にも水分及び塩分を摂取するように指導した。
(2)　熱中症予防対策のため，作業休止時間や休憩時間を確保し，高温多湿の作
　業場所における作業では連続して行う時間を短縮した。
(3)　安全朝礼を行う際，全作業員を1か所に集められなかったので，職種ごと
　に作業員を集め，作業主任者や現場監督者を中心に実施した。
(4)　工事用設備について，特定の点検責任者は定めず，各作業員が緻密な点検
　を行い，不安全な状態や動作を見つけたときには改善することとした。

解　説 ▪▪▪

　工事用設備について，特定の点検責任者を定め，不安全な状態や動作を見つ
けたときには改善することとする。したがって，(4)は適当でない。

解答(4)

【問題31】　移動はしごを用いた作業に関する記述のうち，安全管理上，適当で
　ないものはどれか。

(1)　はしごは，幅が30cmで，著しい損傷や腐食のない材料で丈夫な構造のもの
　を用いた。
(2)　やむを得ず，はしごを継いで用いなければならなかったため，はしごの接
　続部を90cm重ね合わせて堅固に固定して用いた。
(3)　はしごは，立て掛け角度を75度となるようにして設置した。
(4)　作業床に昇るためのはしごを取り付ける場合，その上端が作業床から70cm
　突出するように設置した。

検定制度改正後の問題と解説・解答

解説 ••

やむを得ず，はしごを継いで用いなければならなかったため，はしごの接続部を90cmではなく，1.5m以上で2箇所以上で固定すること。全体の長さは9m以下とする。

したがって，(2)は適当でない。

(P.247【問題5】の解説 参照)

解答(2)

【問題32】　建設工事の安全管理に関する記述のうち，「労働安全衛生規則」上，誤っているものはどれか。

(1)　本足場における高さ5mの作業場所において，床材を2枚使用し，幅35cm，床材間のすき間5cmの作業床を設けた。

(2)　本足場における高さ5mの作業場所において，作業のため物体が落下することにより労働者に危険を及ぼす可能性があったので，メッシュシートを設けた。

(3)　架設通路において，墜落の危険がある箇所に高さ90cmの丈夫な手すりを設置した。

(4)　高さ3mの足場材の取り外し作業において，労働者に要求性能墜落制止用器具（安全帯）を使用させた。

解説 ••

本足場における高さ5mの作業場所において，床材を2枚使用し，幅は40cm，床材間のすき間は3cm以下の作業床を設ける。したがって，(1)が誤り。

・安全帯が「要求性能墜落制止用器具」と名前が変わっている。

・建地と床材の隙間は12cm未満と規定されている。

・足場の解体組立時に用いる足場板（歩み板）の幅は20cmから40cmに改正されている。

(P.251 参考事項 参照)

解答(1)

【問題33】　「都市公園法」に関する記述のうち，誤っているものはどれか。

(1)　都市公園は，地方公共団体又は国のみが設置することができる。

(2)　都市公園には，公園施設として水族館を設置することができる。

(3)　公園管理者以外の者であっても，公園管理者の許可を受ければ，公園施設を設け又は管理することができる。

(4)　水道事業者が，都市公園の地下に占用物件として水道管を設置しようとする場合は，公園管理者へ届け出ることにより設置することができる。

解説 ・・・・・・・・・・・・・・・・・・・・・・・・・・・・・・・・・・・・・

　水道事業者が，都市公園の地下に占用物件として水道管を設置しようとする場合は，公園管理者に占用の許可を受けなければならない。

　したがって，「届け出」ではないため(4)が誤り。

　(P.311 解説 参照)

解答(4)

【問題34】　「建設業法」に関する次の記述の(A)に当てはまる数値として，正しいものはどれか。

　建設業者は，発注者から造園工事を直接請け負い，そのうち(A)万円以上を下請け契約して工事を施工する場合には，当該工事現場における建設工事の施工の技術上の管理をつかさどるものとして，主任技術者ではなく，監理技術者を現場に置かなければならない。

(1)　2,500

(2)　3,000

(3)　3,500

(4)　4,000

解説 ・・・・・・・・・・・・・・・・・・・・・・・・・・・・・・・・・・・・・

　建設業者は，発注者から造園工事を直接請け負い，そのうち（A 4,000）万円以上を下請け契約して工事を施工する場合には，当該工事現場における建設工事の施工の技術上の管理をつかさどるものとして，主任技術者ではなく，監理技術者を現場に置かなければならない。したがって，(4)の4,000が正しい。

　(P.324 解説 参照)

解答(4)

【問題35】 事業者が安全又は衛生のための教育を行わなければならない事項として，「労働安全衛生法」上，規定されていないものはどれか。

(1) 同一業種で5年以上経験を有する労働者を，同一業種の事業者が新たに雇い入れたとき。
(2) 作業内容を変更したとき。
(3) 労働者が2週間以上の連続した休暇後に業務につくとき。
(4) 労働者を一定の危険又は有害な業務につかせるとき。

解 説 ••

(3)労働者が2週間以上の連続した休暇後に業務につくときは，該当しない。したがって，(3)は規定されていない。

(P.340【問題2】の解説 参照)

解答(3)

【問題36】 「労働基準法」に関する記述のうち，誤っているものはどれか。

(1) 使用者は，労働者に対して，毎週少なくとも1回の休日，又は4週間を通じ4日以上の休日を与えなければならない。
(2) 使用者は，原則として，労働者を解雇しようとする場合においては，少なくとも30日前に，その予告をしなければならない。
(3) 親権者又は後見人は，未成年者の賃金を代わって受け取ることはできない。
(4) 労働基準法に定める基準に達しない労働条件を定める労働契約は，その部分だけでなく労働契約全体が無効となる。

解 説 ••

労働基準法に定める基準に達しない労働条件を定める労働契約は，その部分だけ無効となる。したがって，労働契約全体が無効にはならないため，(4)が誤り。

(P.331【問題3】の解説 参照)

解答(4)

次の工事数量表及び工事に係る条件に基づく造園工事に関して，以下の問題37〜40について答えなさい。

〔工事数量表〕

工種	種別	細別	規 格				単位	数量	備考
植栽基盤工	土性改良工	土性改良	バーク堆肥				㎥	500	
植栽工	高木植栽工	ナツツバキ	H(m)	C(m)	W(m)	株立数	本	30	竹3本八ツ掛支柱
			3.0	0.15	–	3本立			
	地被類植栽工	ノシバ	36cm×28cm×10枚				㎡	160	べた張り（目土あり）
移植工	高木移植工	クスノキ	H(m)	C(m)	W(m)		本	5	竹3本八ツ掛支柱
			3.5	0.12	1.5				
園路広場工	石材系舗装工	延段	W：1.2m　L：15.0m				㎡	18	

〔工事に係る条件〕
・本工事は関東地方の近隣公園の未供用区域において，上記の工事数量表に基づき施工するものである。
・公園の周辺は主に住宅地で，公園の近くには小学校がある。
・植栽基盤工は，植栽工及び移植工を行う区域で実施する。
・地被類植栽工は，石材系舗装工の延段の周辺で行う。
・移植工のクスノキは，約500m離れた別の公園から移植する。
・延段の施工に当たっては，全て不整形な自然石を使用する。
・工期は12月10日から翌年の3月20日までである。

※問題37〜40については正解を全てぬりつぶしてください。

【問題37】　高木植栽工において，唐竹を使用して八ツ掛支柱を取り付ける。この支柱取付けに関する記述として，適当なものを全て選びなさい。

(1)　幹と竹の取付け部は，幹に杉皮を巻き，しゅろ縄を用いて結束した。
(2)　竹と竹の交差する取付け部は，釘打ちし，鉄線を用いて結束した。
(3)　支柱の竹を取り付ける際，地際には留め杭（やらず）を地面と垂直になるように打ち込み，支柱と留め杭を結束した。
(4)　支柱の竹3本は，それぞれ幹又は他の支柱（竹）と交差する部位の2箇所で結束した。

解 説 ・・・・・・・・・・・・・・・・・・・・・・・・・・・・・・・・・・・・・

(1), (4)は適当な記述である。

(2)は，竹と竹の交差する取付け部は，釘打ちせず，鋸目をいれて鉄線で結束する。

(3)は，地際には留め杭（やらず）を斜めに打込み，支柱と留め杭を結束する。

(P.87【問題2】の解説 参照)

解答(1), (4)

【問題38】 石材系舗装工の延段の施工に関する記述のうち，適当なものを全て選びなさい。

(1) 周辺部の角石や耳石を先に並べて，そのあとで順次中央部分に向かって据え付けた。

(2) 天端の高さは地表面から3cm上がりで仕上げた。

(3) 目地幅は1〜1.5cm，目地の深さは1cm確保した。

(4) 大小の石を組み合せて据える際，目地はT型やY型にならないようにした。

解 説

(1), (2), (3)は適当である。(4)大小の石を組み合わせて据える際，四ツ目地や八つ巻き目地にならないようにする。したがって，(4)は適当でない。

(P.179【問題2】の解説 参照)

解答(1), (2), (3)

【問題39】 本工事における施工計画の作成に関する記述のうち，適当なものを全て選びなさい。

(1) 労務計画には，安全ミーティングなど作業員の安全管理活動についての計画が含まれる。

(2) 環境保全計画には，工事現場周辺の通学路における工事用車両による影響に対処する計画が含まれる。

(3) 資材計画には，土壌改良材・植栽材料・延段用石材などの必要数量や納期，調達先についての計画が含まれる。

(4) 工程計画には，植栽基盤工・植栽工・移植工などの施工順序やその施工時期についての計画が含まれる。

（2），（3），（4）は適当である。

（1）労務計画は，工程表より労務予定表を作成して，職種別に，いつ，何人必要であるかを計画するものである。設問の内容は，安全管理計画である。
（P. 208 ※の部分 参照）

【問題40】 ナツツバキの植付けに当たって，下表の㋐～㋓について，本工事に使用する樹木として，樹高の寸法規格基準を満たしているものを全て選びなさい。

記号	各幹の高さ（m）		
㋐	3.4	3.0	2.6
㋑	3.3	2.9	2.8
㋒	3.2	3.1	2.0
㋓	3.1	3.0	2.3

(1)　㋐
(2)　㋑
(3)　㋒
(4)　㋓

工事数量表より，ナツツバキは H＝3.0 m である。

寸法規格基準を満たしているのは，㋐，㋓である。

㋑は，過半数が H＝3.0 m になっていない。

㋒は，過半数は満たしているが，残りの1本が70％以上でないため不合格である。
（P. 282 表の定義 参照）

付　録　2

第2次検定対策
（施工経験記述演習問題と記述例）

　　主任技術者，および監理技術者の職務は，工事現場における建設工事を適正に実施するため，施工計画の作成，工程管理，品質管理，安全管理，施工に従事するものの技術上の指導監督の職務を誠実に行わなければならい。と建設業法に規定されています。したがって，主任技術者は，現場説明終了後に，施工計画を立案し，段取りを整えます。施工体験記述については，問題が起こってからの事後処理を記述するものではありません。まず問題が起こりそうなものを施工計画段階で把握し，危険要因を排除します。そのことによって円滑に工事が進捗し，工事を完成させることができるのです。まさに主任技術者の力量が問われる所です。

施工経験記述の問題演習（新制度の問題です）

※解答欄は次頁以降にあります

> **問題1**　あなたが経験した主な造園工事のうち，工事の施工管理におい
> て「工程管理」又は「品質管理」上の課題があった工事を1つ選
> び，その工事に関する以下の設問(1)～(5)について答えなさい。（造
> 園工事以外の記述は採点の対象となりません。）
> 〔注　意〕記述した工事が，あなたが経験した工事でないことが判明し
> た場合は失格となります。

(1)　工事名を具体的に記述しなさい。（例：○○公園整備工事など）

(2)　工事内容など
　(1)の工事に関し，以下の①～⑤について具体的に記述しなさい

　①　施工場所（例：○○県△△市××町地内）

　②　㋐　この工事の契約上の**発注者名又は注文者名**
　　　㋑　この工事におけるあなたの所属する会社などの契約上の立場
　　　を，解答欄の〔　〕内の該当するものに○を付けなさい。
　　　「その他」に○を付けた場合は（　）に契約上の立場を記述し
　　なさい。

　③　工　期（例：令和X年×月×日～令和×年×月×日）

　④　工事金額又は請負代金額（1万円未満は切り捨てて記入してもよい）

　⑤　工事の概要
　　㋐　**工事の内容及び工事数量**（例：工種，種別，細別，規格，数量など）
　　㋑　**現場の状況及び周辺の状況**（必要に応じ，関連工事の有無など
　　　当該工事の施工に影響を与える事項及び内容などを含む）

(3) 工事現場における施工管理上のあなたの立場を記述しなさい。

(4) 上記工事の施工において，課題があった管理項目名（工程管理又は品質管理）及びその課題の内容（背景及び理由を含む）を具体的に記述しなさい。

(5) (4)の課題に対し，あなたが現場で実施した処置又は対策を具体的に記述しなさい。

解答欄

あなたが経験した造園工事のうちから１つの工事を選び，以下の(1)～(5)について記述しなさい。

(1) 工　事　名（例：○○公園整備工事など）

(2) (1)の工事の内容　以下の①～⑤について明確に記述しなさい。
① 施工場所（例：○○県△△市××町地内）

② (ｱ) 発注者名又は注文者名

(ｲ) この工事における，あなたの所属する会社等の契約上の立場に○を付けなさい。
「その他」に○を付けた場合は，下欄に契約上の立場を記述しなさい。
【元請（共同企業体を含む），下請（一次，二次下請等），発注者（注文者），その他】

③ 工　期（例：平成×年×月×日～平成×年×月×日まで　××日間）

④ 工事金額または請負代金額（１万円未満は切り捨てて記人してもよい）

⑤　工事概要

　　㋐　工事の内容及び工事数量
　　　　（例：工種，種別，細別，規格，数量など）

_____
_____
_____
_____
_____
_____

　　㋑　現場の状況及び周辺の状況

_____
_____
_____
_____
_____
_____

⑶　工事現場における施工管理上のあなたの立場

_____

⑷　上記工事の施工にあたり，課題があった管理項目名（工程管理又は
　　品質管理）及びその課題の内容（背景及び理由を含む）を具体的に記
　　述しなさい。

管理項目名	

_____
_____
_____
_____
_____
_____
_____
_____

(5) 上記課題に対し，あなたが現場で実施した処置又は対策を具体的に
記述しなさい。

第2次検定　施工経験記述　必須問題

> **問題1**　あなたが経験した造園工事のうちから1つの工事を選び，以下の(1)〜(5)について答えなさい。（造園工事以外の記述は採点の対象になりません。）解答は，解答用紙の所定の解答欄に記述しなさい。

記述例

(1)　工　事　名　○○公園整備工事
(2)　工事の内容
　　以下の①〜⑤について明確に記述しなさい。
①　施工場所○○県○○市○○町
②　(ア)　発注者　○○市公園課
　　(イ)　この工事における，あなたの所属する会社等の契約上の立場
　【元請（共同企業体を含む），下請（一次，二次下請等，），発注者（注文者），その他（　　）】
③　工　　　期　令和○年6月1日〜令和○年8月15日　約76日間
④　工事金額又は請負金額　¥12,800,000−
⑤　工事概要
　　(ア)　工事の内容及び工事数量（例：工種，種別，細別，規格，数量など）

　　　住宅街の中心部にある公園の整備工事であり，敷地境界部に，高さH=1.0mの鉄筋コンクリート擁壁を構築し，その上にネットフェンスを張り，根回しした高木，低木を植樹し，公園内の園路をカラーアスファルトに改良するものである。工事箇所の前面道路は，生活道路になっていて，通勤，通学時間帯は一般車両，歩行者の通行が非常に多い状態であった。

<u>移植工</u>：高木（サンゴジュ　H=2.5m　　　　　　　W=0.8m）　数量50本
　　　　　高木（ツバキ　　H=3.0m　C=0.15m　W=1.0m）　数量30本
　　　　　低木（アオキ　　H=1.0m　　　　　　　W=0.7m）　数量50株
<u>園路工</u>：カラーアスファルト舗装　数量150㎡
<u>擁壁工</u>：鉄筋コンクリート擁壁工　H=1.0m　B=0.3m　L=50m

ネットフェンス張工： 　　H=2.5m 　　　　　　　　　　　L=80m

　㋑　現場の状況及び，周辺の状況（必要に応じ，関連工事の有無など当該工事の施工に影響を与える事項及び内容などを含む）

　　　先行作業として元請会社の土木造成工事があり，工事箇所の前面道路は，生活道路になっていて，通勤，通学時間帯は一般車両，歩行者の通行が非常に多い状態であった。

(3)　工事現場における施工管理上のあなたの立場

　　　工事主任

(4)　上記工事の施工にあたり，以下の①，②について答えなさい。

　①　施工管理項目のうち，「工程管理」，又は「品質管理」のどちらか1つを選んで記入しなさい。

　　　施工管理項目　工程管理

　②　①で選んだ施工管理項目上の問題点を具体的に記述しなさい。

　　　この工事は，住宅内の近隣公園の整備工事であり，2km離れた中学校にある高木（サンゴジュ）を50本，高木（ツバキ）を30本，低木（アオキ）を50株，移植し，園路工としてカラーアスファルト舗装を150㎡施工するものであった。

　　　事前調査の結果，先行作業として，土木工事の造成工事が進捗していたが，梅雨期における連日の降雨により，作業休止日が10日間となり，工期内完成が危ぶまれ，当社の造園工事にも影響し，当社の工事着手が5日間遅れ，移植工から作業体制を整え，工程進捗を図り，工期内完成が技術的課題になった。

(5)　(4)の②の問題点に対し，あなたが現場で実施した処置又は対策を具体的に記述しなさい。

　①　移植作業について職長と話し合い，作業班を3班として掘り取りから埋め込みまでを並行作業するように指示し，進捗状況を報告させ，ネットワーク工程表により管理させた。

　②　協力会社の労働力を活用して，遅れが出ないように作業班長を選任し，1週間毎のフォローアップを実施させ，遅延防止を確実にさせ，工程進捗を図った。

　③　以上の結果，降雨対策が円滑に進み，効率良く遅延対策ができ，工事着手の遅れ5日間を取り戻し，工期内に完成させることができた。

　　　今回は，土木工事との競合作業となり，遅延対策を早期に並行作業に切り替えたことが良かったと考える。

第2次検定　施工経験記述　必須問題

> **問題1**　あなたが経験した造園工事のうちから1つの工事を選び，以下の(1)〜(5)について答えなさい。（造園工事以外の記述は採点の対象になりません。）解答は，解答用紙の所定の解答欄に記述しなさい。

記述例

(1)　工　事　名　○○公園整備工事

(2)　工事の内容

　　以下の①〜⑤について明確に記述しなさい。

①　施工場所○○県○○市○○町

②　(ア)　発注者　○○市公園課

　　(イ)　この工事における，あなたの所属する会社等の契約上の立場
【元請（共同企業体を含む），(下請)(一次)，二次下請等，），発注者（注文者），その他（　）】

③　工　　　期　令和○年5月15日〜令和○年8月15日　約93日間

④　工事金額又は請負金額　¥13,000,000−

⑤　工事概要

　　(ア)　工事内容及び工事数量（例：工種，種別，細別，規格，数量など）

　　　河川敷にある公園の整備工事であり，整地工は地盤改良を含めた大がかりなもので，植樹帯は延長350mと長く，それに伴う園路をカラーアスファルト舗装に改良するものである。また，民地に沿って擁壁を構築し，その上にネットフェンスを張るものであった。

移植工：高木（ウバメガシ　H=3.0m　C=0.15m　W=1.0m）　数量80本

　　　　高木（ツバキ　　　H=3.0m　C=0.15m　W=1.0m）　数量30本

　　　　低木（アオキ　　　H=1.0m　　　　　　W=0.7m）　数量50株

園路工：カラーアスファルト舗装　数量　865㎡

擁壁工：鉄筋コンクリート擁壁工　H=1.0m　B=0.3m　L=78m

ネットフェンス張工：　　　　　　H=2.5m　　　　　　L=186m

　　(イ)　現場の状況及び，周辺の状況（必要に応じ，関連工事の有無な

ど当該工事の施工に影響を与える事項及び内容などを含む)

　　先行作業として元請会社の野球場・テニス場造成工事があり，工事箇所周辺は，公園利用者が平日でも多い状態であった。

(3)　工事現場における施工管理上のあなたの立場

　　　工事主任

(4)　上記工事の施工にあたり，以下の①，②について答えなさい。

　①　施工管理項目のうち，「工程管理」，又は「品質管理」のどちらか1つを選んで記入しなさい。

　　　施工管理項目　品質管理

　②　①で選んだ施工管理項目上の問題点を具体的に記述しなさい。

　　　この工事は，河川敷にある地区公園の整備工事であり，現場から15km離れた圃場より，高木（ウバメガシ）80本，高木（ツバキ）30本，低木（アオキ）50株を移植し，園路工としてカラーアスファルト舗装を865㎡，擁壁工H=1.0mL=78mを施工するものであった。

　　　事前調査の結果，施工時期が植栽適期より若干遅れる上に，現場地盤の土壌環境圧として，通気性が悪い固結土壌であり透水性が悪く，土層構造が悪いため，移植後，根腐れによる枯損の恐れがあった。また，移植における運搬距離があるため，萎凋現象の防止を実施し，現地における活着が技術的課題であった。

(5)　(4)の②の問題点に対し，あなたが現場で実施した処置又は対策を具体的に記述しなさい。

　①　根回しものが入手できないため，職長に対して，根鉢を大きめに取り，枝抜きを強めにし，葉のしごきを行った上に蒸散抑制剤を十分に散布し，幹巻きにより樹温を緩和し水分蒸散量の抑制を図るように指示し，報告させた。

　②　土壌改良剤として，黒曜石パーライトにより透水性を改善し，オレフィン系により土壌団粒化の促進を図り，植え穴を大きめに掘り，良質の客土を用いて遅効性肥料が根に当たらないように埋め戻すよう指示し，報告させた。

　③　活着を図るため剪定整枝をさせ，二脚鳥居型支柱により振れを防ぎ，新根の成長を促すように作業員に指示し，手でゆすって振れないことを確認した。

　　　以上の結果，当初懸念した土壌環境圧の通気性，透水性が改善でき，その後の生育は順調である。今回は，事前調査の結果を反映した対策を前もって行ったことが，よい結果になったと思われる。

著者経歴

種子永　修一　（たねなが　しゅういち）

1954年　和歌山県生まれ

所持免状　給水装置工事主任技術者

　　　　　1級管工事施工管理技士

　　　　　1級電気工事施工管理技士

　　　　　1級建築施工管理技士

　　　　　1級土木施工管理技士

　　　　　1級造園施工管理技士

　　　　　1級舗装施工管理技術者

　　　　　推進工事技士

　　　　　宅地建物取引主任者

　　　　　特殊建築物等調査資格者　　　等

弊社ホームページでは，書籍に関する様々な情報（法改正や正誤表等）を随時更新
しております。ご利用できる方はどうぞご覧下さい。　http：//www.kobunsha.org
正誤表がない場合，あるいはお気づきの箇所の掲載がない場合は，下記の要領にて
お問い合せ下さい。

ＦＡＸ：（06)6702—4732

Ｅメール：henshu2@kobunsha.org

書簡：下記住所あて

例題で学ぶ!! ２級造園施工管理技術検定　第１次検定

編　　　著	種子永　修一
印刷・製本	亜細亜印刷㈱

発　行　所	株式会社 弘文社	☎546 大阪市東住吉区中野 -0012　2丁目1番27号 ☎（06)6797—7441 ＦＡＸ（06)6702—4732 振替口座 00940-2-43630 東住吉郵便局私書箱1号
代　表　者	岡﨑　靖	

落丁・乱丁本はお取り替えいたします。